오가닉 미디어 연결이 지배하는 미디어 세상

Organic Media

오가닉 미디어
연결이 지배하는 미디어 세상

윤지영 지음

Organic Media Lab

데릭 드 커코브

전 매클루언 프로그램 디렉터
전 토론토대 교수

오가닉 미디어란 무엇인가?

나는 스스로 '네트워크 설계자Network Architect'라고 생각한다. 물론 내 학생들을 위해 다양한 네트워킹 소프트웨어를 구상하고 개발도 했지만, 내가 프로그래밍을 하기 때문이 아니다. 무엇보다 네트워크를 본질적으로 연결connection의 구조물architecture로 보기 때문이다. 하지만 이는 네트워크를 역동성이 배제된, 순수히 기능적인 기하학 구조물로만 이해하는 한계를 낳았다. 윤지영 박사의 책,《오가닉 미디어》는 이 생각을 바꿔 주었다. 건축가 마르코스 노박Marcos Novak과 네트워크 디자이너 마테오 시아스텔라르디Matteo Ciastellardi가 '네트워크화된 커뮤니케이션networked communication'을 다룬 자신들의 저술을 왜 '유동의 건축물liquid architectures'이라고 칭했는지 이제야 이해가 간다. 즉 네트워크라는 구조물은 변화무쌍하며fluid mutability 예측하기 어려운 성장의 패턴을 내포하고 있는 것이다. 오가닉 미디어는 이러한 네트워크의 본질에 대한 이야기다.

> "이 글은 관계에 의해 만들어지는 미디어, 그래서 살아서 진화하는 네트워크에 대한 이야기다. 우리는 살아서 성장하는 유기적인 미디어를 '오가닉 미디어organic media'로 명명했다." (36쪽)

저자에 따르면, 오가닉 미디어는 생물학적이고 사회적이며 동시에 기술적이다. 다시 말하면, 오가닉 미디어는 모든 네트워크의 융합체로, 목표지향적 활동들이 끊임없이 일어나는 여러 가지 모양multiform을 지니며, 분산되어 있으며, 엇갈려 배열된trans-configured 하나의 환경이다.

이 한 권의 책은 미디어에 관한 당신의 생각을 변화시킬 인식론적 도전epistemological challenge이다.

나는 오가닉 미디어의 개념을 완전히 이해하기 위해 세 단계를 거쳐야 했다.

1. 이 책은 먼저 살아 있고, 성장하는 것들에 대한 이야기라고 했다. 나는 수긍했다.
2. 하지만 나는 곧 모순에 부딪혔다. 무의식적으로 나는 전기

electronic 네트워크의 기술적 면모와 외부성externality에 중점을 두고 있었기 때문이다. 인터넷은 생물학적이지 않으며, 내 몸에 연결되어 있는 것도 아니므로 유기적이지 않다.

3. 하지만 조금 더 깊이 고민해 본 결과, 다른 방식으로 개념을 이해할 수 있었다. 유기적일 수밖에 없는 인간의 개입human intervention과 (기계적인) 전기 미디어 간의 연속성continuity의 확립이 주는 가치를 깨달았다. 마침내 나는 스스로를 현실과 가상의 네트워크를 오가며 유동적으로 끊임없이, 무한한 증식을 위해 네트워킹 networking하는 하나의 사회적이고 생물학적인 노드로 인식하게 되었다.

즉, 나 스스로에 대한 이해가 오가닉 미디어의 개념을 통해 달라진 것이다. 물론 무엇보다 중요한 것은 오가닉 미디어 그 자체가 무엇인지를 이해하는 것이다.

이를 위해서는 책 한 권이 필요하다.

이 책에는 생물학적 비유가 있다. 저자는 미디어가 인간적·기술적 관계 속에서between and across 번식proliferations을 한다는 관점에서 "살아 있다"고 표현한다. 하지만 "살아 있다"는 은유는 살아 있는 것들이 어떤 입증할 수 없는 원리에 의해 활력이 생겼다고 주장하는 활력론 vitalism의 그것과는 성격이 매우 다르다는 것을 분명히 인지해야 한다. 게다가 이 원리는 생명의 물리적 활동material manifestation과도 분리된 관점이기 때문이다. 저자의 유기체설은 어떤 기원에 대한 원리를 이야기하는 것이 아니다. 오히려 철저히 인간적이고 도리어 논리적인 이야기다. 왜냐하면 생물학적·사회적·기술적인 영역을 분리하는 것이 아니라 이 세 영역을 재결합하는 관점이기 때문이다. 따라서 오가닉 미디어라는 은유는 과학적 관찰이 아닌 미디어에 대한 새로운 접근 방식을 자극하기 위한 것이다.

오가닉 미디어의 관점은 기술적 영역에서도 그 가치가 있다. 기술적 영역 또한 본질적으로 인간의 개입과 관련이 있기 때문이다. "우리는 도구를 만들고shape, 이 도구는 다시 우리를 형성한다.We shape our tools, and then our tools shape us."(McLuhan) 우리가 깨어 있는 시간의 반 이상을 보내는 화면screen과 우리의 정신mind은 매우 긴밀히 연결되어 있다. 사회는 온라인과 오프라인이 융복합된 환경에서 진화한다. 사회는 결국 무수히 많은 조직체들이 온전히 상호 연결된 하나의 환경이며, 이들은 각각 고유의 다양한 의도를 지니고 끝없는 변화와 성장을 거듭한다. 이것이 바로 '오가닉'이라는 것이다.

미디어를 유기체로 해석하는 데서 얻는 가치는 무엇인가? 이것은 인터넷과 디지털 문화 전체를 들여다보고 이해하는 새로운 필터이자 특별한 렌즈이며 하나의 틀이다. 저자는 비저너리visionary다. 그녀는 전체 그림을 보며 어떻게 연결과 그룹들이 그 안에서 뿌리(리좀)가 뻗어나가듯이 형성되고 재구성되는지를 조망한다. 오가닉 미디어는 연결과 성장의 패턴과 원리에 초점을 맞추고 있다. 이들이 어떤 형식으로 형성되는지를 세밀하게 관찰함으로써, 저자는 디지털 문화에서 실제로 어떤 일이 발생하고 있는지, 현상들을 본질적으로 이해하고 최대한 혜택을 누릴 수 있는 혜안을 열어 주는 것이다.

그렇다면, 오가닉 미디어의 렌즈를 통해 보는 세상은 어떠한가? 먼저, 기본이 되는 통찰을 살펴보자.

"오가닉 미디어의 콘텐츠는 살아 있다. 기계적 전송 방식을 기반으로 하는 전통 미디어 관점에서는 콘텐츠를 '전달'하는 것이 가장 마지막 단계다. 말을 내뱉는 순간, 또는 출판·발행·방송되는 순간 미디어의 역할은 끝난다. 반면 오가닉 미디어에서는 콘텐츠가 전달된 순간부터가 중요해진다. 이때가 게임의 시작이다. 한번 게재된 콘텐츠는 사람들의 활동에 따라 끊임없이 연결되고 진화할 수 있는 잠재성을 내포하기 때문이다.
전통 미디어는 '낚시' 글을 반복적으로 작성하는 언론사나 포털처럼 메시지의 진열과 노출에 집중하지만 오가닉 미디어는 네트워크의 구성원들이 지속적으로 콘텐츠에 관심을 갖고 연결하게 함으로써 콘텐츠의 생명력을 연결하고 진화시키는 데 몰두한다." (42~43쪽)

원인보다는 결과에 초점을 맞춰야 한다는 주장 외에도 이 책에는 마셜 매클루언Marshall McLuhan이 공감했을 만한 몇가지 주장이 있다. 예를 들면 '전달transmission'의 이슈가 그렇다. 매클루언은 이것을 "운송이냐 변환이냐transportation vs. transformation"로 설명했는데, 바로 제품 전달의 문제가 그것이다. 매클루언은 자신이 자문을 했던 산업 분야들의 제품 중심적 사고에 회의적이었다. 저자만큼이나 과정process을 강조했다. 콘텐츠의 생명은 공개되는 순간부터 비로소 시작된다는 저자의 기본 개념에서 매클루언은 토머스 엘리엇의 환영을 느끼고 흡족해했을 것이다("나의 끝은 나의 시작이다", 토머스 엘리엇, 〈4개의 4중주〉 중에서). 오가닉 미디어에서는 콘텐츠가 전달되고 난 후 어떤 일이 벌어지는지에 주목해야 한다. 하지만 유동적인 상호작용을 분석하는 것이 어려운 이유는, 흐름 상태에 있는 다양한 요소들을 구조적으로 구분parsing해 내야 하는 문제 때문이다. 저자는 체계적인 접근을 통해 이 어려움을 극복한다. 그리고 독자들에게 일종의 '네트워크 문법'을 제공한다. 이것은 연결성, 개방성, 사회성, 유기성이라는 4개의 변수에 기반을 두고 있으며 공간 대 네트워크, 사적인 것과 공적인 것, 연결된 것과 고립된 것 등과 같은 상반된 개념의 대비 관계를 아우르고 있다.

> "모든 인터넷 서비스는 그 유형과 목적을 막론하고 모두 사용자 네트워크와 정보 네트워크, 그리고 이 두 네트워크 간의 결합(하이브리드 네트워크)으로 이루어져 있다. 달리 말하면, 인터넷 서비스 구조의 쟁점은 '네트워크'에 있다. 콘텐츠와 사용자가 각각, 그리고 서로 어떤 관계를 형성하는지가 서비스를 결정한다고 해도 과언이 아니다." (151~152쪽)

이 책은 위에서 언급한 "여파aftermath"의 형태articulation와 과정에 대해 세밀한 분석과 명확한 설명을 제시할 뿐 아니라, 독자들의 마음을 갖가지 다양한 (네트워크화된) 방향으로 끌어당기는 통찰로 가득 차 있다. 아래는 몇 가지 예시들이다.

> "미래에는 누구나 저자이자 독자가 될 것이다. 수많은 읽을거리 속에서 '읽을 가치가 있는' 콘텐츠의 여과는 독자가 사후적으로 하게 될 것이다. 이 과정에서 출판사는 독자의 시간을 아껴주고, 독자와 콘텐츠를 효율적으로 연결해주는 역할에 집중하게 될지도 모른다." (58쪽)

오가닉 미디어의 첫 번째 장의 주제는 책이다. 책은 콘텐츠 산업이 미디어를 여전히 운반 수단으로만 여기고 스스로의 역할을 계속 콘텐츠 제작과 유통에 국한시킨 나머지 어떤 결과를 초래하게 되었는지 보여주는 대표 사례다. 여기에서 쟁점은 콘텐츠contents, 컨테이너container 그리고 컨텍스트context 간의 관계를 파헤치는 것이다. 하지만 콘텐츠, 컨테이터, 그리고 컨텍스트의 상당 부분이 서로 동일한 디지털 속성을 지니고 있다는 점 때문에 문제는 더욱 복잡해진다. 콘텐츠는 더 이상 우리가 알던 콘텐츠가 아니다.

컨텍스트에 답이 있다

저자는 네트워크의 여러 측면 중에서 컨텍스트를 가장 중요시 한다. 그리고 물론, 이것은 당연한 주장이다. 그런데 저자가 직접 거론하지 않았어도 컨텍스트의 개념에는 커뮤니티community 개념이 연결되어 있다. 미디어가 유기적인 이유는 사람들에서 비롯된다. 이들의 의도와 프로젝트, 구현 과정 등과 연계되어 있다. 개인들의 욕구drives가 서로 어떻게 연결되어 있는가에 따라 그 결과도 달라진다. 크라우드펀딩crowd-funding을 사례로 들어보자. 사람들은 마음 가는 대로 돈을 투자한다. 투자는 금전적인 동시에 감정적인 것이다. 투자자들은 투자의 과정을 지켜보면서 스스로를 성장하는 커뮤니티의 일부로 느끼기 시작한다. 그들은 제품과 직접적인 관계를 갖게 되고 실제 제품과 시장 가치 간의 간극이 없다고 확신한다. 크라우드펀딩은 인간적 만족을 위해 만들어진 하나의 경제적 공식formula이며 제3자가 무기명unknown 주식을 관리하는 기존의 방법보다 뛰어나다.

나는 "미래에는 누구나 저자이자 독자가 될 것"이라는 문장에 매우 공감한다. 내가 만든 "wreader"라는 신조어도 컴퓨터나 태블릿 등의 화면에서 글을 읽는 상황을 표현하기 위해 만든 것이다. 특히 터치 스크린tactile screen의 경우는 더하지만 사람들은 키보드가 어떤 형태로 되어 있든 만지작거리고 싶은 강한 욕구를 느낀다. 우리는 상호작용하게 되어 있다.

우리는 콘텐츠를 평가할 때 숫자만을 보는 경향이 있다. 그러나 양적인 데이터는 제품이나 서비스에 대한 사람들의 개입 정도를 대략적으로 나타낼 뿐이다. 그런데 데이터 분석은 질적인 분석 결과도 가능케 한다. 이러한 맥락에서 저자는 글이 독자들의 커뮤니티에 미치는 영향을 어떻게 측정해야 할지 구체적이고 중요한 방법을 제시한다.

네트워크가 공간이다

이 주제는 3부에서 자세히 다루어진다. 이에 대한 통찰을 통해 저자는 공간 관점과 네트워크 관점에 기반을 둔 미디어(매개) 플래닝이 어떻게 각각 다른지 설명한다.

> "[네트워크] 관점에서 보면 지지층을 막연히 '20대, 30대 남성'으로 구분하는 것은 지극히 원시적이며 엄청난 실수를 범하게 되는 지름길이다. 공간 관점으로 사람들을 모으고 많이 보여주는 것은 점점 효력을 상실하고 있다." (203쪽)

그렇다면, "공간 관점"이란 무엇인가? 머릿속에서 그리는 지도에 대한 질문이다. 네트워크는 이 지도를 유동적liquid 건축물로 대체한다. 예를 들어, 트위터와 같은 네트워크 구조를 떠올려 보면, 우리 머릿속에 그려지는 것은 어느 쪽인가? 정의되지 않은 모호한 바탕의 무수한 점들인가space-centric, 아니면 여러 관계로 이뤄진, 정의되지 않은 구조물을 이루는 능동적 노드들nodes인가network-centric?

> "반대로 네트워크 관점에서 보면, 실제로 존재하는 고객 한 사람 한 사람이 설득해야 할 대상이다. 이들은 한 장소에 모아지지도 않는다. 여기서 메시지 전달보다 중요한 것은 그 한 사람 한 사람이 메시지를 접촉하고서 하게 되는 각각의 다양한 '매개' 행동들이다. 즉 공간의 경우 양적인 도달까지가 중요하다면 이 경우는 오히려 그다음 단계가 중요하다. 메시지를 공유하고 연결하고, 제품을 추천하고 평가하고, '좋다' '싫다' 표현하는 등 어떤 형태로든 사람을, 메시지를 '연결'하는 행위가 일어나는 단계다."
> (203~204쪽)

4부는 매개에 대한 고찰인데, 우리 스스로가 어떻게 연속적인 매개의 사례인지 논의한다. 온라인이든 오프라인이든 우리가 하는 모든 행위는 어떤 형태로든 발행된다published. 모든 것이 매개되어 있다. 그러므로 창조된 모든 콘텐츠는 재창조되고 소비되게 되어 있다. 콘텐츠는 사회적 참여engagement의 구실pretext을 제공한다. 저자는 그렇게 달라진 콘텐츠를 어떻게 관리하고 우리가 무엇을 목표로 삼아야 할지 하나씩 설명해 나간다. 저자는 콘텐츠 매개를 창조, 재창조, 복제, 그리고 소비의 네 유형으로 구분한다. 이러한 분류는 아래에서 이야기하듯, 마케팅 캠페인의 실질적이고 잠재적인 영향을 평가하는 데 있어 매우 유용하다.

"창조와 재창조만으로 거대하고 역동적인 네트워크를 논하기는 어렵다. 콘텐츠를 생산하고 리뷰하고 토론하고 패러디하는 사용자는 실제로 많지 않기 때문이다. 여기에 양적인 확산을 가져오는 역할을 하는 것이 필요하다. 바로 복제형 매개다. 이미 매개된 콘텐츠의 내용을 변화시키지는 않지만 '가시성'을 높이고 양적으로 확산하는 역할을 한다. 클릭 한 번으로 콘텐츠를 복제하고 퍼뜨릴 수 있다. 이 경우는 '숫자'가 콘텐츠가 된다. 얼마나 많은 사람들이 공감하고 관심을 갖는지가 내 의사 결정에 영향을 준다. (……) 이렇듯 복제형 매개는 '무단 복제'와 다르다. 콘텐츠를 복사해서 내 것인 양 가져가는 것이 아니라 '좋다', '싫다' 표현하는 행위가 콘텐츠를 복제해서 퍼 나르는 역할을 한다는 뜻이다." (253~254쪽)

5부의 주제는 사용자다.

여기서는 요즘 미디어의 뜨거운 이슈로 부상한 정체성identity, 프라이버시privacy, 투명성transparency 그리고 가시성visibility에 대해 논하고 있다. 저자는 이 정의하기 어려운 주제들이 크게 네 가지 상호 의존적 차원에 기반을 두고 있다고 설명한다. 동일시identification와 차별화differentiation, 공적인 나public me와 사적인 나private me다. 이를 위해 저자는 매클루언의 논란의 모형, '테트라드Tetrad'를 차용한다. 매클루언의 테트라드를 간략히 설명하면 이렇다. 모든 새로운 미디어medium는 인간의 마음과 신체의 속성을 확장한다. 이전의 미디어를 폐기시키거나 약하게 만든다. 동시에 더 오래된 미디어를 다시 회귀시키는 작용을 한다retrieve. 그러다 이 새로운 미디어가 극에 달하면 오히려 처음 의도와 정반대 효과로 뒤짚힌다. 내가 저자의 테트라드를 해석하자면, 새로운 미디어로서의 네트워크는 가시성을 높여 주는 한편 프라이버시를 포기시킨다. 그러면서 동시에 부족사회의 공적 역할tribal-like public을 회귀시킨다. 그리고 네트워킹이 극에 달하게 되면 지나치게 노출된 개인은 오히려 사회적으로 외면당한다.

> "폐쇄된 공간이 아닌, 열려 있는 네트워크에서 나의 가시성은 나 혼자 만
> 드는 것이 아니다. 다수의 사용자를 통해 콘텐츠가 공유되고 유통되면서
> 노드와 링크가 생성되고 유지되는 과정이 반복되어야 한다. 유기적 네트
> 워크를 기반으로 하는 소셜 미디어에서는 영역 간의 경계 대신 사용자의
> 매개를 통해 '어디에나' 존재하는 '가시성'이 만들어진다. 즉 오가닉 미디
> 어에서 공적 영역은 주어져 있는 것이 아니라 사용자 활동과 매개를 통해
> 확장되는 것이다." (306쪽)

청중은 나를 정의한다

우리가 지금껏 알아 온 정체성의 의미가 복합적으로 변모하고 있는 오늘, 정체성을 정의하는 이 5부의 제목에서 또다시 저자의 독창적인 통찰력을 엿볼 수 있다.

"내 정체성을 내가 직접 생산하는 것이 아니다. 그 대신 청중을 생산하고 이 청중이 모여 나를 정의하게 되는 것이다. 달리 말하면 내 청중도 미리 정해지거나 인위적으로 만들어지는 것이 아니라는 뜻이다. 청중은 나날의 '커뮤니케이션 활동'을 통해 만들어지는 한 명 한 명의 합이다. 이들을 통해 내가 정의되고 수정되고 진화한다." (315쪽)

그리고 몇 페이지 뒤에서, 저자는 극단적인 투명성의 도래를 조명한다. 대부분의 사람들은 아직 고려하지도 못하거나 믿기 어려운 네트워크의 이 속성을 독자들에게 깨우쳐 준다.

"가시성은 이제 새로운 존재 방식이다. 나를 지켜보는 사람들의 범위는 생각보다 훨씬 넓다. 단순히 내 지인들만이 아니라 그들의 친구, 더 나아가 친구의 친구로 연결된 인터넷의 모든 사용자가 나를 지켜볼 수 있다." (320쪽)

아마 마셜 매클루언도《오가닉 미디어》를 즐기며 읽었을 것이다. 이 책은 미디어가 인간의 복잡한 중추신경계를 어떻게 확장하는지 명료하게 설명하고 있기 때문이다. 매클루언이 공감했을 만한 많은 통찰이 있다. 매클루언이 당시에 모호하게 언급하고 지나갔던 견해obscure pronouncements에 대한 시원스러운 해석spontaneous explication이라고 느꼈을 것이다. 독자들이 서문을 읽고 본문으로 바로 빠져들 수 있도록, 다음의 유사점들에 대해 깊게 생각해 보기를 권한다.

매클루언은 에드가 앨런 포Edgar Allan Poe의 영향을 받았다. 매클루언은 예술가에게 중요한 것은 작품의 인과적 가치보다 경험이 주는 느낌, 이에 대한 평가라고 보았다. 인상주의가 좋은 예다. 인상주의 화가는 주어진 사물이나 주제를 정확히 표현하는 것보다 보는 사람의 경험을 강조한다. 사실, 매클루언의 방법론에서 가장 중요한 편향bias은 인과관계보다 효과effects를 강조했다는 점이다. 이러한 관점 덕택에 그는 혁신의 결과를 성공적으로 예측할 수 있었던 반면 데카르트 학파의 동료들의 노여움을 사기도 했다. 예술가들이 예술을 대했던 것과 같은 맥락에서 그녀는 비즈니스 공동체를 논한다. 저자는 원인, 즉, 네트워크를 주어진 것으로 여기고 네트워크가 가져다 주는 효과·결과에 집중한다. 기업이 얻고자 하는 결과, 반응, 인상은 무엇인가?

두 사상가의 다른 공통점은 우리에게 공간적 관계spatial relationships에 대한 인식의 전환을 요구한다는 것이다. "전구는 360도 정보다The electric bulb is 360 degree information"라는 매클루언의 유명한 직관은 비즈니스의 관점을 공간적 테두리spatial perimeter에 가두지 말고 연결의 잠재성networking potential으로 대체해야 한다는 저자의 주장과 일맥상통하는 것이다. 이러한 접근은 네트워크 환경에서 안과 밖이 뒤바뀌는reversal 현상에 대한 그녀의 날카로운astute 관찰과도 일치한다.

"인터넷 기반 미디어들이 만든 새로운 시장에서는 안과 밖의 구분이 없어졌다. 응용프로그래밍 인터페이스API를 개방해서 내 것을 내주고, 세상 도처에서 생산되는 사용자의 흔적과 활동을 내 자원으로 활용하는 시장이 되었다. 사업자들에게는 자신의 서비스가 안쪽이고 경쟁 서비스들이 바깥쪽이겠지만 사용자들에게는 안과 밖의 경계가 없다." (38쪽)

크라우드소싱Crowdsourcing은 이러한 반전reversal의 사례다. 구체적으로, 캐나다의 금광 업체 골드코프Goldcorp가 파산 직전까지 갔다가 기사회생한 유명한 사례처럼 극단적인 경우도 있다. 오늘날 골드코프는 북미 최대의 금 생산업체 중 하나다. 골드코프가 죽음 직전에서 살아날 수 있었던 것은 난관에 부딪힌 회사의 경영진이 일급 비밀이던 채굴 기록 및 관련 정보를 전 세계에 공개하는 결단을 내렸기 때문이다. 이로써 경영진은 전 세계 전문가와 채굴광들로부터 잠재 채굴지에 대한 정보를 얻어내는 데 성공했다.

위에서 나는 콘텐츠와 컨테이너 간의 상관관계에 있어, 두 저자에게서 공통적으로 발견되는 기존과 다른 접근 방법에 대해 언급했다. 섀넌-위버Shannon-Weaver의 '송신자sender – 채널channel(잡음) – 수신자receiver' 모델에서, 매클루언의 관심을 끌었던 것은 당연히 잡음noise이었다. 두 저자의 흥미를 끌었던 것은 공학적 문제인 콘텐츠의 정확한 전달이 아니라 콘텐츠와 컨테이너의 효과에 있었다. 이 아이디어의 논리적 귀결로, 매클루언은 다음과 같이 주장하기에 이른다. "미디어가 메시지라면, 사용자가 콘텐츠다." 동일한 아이디어의 연장선상에서 저자 또한 아래와 같은 새로운 해석을 제시한다.

"SNS의 힘은 어디에서 오는가? 물어볼 것도 없이 이 모든 현상을 만드는 주인공은 '사용자', 바로 우리 자신이다. 사용자 활동이 없으면 이 모든 현상은 있을 수 없다. 반대로 사용자 입장에서 보면 SNS 없이는 살아가기 어렵게 되었다. 좋든 싫든 이제 인터넷 공간에 자신을 드러내지 않으면 '존재'하기가 어려워진 것이다." (283쪽)

"전기 미디어가 중추신경계의 확장"이라는 매클루언의 비유common understanding를 다시 한 번 강조하고자 한다. 이는 매클루언이 이 비유를 얼마나 극단적으로 밀어붙였는지를 독자들에게 상기시키기 위해서다. "빠른 속도로 우리는 인간 확장의 최종 국면, 즉, 의식의 기술적 시뮬레이션에 접어들고 있다. 이는 우리가 다양한 미디어를 통해 우리의 감각과 신경을 확장하였듯이, 인식knowing이라는 창조적 과정이 집단적으로, 또 협업적으로 인간 사회 전체로 확장되는 것을 의미한다. (p.19) (······) 전보telegraph를 통해 인간이 중추신경계의 확장을 시작하였고, 이제는 더 나아가 위성 방송으로 의식을 확장하고 있다.(p.19)"《미디어의 이해: 인간의 확장》, 1964)

모두 언급하기에 너무 많을 정도로 자연스럽게 매클루언의 영향을 이 책에서 발견할 수 있다. 하지만 그 어떤 형태의 표절도 찾아볼 수 없었다고 덧붙이고 싶다. 저자는 매클루언으로부터 직접적으로 영감을 받았을 때는 그를 여러 번 인용했다. 그 외의 통찰은 독창적이다. 이러한 유사성은 저자가 매클루언으로부터 직접적으로 영향을 받았다기보다는, 매클루언과 미디어에 대한 이해를 공유한 데서 비롯된다.

그리고 몇 가지 중대한 차이점들도 존재한다. 예를 들어, 저자가 연결의 역할을 강조하는 부분에서 매클루언은 쉽게 동의하지 못했을 것이다. 그의 관점은 확실하게 시각이 아닌 청각에 편향되어 있었기 때문이다. 그는 관계를 이해하는 데에 시각적 편견이 잘못 적용된 것이 연결connections이라고 여겼다. 그는 오히려 사물, 사람, 의미 사이에 존재하는 일종의 진동 공간vibrant space을 드러내기 위해 '공명의 간격

interval of resonance'이라는 은유를 더 선호했을 것이다. 이는 춤과 창작의 공간이자, 바퀴와 축의 플레이 공간이다. 둘 중 하나라도 없으면 움직임은 불가능하다. 매클루언과 저자 사이의 가장 큰 차이점은 그 출발점에 있다. 저자는 TV 시대의 매클루언에게는 명백하지 않았던 미디어의 특성인 네트워크 분야에서 출발했다는 것이다.

네트워크라는 단어가 'TV 네트워크'의 용어였다가 인터넷과 컴퓨터와 함께 관계적 속성을 나타내는 용어로 발전했음을 상기할 필요가 있다. 매클루언이 마지막 미디어 연구를 발표한 지 한참 후에서야 말이다. 나는 《오가닉 미디어》가 매클루언의 생각을 가장 멀리, 그러면서도 진정 독립적으로 확장시킨 책이라고 평가한다.

《오가닉 미디어》를 읽으면서 무엇을 발견했는지 묻는다면, 사실 발견을 멈춘 적이 없다고 답할 것이다. 나는 수십 년간 네트워크와 진지하게 마주해 왔다. 네트워크의 모든 것을 알고 있다고까지는 할 수 없어도, 이제는 크게 놀랄 만한 새로운 발견은 없을 만큼 충분히 연구해 왔다고 생각했다. 저자의 책이 이토록 놀라운 이유는 인터넷이나 사용자의 행위에 대해 새로운 사실을 발견해서가 아니다. 네트워크에 대한 다른 관점 때문이다. 미디어를 유기적인organic 것으로 보는 그녀의 관점이 현상을 더욱 포괄적이고 복합적으로 관찰하고 연구하게 한 것이다. 파스칼Blaise Pascal은 상식common knowledge에 대한 자신의 접근에 대해 이렇게 얘기했다.

"하나도 새로울 것이 없다고 말하지 말기를! 콘텐츠의 배치layout가 새로운 것이다. 공을 가지고 놀 때 모두 같은 공을 사용하지만, 누군가는 그 공을 더 잘 다루기 마련이다. Qu'on ne dise pas que je n'ai rien dit de nouveau: la disposition des matières est nouvelle; quand on joue à la paume, c'est une même balle dont joue l'un et l'autre, mais l'un la place mieux." (Pensées, 022)

2015년 7월 23일
데릭 드 커코브, 위클로우에서

Dr. Derrick de Kerckhove

•Former Director of the McLuhan Program in Culture & Technology and Professor at the University of Toronto
•Research Director at the Interdisciplinary Internet Institute (IN3) at The Open University of Catalonia, Barcelona
•Scientific director of the Rome based monthly Media Duemila
•Former Professor of Sociology at the the University of Naples Federico II

Foreword

도미니크 델포르

하바스 미디어 글로벌 매니징 디렉터
비방디 콘텐츠 대표

'오가닉 미디어'에 대한 윤지영 박사의 탄탄한 테제exposition는 미디어를 다룬 그 어떤 책보다 가장 폭넓은comprehensive 접근일 것이다.

《오가닉 미디어》는 야심 찬 작품이다. 인류가 돌에 메시지를 새기던 암흑기부터 전 세계 10억 명 이상이 연결된 페이스북 네트워크 등에 이르기까지 미디어의 긴 역사적 여정을 다루고 있다. 여기서 모두가 상호 연결된 세상, '살아 숨쉬는living and breathing' 미디어 세상이 전개된다. 저자는 이 여정을 따라 어떻게 하루 24시간 글로벌 사회에 연결된 우리 스스로 네트워크의 '노드nodes'가 되었는지 상세하고 폭넓게amply 입증한다.

《스킨 오브 컬처The Skin of Culture》와 《연결된 지성Connected Intelligence》

의 저자 드 커코브 교수는 윤지영 박사의 명쾌하고illuminating 폭넓은 시각이 네트워크에 대한 자신의 관점마저 바꾸었다고 말한다. "[나는] 무엇보다 네트워크를 본질적으로 연결의 구조물로 보기 때문이다. 하지만 이는 네트워크를 역동성이 배제된, 순수히 기능적인 기하학 구조물로만 이해하는 한계를 낳았다." 그는 이어서 고백한다. "《오가닉 미디어》는 이 생각을 바꿔 주었다. (……) 저자는 디지털 문화에서 실제로 어떤 일이 발생하고 있는지, 현상들을 본질적으로 이해하고 최대한 혜택을 누릴 수 있는 혜안을 열어 주는 것이다."

오늘날 테크놀로지에 '유기적organic' 힘을 가능하게 한 것은 인간과 전자적인 것the electronic 간의 연결link이다. 그리고 우리 일상의 무대가 점차 온라인으로 옮겨감에 따라 인간적인 것과 유기적인 것, 그리고 유기적인 것과 전자적·기술적인 것 간의 구분은 점점 더 어려워졌다.

그런 의미에서 이 책은 미디어의 일대기를 담고 있다. 미디어가 어떻게 기능적으로 작동하는지에 대한 해묵은 가정들은 이제 더 이상 유효하지 않다. 그 대신 저자는 미디어가 어떻게 지속적으로 살아서 진화하는지 보여준다. '오가닉 미디어'라는 용어는 그렇게 나온 것이다.

나는 회사에서 동료들과 고객들에게 '오가닉 마케팅'(이라고 내가 스스로 명명한)의 중요성을 역설해 오던 중 저자를 만났다. 그러니 이 책이 얼마나 반가웠는지 모른다. 저자는 '유기적인' 미디어에 대한 개념을 성공적으로 풀어냈다. 그녀는 폭넓은 비즈니스 경험을 겸비한 학자로서 오늘날의 마케터들에게 유기적 접근이 얼마나 필수적인 것인지 지적할 뿐 아니라 왜 그럴 수밖에 없는지 근거도 함께 제시한다. 이 한 권의 책은 독창적인original 통찰과 예리한 관찰, 그리고 미래를 내다보는 visionary 사고로 가득 채워져 있다.

저자는 나도 강연이나 회의에서 자주 인용하는 마셜 매클루언으로 부터 영감을 받았다. 그러나 그의 사고의 지평을 더 멀리 확장한다. 매클루언의 가장 널리 알려진 저서 《미디어의 이해: 인간의 확장》이 1964년에 발간되었음을 감안하면 이해가 갈 것이다. 드 커코브 교수 또한 저자와 매클루언의 생각 사이에 많은 유사성이 있음을 짚어냈다. 일례로 드 커코브 교수는 다음과 같이 매클루언을 인용한다. "우리는 도구를 만들고, 이 도구는 다시 우리를 형성한다." 이제 우리는 깨어 있는 시간의 대부분을 모니터 앞에서 보내고 있으니 이것은 더욱 명백한 사실이 되었다. 이 책은 우리가 모니터 앞에서 하는 모든 활동을 창조, 재창조, 복제, 소비라는 콘텐츠 매개의 네 단계로 분류한다. 드 커코브 교수도 지적했지만, 광고 프로모션 캠페인의 실질적 또는 잠재적인 효과를 측정해야 하는 사람들에게 이 책이 필독서인 이유다.

이 책은 학술 서적에 그치지 않는다. 저자는 이론을 비즈니스와 연결한다. 그녀는 지금의 미디어 세상에서 왜 모든 것이 궁극에 '컨텍스트'로 귀결되는지 입증한다. "이제 고립된 서비스(애플리케이션, 디바이스, 콘텐츠)는 없다. 모두가 네트워크의 일부이고, 모두가 모두를 연결하는 노드가 되었다. (……) 연결 과정을 통해 지속적으로 진화하는 자만이 살아남는다"고 설명한다.

바로 이것이 오가닉 미디어의 가장 기본적인 작동 원리이며 미디어 분야에 있는 사람이라면 누구든지 스스로 끊임없이 되새겨야 하는 원리다.

전통 미디어 관점에서는 콘텐츠의 '전달'이 가장 마지막 단계다. 하지만 저자가 보여주듯이, 오가닉 미디어에서는 바로 전달된 순간부터 일이 비로소 시작된다. 일단 게재된 콘텐츠는 사람들의 참여에 따라 끊임없이 연결되고 진화할 수 있는 무한한 가능성을 가진다. 저자는 이러한 사실을 체득을 통해 직접 발견하기도 했다. 오가닉 미디어랩 블로그에 책의 내용을 조금씩 공개하면서 말이다. 독자들의 '가차없는' 피드백은 그녀의 집필 작업을 재구성하고 다듬는 데 지대한 영향을 미쳤다고 고백한다. "사용자의 참여가 없는 미디어는 껍데기에 불과하다"는 것이다.

"전통 미디어는 (……) 메시지의 진열과 노출에 집중하지만 오가닉 미디어는 네트워크의 구성원들이 지속적으로 콘텐츠에 관심을 갖고 연결하게 함으로써 콘텐츠의 생명력을 연장하고 진화시키는 데 몰두한다"고 저자는 지적한다.

통찰과 직관을 바탕으로 저자는 오가닉 미디어가 어떻게 작동하는지 논증한다. 이는 많은 비즈니스 리더들이 아직 깨닫지 못한 것이다. '연결성connectedness'은 이미 온·오프라인 모든 곳에서 새로운 기준점이 되었다. 그러니 이제 깨어나서 (오가닉) 모닝 커피향을 맡아야 하는 것은 비단 콘텐츠 제공자만이 아니라는 뜻이다.

물론, 이미 승자와 패자가 존재한다. 이 책은 어떻게 하면 개인 또는 사업자가 계속 앞서갈 수 있는지 설명한다. 밀레니엄 세대뿐만 아니라 테크놀로지에 더욱 연결된 새로운 세대가 출현함에 따라 비즈니스 리더들은 구태의연한 사고에서 자신들을 깨어나게 해줄 책들을 필요로 하고 있다. 이 책이 그렇다.

드 커코브 교수 자신도 언급했지만 "미래에는 누구나가 저자이자 독자가 될 것이다"라고 한 저자의 예견은 드 커코브 교수가 제안한 신조어 'wreader'와 일맥상통한다. 이것은 21세기 독서에서 나타나는 새로운 현상을 표현한 것인데, 테블릿 PC 등에서 뭔가를 읽을 때 '공유'에 대한 충동을 느끼는 등 높은 수준의 상호작용성이 발생하는 과정 때문이다. 이는 밀레니엄과 이후 세대들에게서 특히 나타난다.

이 책에서 우리는 어떻게 애플Apple이 음악 시장 전체 가치 사슬value chain을 다시 만들었고, 어떻게 아마존이 시장에 킨들Kindle을 출시하면서 북미 출판 시장을 정복했는지 들을 수 있다. 저자가 지적한 바와 같이 그들의 공통된 비밀 병기는 '사용자 경험'을 가장 우선시하는 전략이다. 이것은 '생산—유통—소비를 엮는 선형적 가치 사슬'의 오래된 질서가 뒤짚히는 충격적인 변화다.

모든 사람들이 콘텐츠 생산자가 되고 정보가 넘쳐나는 이 시대에 우리는 모두 시간을 아껴 줄 서비스를 찾고 있다. 그러니 컨텍스트는 그 어느 때보다 중요하다. 컨텍스트 비즈니스는 결국 '연결' 비즈니스다. 구글이 입증하고 있는 것처럼 매일 매순간 사람들을 정보와 연결시켜 주는 비즈니스다.

저자는 급증하는 데이터 분석에 대한 필요성도 지적한다. 그녀는 아마존의 숨겨진 힘의 원천에 대해 기술한다. "아마존은 데이터가 모여드는 바다와도 같다. 수많은 사람들이 구경하고 검색하고 리뷰하고 추천하고 구매를 한다. 이렇게 많은 사람들이 어지럽게 남긴 흔적들은 나에게 적합한 정보로 가공되고 걸러져서 연결된다." 따라서 저자에게 아마존의 서비스 모델은 다름 아닌 '연결'이다.

드 커코브 교수가 '유동의 건축물liquid architecture'이라고 표현한 세상에서 데이터 분석은 패턴과 과정을 분석하고 잠재적 성과를 밝히는 중요한 열쇠다. 하지만 드 커코브 교수가 경고했듯이, "우리는 콘텐츠를 평가할 때 숫자만을 보는 경향이 있다. 그러나 양적인 데이터는 제품이나 서비스에 대한 사람들의 개입 정도를 대략적으로 나타낼 뿐이다." 세상은 끊임없이 변화하고 있다. 이에 따라 프라이버시privacy, 투명성transparency, 접근성access과 편의성convenience 등에 대한 우리의 기대치도 함께 올라갈 수밖에 없다. 그러나 미디어 전문가들의 고민은 여전히 페이스북의 '좋아요' 숫자의 영향력과 같은 매우 초보적인 분석에 머물러 있는 실정이다.

오늘날의 모든 기업들은 크기와 형태에 상관없이 자문해야 한다. "왜 공감하고 왜 공유하는가?" 만약 모든 기업이 이 질문에서 시작하여 스스로 매개자가 되고자 한다면 모든 비즈니스 모델은 '오가닉 미디어'가 될 수 있다. 저자는 이것을 아마존, 페이스북, 트위터 등의 사례로 설명한다. 지난 20여 년에 걸친 진화 과정에서 어떻게 아마존이 이것을 입증했는지, 페이스북이 어떻게 스스로 사용자의 니즈needs에 적응할 수 있었는지, 트위터가 전통적 미디어인 TV와 결합하여 올드 미디어와 뉴 미디어의 도달 범위와 영향력을 어떻게 확장하려고 했는지 밝히고 있다.

물론 과거에는 미디어를 네트워크로 여기지 않았다. 송신자와 수신자는 명확하게 구분되어 있었고, 영향력은 도달을 통해 측정되었다. 즉 우리는 지금 미디어의 가치 사슬이 완전히 다시 쓰여지는 역사적인 순간을 살고 있다. 저자는 "100년쯤, 500년쯤 지나면 우리가 산업혁명을 읽었던 것처럼 지금 이 순간은 역사의 전환점으로 기록되고 연구

될 것이다"라고 예견한다.

여러분이 이 책을 꼭 읽기를 바란다. 미래에는 오가닉 미디어가 더 이상 선택이 아니라 '주어진given' 것이라는 사실을 납득하게 될 것이다.

앞으로 성공하는 비즈니스는 매개자, 메신저가 만들 것이다. 이용자들을 더 가깝게 연결하고, 물건을 더 쉽게 구매하도록 도와주고, 원하는 것을 더 빨리 찾을 수 있도록 도와주는 비즈니스다.

저자는 "소중한 시간이 아깝지 않을 만한 콘텐츠를 만나는 일은 점점 더 어려워지고 있다"고 말한다. 그녀는 '짜릿한thrilling' 여정으로 우리를 초대한다. 과장이 아니다. 이 새로운 '오가닉' 질서에 내재된 잠재성은 무한하다.

도미니크 델포르, 하바스 미디어 그룹, 2015

Dominique Delport

- Global Managing Director, Havas Media Group
- Chairman, Havas Media Group France & UK
- President, Vivendi Content
- Vivendi Board Member
- Emmy Award winner 2006

차 례

Foreword 데릭 드 커코브   4

　　　　　　도미니크 델포르   21

Prologue 진화하지 않으면 죽는다   34

Part 1. Media | 미디어가 해체되고 재구성된다

　01. 책의 종말인가, 진화인가?   48

　　　　현상의 이해   49

　　　　책을 정의하는 두 가지 기준   50

　　　　책의 컨테이너의 해체   51

　　　　책의 콘텐츠의 해체   52

　　　　책의 컨텍스트의 재구성   55

　　　　책과 나의 관계의 진화   57

　02. 미디어의 3요소   59

　　　　컨테이너의 다양화와 구조적 컨테이너   61

　　　　콘텐츠의 해체와 재구성   63

　　　　컨텍스트 역할의 확장   67

　03. 컨테이너의 숨겨진 쟁점   70

　　　　물리적 컨테이너에서 벗어나는 것은 '깨어남'이다   71

　　　　컨테이너의 일반적 정의   72

　　　　컨테이너의 3가지 쟁점   73

　　　　구조적 컨테이너의 출현이 가져온 새로운 시작   79

04. 콘텐츠의 재정의와 새로운 비즈니스의 기회　　82

콘텐츠를 만드는 체험이 가져다준 의문　　83

미디어에서 콘텐츠가 분리되기 시작하고　　84

콘텐츠 시장은 지각변동을 맞이한다　　85

콘텐츠의 새로운 정의가 시장의 새로운 기회를 연다　　91

05. 컨텍스트에 답이 있다　　97

컨텍스트를 아세요?　　98

TED, 컨텍스트를 판매한다　　99

종이 신문, 컨텍스트 없이 콘텐츠를 판다　　100

온라인 신문, 컨텍스트를 찾고 있다　　101

눈치 없이 헤매는 컨텍스트　　103

컨텍스트 연결이 만드는 성공 지표　　104

컨텍스트를 잃어버리다　　105

컨텍스트에 답이 있다　　106

Part 2. Network | 미디어는 네트워크다

01. 아마존은 왜 오가닉 미디어인가?   110

  '연결'에 대한 사용자 경험을 제공한다   111

  판매자, 구매자, 협력자가 참여하는 모델   113

  아마존은 징검다리 네트워크다   117

  아마존에서 오가닉 미디어를 배운다   120

  모든 상거래 모델이 오가닉 미디어가 될 수 있다   121

02. 미디어 네트워크의 진화   123

  점 대 점 커뮤니케이션 네트워크   124

  일대다 커뮤니케이션 네트워크   128

  다대다 커뮤니케이션 네트워크   131

  사용자 관계가 미디어의 진화를 만든다   139

03. 트위터 서비스 구조 해부하기   141

  서비스 구조를 나타내는 3가지 네트워크   142

04. 네트워크의 4가지 속성   153

  네트워크는 연결이다   155

  네트워크는 열려 있다   156

  네트워크는 사회적이다   158

  네트워크는 유기적이다   160

  네트워크 시장에서 비즈니스의 기준이 바뀐다   163

05. 네트워크의 이중성   165

  왜 네트워크인가?   166

  네트워크의 이중성   169

Part 3. Space | 안과 밖의 경계가 없어진다

01. 시간과 공간의 관점에서 본 미디어의 역사   180

    시간과 공간을 횡단하는 미디어의 출현   181

    인쇄 미디어, 시공간을 조율하기 시작하다   184

    실시간 미디어, 시공간과의 전쟁이 시작되다   187

    시청각 미디어, 시공간을 뛰어넘고 통제하다   190

    오가닉 미디어, 시공간의 구속으로 되돌아오다   193

02. 네트워크가 공간이다   198

    공간에 대한 오해와 실수   199

    공간 개념을 철저히 해체해야 한다   201

03. 컨텍스트가 공간을 만든다   206

    공간을 아세요?   207

    관계가 공간을 만든다   208

    연결이 공간을 발전시킨다   212

    컨텍스트가 곧 공간이다   214

04. 안과 밖의 경계가 없는 시장에서 사업자는 누구인가?   218

    처음에는 물리적 공간을 기획했다   219

    안과 밖의 구분을 과감히 허물다   220

    이제 모든 사업자가 매개자고 통신원이다   225

Part 4. Mediation ㅣ 매개는 미디어를 진화시킨다

01. 출판은 곧 매개다   232

    출판의 고정관념을 깨기 위한 몇 가지 질문   233

    일상적 커뮤니케이션이 된 출판   237

    출판의 미션은 매개다   239

    매개는 네트워크를 만든다   240

    매개가 공간을 확장한다   241

02. 매개의 4가지 유형: 창조, 재창조, 복제, 그리고 소비   245

    매개란 무엇인가?   246

    매개자에 대한 편견   247

    매개의 4가지 유형   248

    매개가 인터넷의 진화를 만든다   257

03. 16세기 SNS에서 오가닉 미디어를 배운다   258

    SNS의 원조, 서신공화국   259

    서신공화국이 기획자에게 던지는 시사점   268

04. 끝이 곧 시작이다   271

    실험의 결과   272

    콘텐츠는 살아 있다   274

    사업자와 사용자의 역할이 뒤바뀐다   277

Part 5. Identity | 사용자는 누구이며 왜 매개하는가?

01. 소셜 네트워크 서비스와 '나'의 정체성   282

    사용자 정체성을 만드는 비밀의 레시피   283

    SNS에서 발견되는 동일시와 차별화   288

02. 사적 영역과 공적 영역의 '소셜 게임'   292

    두 공간의 분리를 기반으로 한 기존의 질서   293

    두 공간의 공생이 만드는 새로운 질서   300

03. 청중이 나를 정의한다   308

    사용자 정체성의 4가지 요소   309

    페이스북에서 나의 정체성 찾기   310

    청중이 나를 정의한다   314

04. 어디까지 보여줄 것인가?   316

    모든 것이 추적 가능하다   317

    보여줄수록 신뢰받는다   318

    프라이버시는 없다   320

    투명성은 새로운 질서다   322

    나는 어떤 스토리를 만들고 있는가?   324

Epilogue 연결이 지배하는 미디어 세상의 미래   327

Appendix Foreword in English

    Dr. Derrick de Kerckhove   337

    Dominique Delport   354

Prologue 진화하지 않으면 죽는다

나는 돌연변이라는 말을 자주 들었다. 늘 칭찬이었던 건 아니었다. 프랑스 소르본(파리5대학교)에서 사회학으로 박사학위를 받았지만 미디어를 연구했으니 정통은 아니었다. 미디어를 연구하는 관점에서 보면 사회학에 기반을 두고 있으니 '섹시'하지가 않았다. 프랑스 오렌지텔레콤과 일할 때나 SK커뮤니케이션즈(싸이월드)에 몸담았을 때는 학구적으로 접근한다는 핀잔도 들었다. 반면 학계에서 보면 장사꾼에 지나지 않았다. 어쩌면 이런 견해들이 나의 길을 가게 도와주었는지도 모른다. 머리로만 알던 것이 체득을 통해 진정한 지식이 되었고, 현장의 소음 속에서 일관되게 들려오는 소리가 무엇인지 귀 기울여 듣고 퍼즐을 맞추는 감동도 얻었다.

공부할 때는 사회학·미디어·커뮤니케이션·네트워크 등 여러 분야를 좇아다니느라 분주했고, 현업에서는 웹서비스·모바일·게임 등 여러 분야에서 기획자로, 전략가로, 연구자로 일했다. 대기업 임원이 부잣집 막내딸처럼 세상 물정 모르는 자리라는 것은 벤처 독립을 한 뒤에야 알았고, 인터넷 서비스가 살아 있는 생명체라는 것은 사용자들이 손수 가르쳐주었다. 지금까지 해온 연구와 현장에서 체득한 것을 연결한 결과가 이 책이다. 지금부터 여러분과 함께 연결이 지배하는 미디어, 그 미디어가 만드는 새로운 세상으로 여행을 떠나고자 한다.

미디어를
아세요?

미디어를 '커뮤니케이션을 가능하게 하는 모든 도구와 환경'으로 정의하자 질문이 쏟아진다. 아니 그러니까 모든 것이 미디어가 될 수 있다는 말인데, 이런 정의가 무슨 도움이 되는가? 뭔가 실행을 하려면 범위가 더 명확해야 하지 않은가? 언어, 그림, 몸짓, 스마트폰, 교실, 카페, 심지어 테이블 위의 커피잔까지 미디어라니 정말 무책임한 정의가 아닌가.

바로 그것이 문제다. 곤혹스럽지만 미디어는 규정되지 않는 것에서 출발한다. 상황에 따라 말을 바꾸듯 가변적인 미디어라고? 미안하지만, 그렇다. 첫째, 미디어는 관계를 만드는 매개체다. 미디어는 기술적 장치도, 콘텐츠도 아니다. 신문은 여론을, 텔레비전은 대중을 만들었고, 교실은 스승과 제자의 관계를 만들었다. 둘째, 이렇게 매개된 관계에 의해 정해지는 것이 미디어다. 대중을 만든 것은 매스미디어, 구독 관계로 이루어진 것은 트위터라 부르고, 친구 관계로 이루어진 것은 소셜 네트워크 서비스SNS라고 부른다(이들에 대한 정의는 본문에서 자세히 다루게 될 것이다). 미디어와 나의 관계, 미디어가 매개하는 나와 여러분의 관계가 미디어를 정의한다.

우리는 인터넷을 기점으로 출현한 수많은 사회·정치·경제적 현상과 혼란 속에 놓여 있다. 그 혼란 속에서 질서를 찾기 위한 출발점이 바로 미디어다. 대중매체는 오랫동안 일방향의 일대다 네트워크로 이 사회를 지배해왔다. 그러던 어느 날 우리는 트위터, 페이스북, 구글 같은 미디어에서 새로운 네트워크를 만나게 된다. 왠지 통제되지 않고 항상 진화하며, 사용자를 거치지 않으면 꼼짝도 할 수 없게 되었다. 이것은 대체 어떤 미디어인가?

이 글은 관계에 의해 만들어지는 미디어, 그래서 살아서 진화하는 네트워크에 대한 이야기다. 우리는 살아서 성장하는 유기적인 미디어를 '오가닉 미디어organic media'로 명명했다. 이 책은 등잔 밑에서 발견한 미디어의, 시장의, 사회의 새로운 질서에 대한 스토리이며, 결국 여러분이 만드는 미디어에 대한 스토리텔링이다.

미디어에 대한
편견과 혼란

10년 전 일이다. 모 통신사에서 미디어 사업 모델을 발굴하는 프로젝트가 떨어졌다. 네트워크 장비로 돈을 벌던 통신사가 위기감을 느낀 것은 당연했고, 따라서 스마트폰 시대에 대비하기 위해 콘텐츠를 기반으로 하는 신사업 발굴을 원했다. 전담 본부도 신설되었다. 이런 상황에서 '미디어의 개념부터 다시 정의해야 한다', '지금은 콘텐츠 장사할 때가 아니다'라는 보고서를 냈으니 화가 나도 단단히 났을 것이다.

담당자들과 회의와 세미나를 수없이 진행했지만 결국 설득하지 못했다. 심증은 있으되 실증이 부족했고, 심증이 있다고 해도 아무도 가지 않은 길을, 그것도 10년을 보고 갈 수는 없는 일이었다. 태생이 벤처인 회사와 달리 통신사의 전문 경영인은 자주 바뀐다. 책임질 사람이 없다면 리스크는 없는 편이 낫고, 오랜 기간 인내심을 가져야 결과를 얻는 프로젝트는 사실상 불가능하다.

미디어가 콘텐츠 장사하는 도구가 아니면 무엇이란 말인가? 휴대폰이 손안에 쥐어진 스크린, 화상 전화기 말고 다른 무엇이 될 수 있다는 말인가? 그 길을 찾던 프랑스의 통신사도 벤치마킹을 하러 우리나라에 여러 차례 왔지만 고개를 갸우뚱하고 돌아갔다. 뭔가 과감하게 실행은 하는데 전략이 무엇인지 이해할 수 없다는 눈치였다. 돌이켜보면 물음표만 가득하던 폭풍 전야였다. 그리고 새로운 모바일 시장은 통신사가 아닌 애플, 구글, 페이스북을 통해 열렸다.

이것은 혼란에 대한 수습이 아니었다. 스마트폰 시장이 터지자 혼란은 더욱 커졌다. 수십만 개의 애플리케이션이 생겨났고 사용자는 더욱 예측하기 어려운 대상이 되었으며, 시장은 하루가 다르게 변했다. 시장 규모는 급속도로 성장했지만 그 안에서 질서를 찾고 미래를 예측하기는 더욱 어려워졌다. 그리고 진정한 질문이 시작되었다. 미디어는 무엇이고 어디로 가고 있는가?

왜 오가닉
미디어인가?

여기는 진화하지 않으면 도태되는 시장이다. 1등을 지키겠다는 목표가 스스로를 죽이는 결과를 초래한다. 메신저 시장의 1등, 2등은 서로를 견제하다가 같이 죽는 결과를 맞이했다. 미디어는 정해져 있는 것이 아닌데 메신저 시장, 커뮤니티 시장, 커뮤니케이션 시장이라니 이 얼마나 편리한 사업자의 분류 방식이며 스스로를 가둬온 울타리인가.

PC에 있던 메신저 창을 스마트폰으로 확장하는 것은 진화가 아니었다. 편리한 기능을 추가하면서 고객을 가두는 전략에 사용자는 반응하지 않았다. 휴대폰 번호로 쉽게 인증하고 주소록도 자동으로 연결하면서 사용자들은 작은 메신저 창의 친구 목록이 아니라 수많은 노드와 링크가 있는 (카카오톡 같은) 네트워크 속으로 빠져들었다.

인터넷 기반 미디어들이 만든 새로운 시장에서는 안과 밖의 구분이 없어졌다. 응용프로그래밍 인터페이스API, Application Programming Interface를 개방해서 내 것을 내주고, 세상 도처에서 생산되는 사용자의 흔적과 활동을 내 자원으로 활용하는 시장이 되었다. 사업자들에게는 자신의 서비스가 안쪽이고 경쟁 서비스들이 바깥쪽이겠지만 사용자들에게는 안과 밖의 경계가 없다. 그들이 자유롭게 여행하고 돌아다닐 수 있도록 만드는 것이 곧 진화가 되었고, 그것을 먼저 인지한 자가 플랫폼의 주인이 되었다.

이제 고립된 서비스(애플리케이션, 디바이스, 콘텐츠)는 없다. 모두가 네트워크에 연결되어 있고, 모두가 모두를 연결하는 노드가 되었다. 여기서는 사용자, 서비스, 콘텐츠, 디바이스를 끊임없이 연결하면서 매개자가 될수록 가치를 인정받는다. 고립된 사용자가 할 수 있는 일이 아무것도 없듯이 고립된 콘텐츠, 서비스가 할 수 있는 일은 아무것도 없다. 연결 과정을 통해 지속적으로 진화하는 개체만이 살아남는다. 바로 이것이 오가닉 미디어의 가장 기본적인 작동 원리다.

1. 매스미디어의 시대는 끝났다

미디어의 흐름에는 관성이 있다. 각 단계마다 이전 미디어가 다음 미디어를 필연적으로 예비한다.[1] 그렇게 미디어에 매개된 사회관계가 포화되면 비등沸騰, effervescence 속에서 다음 단계가 온다. 그 가속도에서 우리는 인터넷을 만났다. 그 충격은 흑백 무성영화가 갑자기 요란한 컬러가 되더니 심지어 주인공들이 튀어나와 나와 함께 춤을 추는 느낌이랄까. 여기서 나(사용자)는 모든 것과 연결된 세상의 점dot이 되고 주인이 되었다.

매스미디어의 시대는 끝났다.

첫째, 매스미디어는 신문·TV·라디오를 말하는 것이 아니라 대중이라는 사회관계를 만드는 미디어를 말한다. 매스미디어가 사라진다는 것은 인터넷이 TV를 대체한다는 말이 아니다. 대중(동시에 같은 메시지를 받고 직접 상호작용하지 못하는 수용적 그룹)이라는 사회관계가 사라진다는 뜻이다. 불특정 다수라는 그룹은 변화무쌍한 네트워크로 대체될 것이다.

---

1. Marshall McLuhan and Lewis H. Lapham, *Understanding Media: The Extensions of Man*, The MIT Press, 1994(Original work published in 1964).

- 사람들의 콘텐츠 소비는 지속적으로 '링크'를 만들게 되고,

- 네트워크의 확장은 미디어를 진화시키는 결과를 가져온다.

- 오가닉 미디어(Organic Media)는 "유기적 네트워크"이며 새로운 미디어 현상의 시작이다.

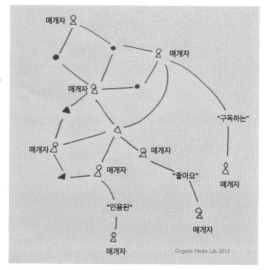

오가닉 미디어는 노드들의 활동을 통해 유기적으로 진화하는 네트워크다.

둘째, 소셜 미디어와 사물인터넷IoT, Internet of Things 등의 현상은 새로운 미디어의 출현이 아니다. 미디어의 본래 개념을 일깨워주는 현상일 뿐이다. 즉 미디어가 단순한 메시지 전달 도구가 아니라 우리의 관계를 매개하는 노드이며, 심지어 이 노드 자체도 진화할 수 있다는 사실을 환기해주는 사회·기술적 현상이다.

우리는 인터넷 공간 자체가 거대한 네트워크로 연결되는 현상을 목격하고 있다. 소셜 미디어, 상거래, 검색, 스마트폰 애플리케이션 등 분야에 관계없이 상황은 동일하다. 네트워크는 기계적으로 정리되거나 통제되지 않고, 영향을 미치는 범위가 순식간에 커지기도 한다. 이러한 현상은 미디어가 더 이상 콘텐츠로 정의되는 것을 거부하고, 그 대

	전통 미디어 (Traditional Media)	오가닉 미디어 (Organic Media)
구분자	콘텐츠 (Content)	네트워크 (Network)
작동 방법	기계적 (Technical)	유기적 (Organic)

전통 미디어와 오가닉 미디어의 비교.

신 관계 기반 미디어의 본래 쟁점에 주목한다.

위의 도표는 오가닉 미디어를 손쉽게 이해할 수 있도록 대표적 특성, 즉 미디어를 정의하는 기준과 미디어의 작동 방법을 전통 미디어와 비교한 것이다. 오가닉 미디어는 유기적이며 그 자체가 생명력을 지닌 네트워크라는 점에서 기존의 미디어와 구별된다.

2. 미디어는 네트워크다

미디어를 콘텐츠를 전달하는 도구로 보면, 콘텐츠(제품, 메시지)를 어떻게 많은 사람에게 전달(노출)할 것인가에 집중하게 된다. 반면 네트워크 관점에서 미디어를 보면, 사용자·메시지·광고주·마케터 등이 모두 미디어의 구성원(노드)이다. 여기서는 메시지를 어떻게 전달할지보다는 노드들이 어떻게 상호작용하고 관계를 형성하는지, 네트워크의 작동 원리에 주목할 수밖에 없게 된다.

전자는 메시지 도달률을 기반으로 하는 마케팅을 할 것이고, 페이스북 페이지의 팬 수를 늘리는 것이 목표가 될 것이다. 후자는 사용자를 자발적인 매개자로 만들기 위해 무엇을 할 것인지, 어떻게 신뢰를 쌓고 관계를 운영할 것인지, 그 '과정'을 고민할 것이다. 그 결과 사업자와 사용자의 관계 네트워크를 얻을 것이며, 오가닉 미디어의 비즈니스는 바로 여기에서 시작된다(구체적 사례를 바로 원한다면 2부의 '아마존은 왜 오가닉 미디어인가?'로 여행하기를 권한다).

3. 미디어가 살아 있다

오가닉 미디어는 살아 있다. 우리는 살면서 수많은 사람을 만나고, 그 인연이 우리의 삶을 규정한다. 부모, 친구, 배우자, 동료를 만나면서 내 인생은 구체화된다. 눈에 보이지 않는 이 수많은 링크의 합이 '나'다. 오가닉 미디어도 이와 같다. 미디어는 관계를 만들고 그 관계는 미디어를 진화시킨다. 이것이 SNS의 사용자 관계나 소셜 커머스의 구매자 관계, 트위터의 트윗 관계처럼 지속적으로 변모하는 것이라면, 오가닉 미디어는 살아 있는 유기체와도 같다.

오가닉 미디어의 콘텐츠는 살아 있다. 기계적 전송 방식을 기반으로 하는 전통 미디어 관점에서는 콘텐츠를 '전달'하는 것이 가장 마지막 단계다. 말을 내뱉는 순간, 또는 출판·발행·방송되는 순간 미디어의 역할은 끝난다. 반면 오가닉 미디어에서는 콘텐츠가 전달된 순간부터가 중요해진다. 이때가 게임의 시작이다. 한번 게재된 콘텐츠는 사람들의 활동에 따라 끊임없이 연결되고 진화할 수 있는 잠재성을 내포하기 때문이다.

전통 미디어는 '낚시' 글을 반복적으로 작성하는 언론사나 포털처럼 메시지의 진열과 노출에 집중하지만 오가닉 미디어는 네트워크의 구성원들이 지속적으로 콘텐츠에 관심을 갖고 연결하게 함으로써 콘텐츠의 생명력을 연장하고 진화시키는 데 몰두한다.

여기에서는 콘텐츠를 소비하고 연결하고 공유하고 생산하는 모든 행위에 어떤 쓰임새가 있다. 사용자의 모든 행적은 끊임없는 연결을 낳고, 콘텐츠와 사람을 매개하는 결과를 낳는다. 오가닉 미디어에서는 처음부터 정해지는 것이 없다. 다만 성장 과정만이 있을 뿐이다.

4. 시행착오와 체득이 필요하다

이처럼 살아 있는 네트워크라는 관점에서 미디어를 보면 비즈니스 전략이 달라질 수밖에 없다. 전통적 미디어의 관점은 사업 영역이 구획으로 나뉘어 있다고 생각하는 전통적 비즈니스의 관점과 일맥상통한다. 다음은 전통적 관점에서 우리가 일반적으로 던지는 질문이다.

1. 어떻게 1등을 (유지)할 것인가?
2. 고객을 어떻게 가둘Lock-in 것인가?
3. 무엇을 얼마에 팔 것인가?
4. 회원이 몇 명인가?

그러나 네트워크 관점에서 보면 위의 질문들은 적절하지 않다. 성장을 멈추면 죽는 시장에서 경쟁사가 서로에게 기준이 될 수 없고(같이 죽는다), 개방된 환경에서 고객을 억지로 가둬둘 수도 없다. 고객이 곧 매개자(마케터, 영업사원, 통신원, 생산자)이니, 핵심은 어떤 연결 가치를 제공하느냐에 있다. 네트워크 관점에서 위의 질문은 다음과 같이 수정될 수 있다.

1. 지금 이 순간 성장을 멈추지 않기 위해 무엇을 하고 있는가?
2. 고객(콘텐츠)이 지금 고립되어 있지는 않은가?
3. 무엇을 어떻게 연결할 것인가?
4. 어떤 고객들이 어떤 매개 활동을 하고 있는가?

다만 기존의 미디어와 달리 오가닉 미디어에는 체득되지 않으면 손에 잡히지 않는다는 특성이 있다. 나 스스로도 머리와 몸이 따로 움직이는 것을 수차례 경험했다. 미디어는 진화의 가속도 속에서 저만치 날아갔지만 우리의 사고는 여기 남겨져 있다. 새로운 미디어 현상과 새로운 시장의 질서를 받아들이려면 먼저 오래된 고정관념에서 스스로 벗어나야 한다.

불행히도 고정관념에서 벗어날 수 있는 유일한 방법은 시행착오와 체득뿐이다. 이 책이 체득과 시행착오의 시간을 조금은 줄여줄 수 있기를, 그래서 독자들의 귀중한 시간을 조금은 아껴줄 수 있기를 바란다.

오가닉 미디어는 진행 중이다

오가닉 미디어의 관점에서 보면 이 책도 수많은 관계(연결)의 결과이자 시작점이다. 그래서 그 자체로 오가닉 미디어다.

첫째, 이 책은 사람들과의 관계다. 다시 말해 전공 분야와 현업에서 만난 사람들, 학자들, 사용자들, 개발자들, 사업자들과의 상호작용의 결과다. 늘 행복한 만남이었던 건 아니다. 때로는 충돌하고 배우고 답답해하고 뒤늦게 무릎을 치기도 하면서 수많은 인연들이 수많은 통찰의 조각들을 남기고 스쳐 갔다.

둘째, 이 책은 생각들의 관계다. 그렇게 남은 단서들이 여러 차례 노드와 링크가 되기를 반복했고, 연결되고 끊어지기를 반복했다. 그것은 미디어의 본래 모습에 눈을 뜨는 과정이기도 했고, 현상의 퍼즐이 맞춰지는 경험이기도 했다. 그러고 나서 보니 오가닉 미디어 현상은 시장의 포화 상태를 뜻하는 것이 아니라 완전히 새로운 시작이었다.

결국 이 책은 수많은 인연들이 남긴 조각들의 연결이다. 내가 만난 소중한 사람들과 스토리(사건, 체험, 인사이트, 지식)의 네트워크다. 그리고 무엇보다 나와 여러분을 연결하고 새로운 스토리로 진화하기를 기다리는 또 하나의 시작점이다.

책을 읽는 방법 총 5부, 22장으로 구성된 이 책은 일종의 네트워크다. 목차대로 읽을 것을 권장하지만, 순서를 정해 관심 있는 주제부터 골라 읽어도 무방하도록 구성했다. 여러분이 글을 읽고 주제를 연결해가는 방식에 따라 새로운 스토리가 될 것이다.

미디어가
해체되고
재구성된다

01. 책의 종말인가, 진화인가?

02. 미디어의 3요소

03. 컨테이너의 숨겨진 쟁점

04. 콘텐츠의 재정의와 새로운 비즈니스의 기회

05. 컨텍스트에 답이 있다

미디어의 3요소(3 Components of Media)

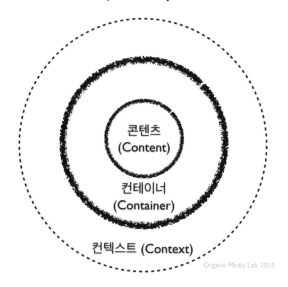

제1부에서는 연결이 지배하는 세상에서 미디어의 본질을 파헤친다. 이를 위해 먼저 우리에게 가장 익숙한 미디어인 책이 어떻게 진화하고 있는지 살펴보고, 미디어를 해부하는 틀인 3C(콘텐츠·컨테이너·컨텍스트)를 제안한다. 미디어의 진화가 어떻게 내용을 담는 용기인 컨테이너의 해체에서 출발하는지, 이러한 컨테이너의 해체가 어떻게 콘텐츠의 변화를 가져오는지, 마지막으로 미디어에서 왜 컨텍스트가 더욱 중요해지는지에 대해 설명한다.

01 책의 종말인가, 진화인가?
Evolution of Books

책은 경이롭다. 수천 년 이상 인류의 모든 기록을 담아왔다. 책과 마주하는 시간은 경이롭다. 때로는 위로와 기쁨을, 때로는 지식과 설렘을 준다. 책은 여행이고 동반자이고 스승이며 내 자신이다. 우리와 각별한 관계를 만들어온 책은 객관화하기가 어려운 '감성적' 미디어다. 그러나 이 글에서는 미안하게도 이 아늑한 미디어의 해체 현상에 대해 이야기하려고 한다.

책의 해체는 책에 대한 부정이 아니다. 책의 진화다. 다만 그 진화가 계속 이어져 지금 우리가 알고 있는 책의 형태를 언젠가 (완전히) 벗어날 수도 있다. 이에 대한 마음의 준비가 필요하다. 집에서 텔레비전이 없어지는 것과 책이 없어지는 것은 완전히 다른 문제니까. 그렇다면 책이 왜, 그리고 어떻게 해체되고 어디로 가고 있는지를 지금부터 알아보도록 하자.

현상의
이해

칠순이 넘은 어머니는 정년 퇴임 후 제2의 전성기를 살고 계시다. 무척 바쁜 일상을 관찰해보니, 당신에게 새 삶을 선물한 것은 매일 만나는 친구도 손자도 아닌 '책'이었다. 어머니의 책상과 책, 신문 스크랩들은 내게 평생 익숙한 광경이지만, 지금 책과 마주하는 마법의 시간은 온전히 어머니만의 것이다. 늘 쫓기는 삶을 살았던 어머니는 이제야 비로소 긴 호흡으로 책을 읽는다. 그 인생의 깊이만큼 통찰도 깊다. 어머니의 서재는 고갈되지 않는 이야기 같다. 우리 모두에게 책은 본래 이런 존재가 아닐까.

　반면 내 집에는 책이 점점 줄어들고 있다. 대신 컴퓨터건 전자책이건 뭔가를 읽고 쓰고 공유할 수 있는 '도구'들만 잔뜩 있다. 손 글씨를 쓰는 일도 점점 없어져서 누군가에게 생일 카드라도 써야 할 때는 난감하다. 깨알 같은 글씨가 가득한 노란색 포스트잇과 노트가 있는 어머니의 책상과 참 대조되는 모습이다. 안타깝게도 이 대조되는 모습은 점점 더 극명해지다가 나중에는 한쪽이 아예 없어지게 될 것이다. 좀 더 정확히 말하면, 지금까지와 같이 책을 정의한다면 책은 없어질 것이다. 그러나 미디어 환경의 진화에 따라 책을 다시 정의할 수 있다면 책의 진화는 계속될 것이다.

책을 정의하는
두 가지 기준

지금의 책 모양이 처음 갖춰진 것은 약 1세기로 추정된다.[1] 고대에는 두루마리 방식을 사용했다.[2] 그 후 휴대하기도 간편하고 읽기에도 편하게 개발된 것이 양면 페이지로 구성된 지금의 책이다. 양피지나 종이에 필사본으로 만들어지던 것이 15세기에 접어들면서 인쇄물로 제작되기 시작했다. 책이 널리 보급되었고 집에는 서재가 생겼으며, 바야흐로 지식을 소유하고 정보가 흘러 다니는 엄청난 혁명이 시작되었다. 그리고 그 후 약 500년 동안 책은 거의 변하지 않고 지금까지 이어져 왔다.

유네스코에 따르면 책이란 "겉표지를 제외하고 최소 49페이지 이상으로 구성된 비정기 간행물"을 일컫는다.[3] 미국 우편 시스템US postal system에서도 최소 24페이지 이상의 내용으로 구성된 출판물로, 적어도 22페이지는 읽을 것을 포함한 인쇄물이어야 한다고 정의하고 있다.[4] 상식적으로도 책이라면 어느 정도의 페이지 두께를 떠올리게 된다. 제법 완결된 스토리와 깊이를 담으려면 일정한 분량이 필요한 것이다.

---

1. "Codex," *Wikipedia*, http://en.wikipedia.org/wiki/Codex.
2. "Book," *Wikipedia*, http://en.wikipedia.org/wiki/Book.
3. UNESCO, "Recommendation concerning the International Standardization of Statistics Relating to Book Production and Periodicals," *Records of the General Conference*, 13th Session, Paris, Nov 19, 1964, http://portal.unesco.org/en/ev.php-URL_ID=13068&URL_DO=DO_TOPIC&URL_SECTION=201.html.
4. "Book," *Business Dictionary*, http://www.businessdictionary.com/definition/book.html.

또한 "광고를 목적으로 하여 공짜로 배포되는 것은 출판물의 범위에서 제외된다"는 내용도 유네스코에서는 명시하고 있다. 출판물의 국제적 통계 기준을 마련하기 위해 다소 엄격하게 정의한 것이겠지만, 여기에는 책은 서점에서 유료로 판매되는 것이라는 의미가 함축되어 있다. 기획과 집필, 편집, 유통 등을 모두 고려하면 책을 내는 일은 보통 일이 아니다. 저자의 산고의 시간이 흐른 뒤에도 많은 사람들의 협업이 필요하며, 이 과정에서 수준이 떨어지는 내용은 자연스럽게 여과된다. 그러니 이렇게 만들어진 책은 당연히 유료일 수밖에 없다. 프랑스 같은 나라에서는 책의 기준가까지 정부에서 정해놓았고,[5] 할인율도 법에 정해진 대로 엄격하게 제한한다.[6] 그러나 책을 정의하는 이 두 가지 기준은 이미 허물어졌다.

책의 컨테이너의 해체

지금까지 우리가 알고 있는 책의 형태는 '페이지' 묶음이 만들어왔다.[7] 그러나 양면으로 구성된 '페이지' 단위는 이제 더는 책의 필수적인 요소가 아니다. 종이책이 유일한 컨테이너가 아니기 때문이다. 웹북에서

5. Ministère de la culture et de la communication, Direction du livre et de la lecture, *Prix du Livre, Mode d'emploi*, http://www.culture.gouv.fr/culture/dll/prix-livre/prix-1.htm.
6. La Loi Lang, 1981, "Loi Lang," Wikipedia, http://fr.wikipedia.org/wiki/Loi_Lang.
7. David Weinberger, *Too Big to Know: Rethinking Knowledge Now That the Facts Aren't the Facts, Experts Are Everywhere, and the Smartest Person in the Room Is the Room*, Basic Books, 2012.

는 스크롤을 내리면 장章 하나를 한눈에 볼 수 있다. 여기에서는 '위치'만이 중요할 뿐 페이지의 순서는 존재하지 않는다. 전자책에서도 페이지의 개념은 없다. 내가 보고 싶은 활자의 크기에 따라 페이지는 바뀔 수 있고, 내가 읽고 있는 부분이 전체 내용 중 몇 퍼센트에 해당하는지 '과정'을 수치로 볼 수 있을 뿐이다. 마치 내비게이션을 켜고 운전을 할 때 목적지까지 거리가 얼마나 남아 있는지 나타내주는 것과도 같다. 페이지는 없어졌지만 책을 읽는 것은 여전히 여행이다.

역설적이게도 전자책이나 웹북의 이러한 모습은 책 이전 시대의 두루마리 형태와 오히려 유사해 보인다. 그러나 페이지 단위로 낱낱이 분리되지도 않지만 컨테이너 안에 갇혀 있지도 않다. 페이지 개념은 휴대와 열독을 간편하게 하기 위해 존재해왔다. 그러나 휴대는 종이책보다는 '비트bit'로 구성된 전자책이나 웹북이 훨씬 간편해졌다. 읽기 또한 페이지를 기준으로 할 필요가 없어졌다. 페이지에서 해방되는 대신 각각의 이야기, 문장, 단어들은 훨씬 더 자유로운 형태로 하이퍼링크를 타고 서로 다른 스토리와 책들을 오가며 오히려 '연결'되기를 지향하기 시작했다. '페이지와 종이로 구성된 책'의 형태가 '비트' 단위로 해체되자 책의 콘텐츠와 컨텍스트도 직접적인 영향을 받게 된 것이다.

책의
콘텐츠의 해체

웹북이나 전자책이 등장하면서 출판이라는 행위 사체는 '단호한 결심'보다 훨씬 가벼워졌다. 책이 완성되기를 지루하게 기다리면서 독자는 지치고 스토리와 테마는 낡아버리는 시대는 지났다는 얘기다. 그보다는 일부 완성된 장章을 먼저 출판하여 독자들과 상호작용하고, 그 반응을 수용해 그다음 장들을 연달아 출판하기도 한다.

여기에는 두 가지 이점이 있다. 첫째, 책이 시의성을 잃지 않고 시장과 독자의 요구에 빠르게 대응할 수 있다는 점, 둘째, 독자의 반응을 계속 접하면서 집필이 이루어지기 때문에 효율적으로 완성도를 높일 수 있다는 점이다.

대표적인 사례가 책의 미래를 실험하고 설명한 책, 《책: 미래학자의 매니페스토Book: The Futurist's Manifesto》다.[8] 각각의 장이 완성되면 먼저 수차례에 걸쳐 웹으로 출판하고 나중에서야 오프라인 출판을 했다. 이 과정에서 웹 버전은 무료로 배포되었는데, 이러한 출판 방식이 책의 시의성과 완성도를 높이는 역할을 할 뿐만 아니라 프리 마케팅free marketing까지 저절로 병행되는 사례가 되었다. 책이 무료로 배포되는 사례는 점점 늘고 있다.[9] 제작 원가가 거의 들지 않다 보니 공짜 책으로 책을 마케팅하는 사례가 늘고 있는 것이다. 더 나아가 책은 하나의 스타트업이나 인터넷 서비스 같은 존재로 발전하고 있다.[10] 책 출판에 대한 펀딩을[11] 받는 대신 책의 콘텐츠 자체는 무료 버전으로 배포하는

8. Hugh McGuire and Brian O'Leary eds., B*ook: A Futurist's Manifesto*, O'Reilly Media, 2012, http://book.pressbooks.com/.

9. <책, '공짜'로 나눠주면 더 잘 팔린다?>, 사회평론 블로그, 2010년 4월 7일, http://sapyoung. tistory.com/43.

10. <작가들의 무료 전자책 지원하는, 소셜 펀딩 Unglue.it>, 아이엠데이, 2012년 7월 9일, http:// www.iamday.net/apps/article/talk/1387/view.iamday.

것이 가능해졌다는 뜻이다.

　물론 반드시 1장, 2장, 3장 등 순차적으로 장을 구성하는 것만이 책을 만드는 방법인 것도 아니다. 이것 또한 책의 컨테이너가 규정하는 하나의 스토리텔링 방식에 불과하다. 블로그 게시 글을 책으로 출판하거나 심지어 트위터나 페이스북에서 주고받은 토론을 책으로 출판하는 사례도 늘고 있다.[12] 여기서는 200~300쪽 분량의 기승전결이 꼭 필요하지는 않다. 웹에서 피로감 없이 읽을 수 있는 분량의 작은 스토리들이 연결되어 하나의 책을 구성할 수도 있다.

　심지어 거꾸로 단행본으로 여러 차례 엮인 책이 나중에 블로그 포스트로 정리되어 기록될 수도 있다. 여기서 책은 무엇이고 블로그 포스트는 무엇일까? 책은 출판이고 포스트는 출판이 아닐까? 어떤 것을 더 가치 있는 것으로 볼 수 있을까? 책이 더 가치 있고 블로그 포스트는 그에 못 미친다고 말할 수 있을까? 책의 컨테이너 해체 현상과 콘텐츠 해체 현상은 그동안 책의 '물리적 형태'와 그것을 기반으로 하는 '사용자(독자) 경험'이 만들어온 책의 정의에 위와 같은 질문을 던지고 있다. 책도 출판이고 블로그 포스트도 출판이다. 적어도 기록을 보존할 수 있고 지속적으로 공유할 수 있는 방법을 지닌 컨테이너에 담겨 있다면 책의 기능을 하기에 충분하다.

　그렇다면 지금까지 우리가 가져온 책에 대한 '사용자 경험'은 바뀔

---

11. Shel Israel, "Age of Context Takes A Sponsorship Route," *Forbes*, Feb 12, 2013, http://www.forbes.com/sites/shelisrael/2013/02/12/age-of-context-will-use-the-sponsorship-publishing-model/.
12. 김영걸, 《소크라테스와 CRM》, 쌤앤파커스, 2011년 7월 5일.

지 모르지만 그 '지식에 대한 경험'은 계속된다고 할 수 있다. 아니, 오히려 예상하지 못했던 새로운 발견들을 더 많이 할 수 있는 여행이 될 수 있다. 그것은 책의 컨텍스트에 달려 있다.

책의
컨텍스트의 재구성

책을 읽는 것은 여행이다. 웹북과 전자책에서는 하이퍼링크를 통해 새로운 길로 접어들 수도 있다. 목적지(한 권의 책을 정독하는 것)까지 가는 방법에 직행만 있는 것은 아니다. 읽으면서 저자에 대한 궁금증이 더 생기기도 하고, 저자가 제시한 이론이 맞는지 확인해보고 싶어 하기도 하고, 저자가 연결해놓은 참고 자료들을 둘러보면서 목적지에 다다를 수도 있다. 이는 책의 컨텍스트가 다양해졌기 때문이며, 그 경로는 독자가 결정한다. 다음 이미지(56쪽)는 커뮤니티와 함께 성경책을 읽는 경험을 제공하는 애플리케이션 '유버전YouVersion'(http://www.youversion.com/)의 화면이다.[13] 종이책에서 벗어나면 다양한 컨텍스트가 열린다.

책이란 무엇인가를 얘기하다 보면 전자책이 책의 미래라는 말을 종종 듣는다. 문제의 핵심은 전자책이나 웹북이라는 컨테이너가 아니다. 물론 이러한 책의 형식 때문에 많은 변화가 야기된다. 하지만 핵심은

---

13. Bobby Gruenewald, "The Engagement Economy," in Hugh McGuire and Brian O'Leary eds., *Book: A Futurist's Manifesto*, O'Reilly Media, 2012, http://book.pressbooks.com/chapter/youversion-bobby-gruenewald.

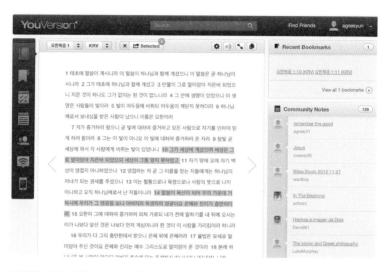

성경책은 가장 오래된 책이면서 또한 가장 오랫동안 살아 있는 책이다. '유버전(YouVersion)'은 책을 커뮤니티와 함께 읽고 성경책을 개인화할 수 있는 도구로 출시되었으며, 현재 100여 국가의 언어로 서비스되고 있다.

그로 말미암아 변화하는 '컨텍스트'에 있다. 전자책을 CD롬에 비교하는 것은 안타까운 일이다.[14] 그것은 마치 소셜 네트워크 서비스sns를 문자메시지sms, Short Message Service와 비교하는 것과 같다. SNS의 핵심은 사람들의 '관계'와 '네트워크'가 품은 잠재성이지 단순히 문자로 하는 대화에 있지 않기 때문이다.

---

14. 정병규, <책은 책이다>, 《세상을 바꾸는 시간, 15분》 108회, 2012년 2월 20일, http://www.youtube.com/watch?v=3dVWxnvEC9A.

책과 나의
관계의 진화

책의 컨테이너와 콘텐츠, 컨텍스트의 변화로 말미암아 우리는 결국 책에 대한 정의를 새롭게 내릴 수밖에 없게 되었다. 앞으로는 어떤 형태에 담겨 전달되든 간에 지식을 기록, 공유, 보존할 수 있는 모든 도구가 책이 될 것이다. 우리의 동반자이자 스승이며 내 자신인 책은 없어지지 않을 것이다. 다만 책과 나의 관계가 진화하게 될 것이다. 우리는 스승의 가르침을 받아 적는 학생에서 좀 더 적극적으로 수업에 참여하는 학생이 될 것이다. 간접적인 체험을 통해 내 자신을 바라보는 것

책의 미래는 단순히 전자책이 아니다. 휴대하기가 간편하고 손쉽게 출판할 수 있다는 것만을 놓고 책의 미래를 얘기하는 것은 전자책을 CD롬에 비교하는 오류를 범하는 것과 같다.

이 아니라 스스로 부딪치고 출판하고 표현하면서 더 적극적인 방식으로 자신을 발견하게 될 것이다.

이것이 오가닉 미디어 시대의 진화된 책과 나의 관계다. 미래에는 누구나 저자이자 독자가 될 것이다. 수많은 읽을거리 속에서 '읽을 가치가 있는' 콘텐츠의 여과는 독자가 사후적으로 하게 될 것이다. 이 과정에서 출판사는 독자의 시간을 아껴주고, 독자와 콘텐츠를 효율적으로 연결해주는 역할에 집중하게 될지도 모른다.

책이 사라지는 것이 아니다. 사용자 경험이 바뀌고, 그에 따라 이 미디어와 나의 관계가 바뀌는 것이다. 지식과 사고를 전달하는 미디어의 역할은 계속되지만, 시대의 변화에 따라 책에 대한 정의는 달라질 수밖에 없다. 이를 받아들이지 못한다면 책은 사라질 것이다. 책과 나의 관계가 진화함에 따라 세상을 바라보고 지각하는 방식 또한 진화하게 될 것을 믿는다.

02 미디어의 3요소
3 Components of Media

앞에서 우리는 미디어를 '커뮤니케이션을 가능하게 하는 모든 도구와 환경'이라고 정의했다. 이에 따르면 미디어에는 신문, 라디오, 텔레비전, 스마트폰 같은 전통적 개념의 미디어도 포함되지만 SNS, 검색, 소셜 커머스 등의 인터넷 서비스도 포함된다. 그뿐 아니라 강의실, 교회, 학교처럼 커뮤니케이션이 일어나는 공간도 미디어가 될 수 있다.

그런데 물리적인 틀을 갖춘 전통적 의미의 미디어든, 손에 잡히는 형태가 없는 SNS 같은 각종 '커뮤니케이션 수단'이든, 또는 기술적인 요소를 전제하지는 않지만 강의실처럼 사회적 상호작용이 일어나는 공간이든 간에, 이들은 공통적으로 세 가지 요소를 지닌다. 컨테이너와 콘텐츠, 컨텍스트가 바로 그것이다. 이 세 가지는 미디어를 구성하는 기본 요소이며, 미디어를 해부해서 볼 수 있는 틀이다.

미디어의 3요소(3 Components of Media)

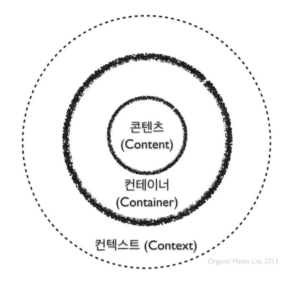

미디어는 컨테이너, 콘텐츠, 컨텍스트로 구성되어 있다. 미디어를 이 세 요소로 해부함으로써 미디어의 진화를 설명할 수 있다.

예를 들어 종이책에서는 손에 잡히는 책 모양이 컨테이너이며, 텍스트와 이미지로 구성된 스토리(내용물)가 콘텐츠이고, 독서를 할 수 있는 환경이 컨텍스트다. 미디어는 이 각각의 요소들이 어떤 성격을 띠고 있는가에 따라 서로 구분된다. 중요한 것은 지금 오가닉 미디어에서 이 세 요소들에 근본적인 변화가 일어나고 있다는 점이다. 그렇다면, 지금부터 미디어의 진화가 어떻게 가시화되고 있는지 세 가지 관점에서 알아보기로 한다.

컨테이너의 다양화와
구조적 컨테이너

컨테이너는 내용물을 담고 저장하고 운반하는 데 사용되는 도구 및 장치를 말한다. 이를테면 그릇, 물병, 상자, 트럭, 창고 등을 말한다. 담겨 있는 내용물이 콘텐츠contained라면 컨테이너는 한마디로 '담고 있는containing'의 의미를 지닌다. 이와 같은 이유로 일상생활 속에서 컨테이너는 자연스럽게 물리적 형태를 지닌 것을 지칭해왔다. 미디어의 경우는 책, 편지, 신문, 텔레비전, 라디오 등 메시지(내용물, 콘텐츠)를 담고 있는 물리적 단위들이 전통적으로 컨테이너에 해당한다고 하겠다.

  그런데 인터넷 기반 미디어의 진화는 무엇보다 물리적 컨테이너의 형태에 큰 변화를 가져왔다. 텍스트는 이제 페이지에 순서대로 담기지 않고 인터넷 공간에 존재하는 수많은 컨테이너들을 통해 완전히 해체되었다. 뉴스는 신문에 담기지 않고 페이스북의 타임라인에 한 조각씩 흘러 다닌다. 사람들이 참여하는 방법에 따라 역동적으로 엮이고 해체되고 재구성될 수 있다. 한마디로 말하면 물리적인 틀이 낱낱이 해체되고 '구조적인structural' 컨테이너로 대체되는 현상이라고 할 수 있다. 인터넷 네트워크를 연결하는 물리적 노드인 PC나 스마트폰 등도 컨테이너이지만, 콘텐츠를 담고 있는 블로그 포스트나 SNS의 타임라인(또는 스트림stream), 140자의 트윗, 댓글, 스마트폰에 존재하는 수십만 개의 애플리케이션[1] 등이 모두 콘텐츠를 담아 전달하는 단위, 즉 컨테이너다. 이들은 어떤 '구조로 콘텐츠를 생산·제공·유통시키느냐에 따라 차별화된다.

구조적 형태로 컨테이너의 다양화 현상이 일어나고 있다.

　페이스북, 트위터, 패스Path, 핀터레스트Pinterest 등은 모두 이야기를
공개적으로 쓸 수 있는 곳이지만 포스트, 140자의 글, 이미지 스크랩
등 제각기 다른 구조의 컨테이너로 구성되어 있다. 중요한 점은 이와
같은 컨테이너의 구조가 언제든지 수정되고 변환될 수 있다는 것이다.
텔레비전의 컨테이너는 단번에 바꿀 수 없다. 자동차의 컨테이너를 바
꾸는 데는 시간이 걸린다. 하지만 인터넷 서비스에서는 프로그래밍 코
드를 한 줄만 수정해도 충분히 가능한 일이다. 사용자의 요구와 반응

1. Shara Tibken, "Google ties Apple with 700,000 Android apps," *Cnet*, Oct 30, 2012, http://
news.cnet.com/8301-1035_3-57542502-94/google-ties-apple-with-700000-android-apps/.

에 따라 빠르게 변화할 수 있다는 것이 구조적 컨테이너의 특징이며, 기존의 물리적 컨테이너와 다른 점이다. 앞으로 컨테이너는 시장의 요구에 따라 지속적인 형태 변이가 가능하도록 더욱 가볍고 유연한 구조를 띨 수밖에 없을 것이다.

콘텐츠의
해체와 재구성

컨테이너가 다양화되고 유기적으로 진화하는 현상은 무엇보다 콘텐츠의 성격에 직접적인 영향을 미칠 수밖에 없다. 여기서는 두 가지 대립된 현상이 상호작용하면서 그 변화를 더욱 극명하게 드러낸다. 첫째, 각 컨테이너가 제공하는 (해체된) 구조에 종속되어 수많은 유형의 콘텐츠가 조각난 형태로 생산된다. 바로 스토리텔링 방식의 변화다. 둘째, 반대로 이렇게 생산된 콘텐츠들이 각각의 컨테이너에 얽매이지 않고, 이번에는 서로 연결되고 진화·발전하면서 완전히 새로운 유형의 콘텐츠로 재창조된다.

1. 스토리텔링 방식의 변화

컨테이너의 변화에 따라 기존 콘텐츠의 형식은 해체되고 사람들 간의 의사소통 방식도 이미 크게 변화했다. 사람들은 SNS의 폭발적 성장과 함께 나타난 타임라인 또는 스트림 등의 글쓰기 형식에 열광하고 있다. 여기에는 페이지의 개념이 없고 반드시 기승전결을 요구하지도 않는다. 카테고리로 구분할 필요도 없다. 시간에 따라 흘러갈 뿐이다.

하나의 주제를 이야기하는 다양한 콘텐츠의 사례. 각각 조각난 콘텐츠들이 모여 하나의 스토리를 이룰 수 있다.

위의 이미지는 김연아가 2013년 세계선수권대회에서 '레미제라블' 프로그램을 마친 직후의 트위터 화면이다. 왼쪽은 트위터에서 '레미제라블'을 검색한 결과이고, 오른쪽은 트위터의 타임라인이다. 유튜브 동영상을 공유하기도 하고 감탄사를 적어서 실시간으로 올리기도 한다.[2] 하나의 주제에 대해 사람들은 저마다 각자의 방식으로 콘텐츠를

2. "2013 ISU Figure Skating World Championship FS Kim Yuna Les Miserables," *ISU World Figure Skating Championships 2013*, London, Canada, Mar 16, 2013, http://www.youtube.com/watch?v=iOw2oY4NZYI.

생산하는데, 이 조각난 콘텐츠들의 합이 하나의 스토리를 형성하게 된다.

이제는 '공유될 가치가 있는' 것만이 콘텐츠가 아니다. 수많은 SNS에는 시시콜콜한 하루 일과가 수없이 올라온다. 현재의 단상을 적기도 하고 아무 코멘트도 없이 지금 보고 있는 광경이나 먹고 있는 음식 사진을 올리기도 한다. '나는 어디에 있습니다', '나는 무엇을 보았습니다', '나는 무엇을 먹었습니다' 따위의 조각이 모두 콘텐츠가 된다.

그런데 이처럼 조각난 콘텐츠들은 그 사람이 무슨 생각을 하고 무엇을 좋아하고 누구를 주로 만나는지를 낱낱이 보여준다. 이것이 의미하는 것은 무엇일까? 콘텐츠의 양적인 생산은 우리의 존재 방식, 우리가 사회적 정체성을 만들어가는 과정이 되었다. 이 해체된 콘텐츠의 합이 개인을 표현하며, 이는 이제 우리의 사회 활동에 필수적인 요소로 자리 잡았다. 각각의 메시지는 재미없는 일상의 한 조각이겠지만, 그가 무엇을 좋아하고 무엇을 먹고 누구와 만나고 무슨 생각을 하는지에 관한 스트림이 계속되면 (마치 장면의 연속이 영화를 만드는 것처럼) 그 사람의 일대기가 되고 정체성이 된다.

2. 콘텐츠의 연결과 재생산

그런데 여기에서 흥미로운 사실은 이 조각난 콘텐츠들이 모여서 하나의 스토리만을 만드는 것은 아니라는 점이다. 사용자들의 공유와 연결 과정을 통해 새로운 콘텐츠로 재구성되기도 하며, 콘텐츠 자체에 '라이프사이클'이 만들어지기도 한다.

다음 이미지(66쪽)는 블로그 포스트를 페이스북에 공유한 사례다.

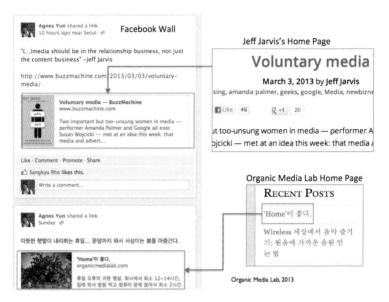

콘텐츠가 연결되고 재구성되는 사례.

'자발적인 미디어Voluntary media'라는 제목의 포스트가 블로그에 게재되었고,[3] 이 글이 제3자를 통해 페이스북에 링크되면서 새로운 구조가 만들어졌다. 이 글에 '좋아요'를 누른 사람들의 페이스북에 글이 연결되었을 것이고, 그 지인들의 반응을 통해 다시 여러 네트워크로 확산되고 더욱 풍부한 콘텐츠로 성장할 수 있다.

이것은 콘텐츠들이 연결됨에 따라 네트워크가 만들어지는 과정을 말한다. 처음 만들어진 콘텐츠와 공유된 링크들, 참여한 사용자들 간

3. Jeff Jarvis, "Voluntary media," *BuzzMachine*, Mar 3, 2013, http://buzzmachine.com/2013/03/03/voluntary-media/.

의 관계 등이 모두 네트워크를 구성한다. 중요한 것은 이 네트워크를 구성하는 다양한 노드들 간의 상호작용이며, 이러한 활동을 통해 네트워크는 끊임없이(혹은 매우 단기간에) 진화의 과정을 거친다(이와 같은 메커니즘은 사용자의 '매개' 작용을 도식화하여 설명한 글, 4부의 '출판은 곧 매개다'에서 좀 더 자세히 살펴볼 것이다).

여기서 기억해야 할 것은 콘텐츠의 구조가 '해체와 재구성'이라는 진화 과정을 겪고 있다는 사실, 그리고 그것이 컨테이너와 상호작용하면서 앞으로 미디어의 변화가 더욱 가속화할 것이라는 점이다. 이에 따라 '연결'은 미디어와 콘텐츠의 가치를 평가하는 기준이 될 것이다.

컨텍스트
역할의 확장

사용자가 콘텐츠를 연결하고 재구성할 수 있는 것은 그것을 가능하게 하는 '컨텍스트'가 있기 때문이다. 컨테이너가 내용물을 담고 있는 구조라면, 컨텍스트는 이러한 컨테이너의 구조가 허용하는 사용자의 '참여 환경'이다. 이 컨텍스트가 미디어를 구성하는 마지막 요소다.

컨테이너들이 다양해질수록 사용자의 소비 행태도 하나로 제한되지 않고 더욱 다양해졌다. 미디어를 사용(소비)함에 있어 이렇게 능동적으로 참여할 수 있는 환경을 제공하는 것이 바로 컨텍스트다. 예를 들어 종이책을 읽고 있다면 밑줄을 칠 수 있는 연필과 따뜻한 커피 한 잔, 조용한 공간 등이 독서를 돕는 컨텍스트가 될 수 있다. 그럼 인터넷 기반 미디어에서 컨텍스트는 어떻게 확장되는가? 웹북, 전자책에 저자가 제공하는 하이퍼링크(참고 자료에 대한 링크 등)가 있다면 이것이 새로운 컨텍스트가 될 수 있다. 이는 콘텐츠 제공자가 이미 만들어놓은 것을 그대로 소비하는 것이 아니라 사용자가 창의적인 방식으로 미디어를 사용할 수 있도록 돕는 역할을 한다.

그렇기 때문에 다양한 컨텍스트를 제공하고 확장하는 것은 인터넷 서비스에서 매우 중요하다. 특히 오가닉 미디어 시장에서는 이것이 서비스의 영향력을 결정하는 요인이 되기도 한다. 다음 이미지(69쪽)는 인터넷 서비스 전문 저널 《매셔블Mashable》[4]의 화면이다. 제목 아래 나열된 버튼은 이 기사를 다양한 곳으로 옮겨갈 수 있게끔 한다. 그리고 이 기사가 얼마나 공유되고 사람들의 관심을 받았는지 숫자로 보여주고 관심을 끄는 역할도 하고 있다.

물론 외부로 퍼가거나 공유할 수 있게 하는 버튼을 기계적으로 많이 제공하는 것만이 능사는 아니다. 사용자가 그런 환경을 사용해 실제로 행위를 취해야만 한다. 즉, 컨텍스트의 효과는 사용자가 실행하기 전까지는 잠재적으로만 존재하며, 오직 사용자의 행위를 통해서만 발현되고 확장된다.

사용자가 지속적으로 공유하고 연결하고 반응하는 과정을 통해 콘텐츠가 연결될 뿐 아니라 사용자와 사용자, 사용자와 콘텐츠의 관계가 확장된다. 이 과정에서 각자가 생성한 링크는 누군가에 의해 또다시 확장될 수 있는 컨텍스트를 제공하는 셈이다. 이렇게 확장된 컨텍

4. http://mashable.com/.

미디어에서 컨텍스트의 확장은 콘텐츠 연결과 네트워크의 확장으로 이어진다.

스트가 지금 경계도 없고 끝도 없으며, 유기적이고 끊임없이 진화하는 인터넷 공간의 모습을 만들고 있다.

　지금까지 미디어를 구성하는 3요소를 언급하고 각각의 정의와 진화 현상을 간략하게 살펴보았다. 이 단락은 세 요소의 쟁점을 구체적으로 논의하기 위한 서론에 해당한다. 각각의 진화는 이 글에서 설명한 것보다 훨씬 더 역동적이고 복합적인 모습을 띠고 있다. 구체적인 진화 방향과 시사점에 대해서는 이어지는 글에서 하나씩 차분히 살펴보고자 한다.

03

컨테이너의
숨겨진 쟁점

Understanding Containers in Organic Media

그동안 미디어 연구의 대상이 되어온 사례들은 수십 년, 또는 수백 년에 하나씩 태어난 것들이다. 우리는 흔히 인쇄 매체, 사진, 영화, 라디오, 텔레비전, 인터넷 등으로 미디어를 구분하고 서로의 역할과 차이점을 비교해왔다. 여기서 기준점은 물리적 컨테이너의 종류와 콘텐츠의 종류다. 뉴스가 들어 있으면 신문이고, 지식이 들어 있으면 책이며, 동영상 프로그램을 방송하는 것은 텔레비전이었다.

그러나 지금 인터넷 공간에서 컨테이너는 셀 수 없을 정도로 다양화되고 그 구조는 낱낱이 해체되었다. 이 단락에서는 컨테이너의 진화 현상을 관찰하고, 컨테이너에 대해 숨겨진 쟁점을 발견하는 데 초점을 맞추려 한다. 미디어의 진화를 이해하기 위한 근본적인 문제 제기의 시간이 될 것이다.

물리적 컨테이너에서 벗어나는 것은 '깨어남'이다

우리는 미디어의 컨테이너를 통상적으로 책, 텔레비전, 라디오 등 물리적인 틀로만 인지해왔다. 하지만 컨테이너에는 숨겨진 쟁점이 있다. 철학자이자 과학기술자technologist인 데이비드 와인버거David Weinberger는 2012년 《지식의 미래Too Big to Know》에서 컨테이너의 형태가 우리의 사고와 지식을 규정하고 가두어왔음을 지적한 바 있다.[1] 예를 들면 '책의 형태에 기반한 사고book-shaped thoughts'는 평면적이고 획일적이며 순차적이어서 책을 통해 습득된 지식은 그동안 인쇄 매체의 물리적 형태와 특성 속에 우리를 가두어왔다는 것이다.

책이 우리에게 지식을 주는 도구였지만 반면 우리의 생각을 가둬놓는 틀이기도 했다는 지적은 충격적이다. 이러한 사실을 인정하는 순간 의식이 깨어난다. 수백 년 동안 당연한 것으로 받아들이고, (마치 지구가 우주의 일부임을 깨닫기 전 단계에 그러했듯) 그것을 '전체'로 받아들이던 단계에서 깨어나는 것이다.

여기서 주목할 것은 책의 역할이 아니다. 우리가 주목할 것은 미디어에서 '틀'로만 이해해온 컨테이너에 대한 고정관념이다. 인터넷 공간에서 나타나는 새로운 현상들이 그 '깨어남'을 요구하고 있다. 그렇다

---

1. David Weinberger, *Too Big to Know: Rethinking Knowledge Now That the Facts Aren' t the Facts, Experts Are Everywhere, and the Smartest Person in the Room Is the Room*, Basic Books, 2012(2014년 1월 29일 리더스북에서 '지식의 미래: 지식 인프라의 변화는 지식의 형태와 본질을 어떻게 바꿀 것인가'라는 제목으로 번역 출간되었다).

면 앞으로는 컨테이너를 어떻게 이해해야 한다는 말인가? 이를 위해서는 기존의 컨테이너의 정의에 내재된 한계부터 다시 알아보아야 한다.

컨테이너의
일반적 정의

앞에서 컨테이너를 메시지(내용물, 콘텐츠)를 담고 있는 단위로 간략히 정의했다. 여기에 '커뮤니케이션을 가능하게 하는 도구와 환경'이라는 미디어의 정의를 더한다면 미디어 컨테이너를 좀 더 구체적으로 정의할 수 있다. 미디어에서 컨테이너는 내용물을 담는 용기인 동시에 커뮤니케이션 내용을 전달하고 수신하는 장치(시스템)를 포함하는 단말기Terminal라는 의미를 공통적으로 내포한다.

방송 프로그램을 수신하는 텔레비전, 음악을 듣는 MP3 플레이어, 종이책 등이 이와 같은 의미의 대표적인 미디어 컨테이너다. 책은 텍스트와 이미지 등을 통해(최근에는 동영상과 오디오 파일까지 포함한다) 저자의 메시지를 담아 독자에게 전달하는 역할을 한다. 독자는 책을 통해 그 메시지를 수신한다. 다만 얼마나 실시간성을 지니고 있느냐에 따라 뉴미디어와 전통 미디어 컨테이너의 뉘앙스가 달라질 뿐이다.

그러나 '미디어의 3요소'에서 살펴본 것처럼 더 이상 손에 잡히는 물리적 용기만이 컨테이너는 아니다. 책의 경우는 종이책뿐 아니라 아마존 킨들이라는 전자책 리더도 컨테이너이고, 그 안에 담긴 전자책도 컨테이너다. 종이와 제본 대신 전자 화면과 코드로 이루어진 컨테이니인 것이다. 그렇다면 콘텐츠를 담고 있고 전달 방법(수단)을 가지고 있는 모든 미디어, 예를 들면 영화·소설·음악 등도 컨테이너로 볼 수 있다. 책이 종이 페이지를 가지고 있듯 영화도 필름 컷film cut을 가지고 있으며, 음악도 악보·악기 등의 수단을 통해 우리에게 내용물을 전달한다. 이런 관점에서 보면 컨테이너는 (물리적이든 아니든) 여전히 내용물을 담고 있으며 전달 장치를 포함한 틀로 정의된다.

그런데 문제의 핵심이 바로 이 정의에 있다. 컨테이너의 개념을 자꾸 콘텐츠를 담고 있는 틀에 국한하게 되는 것이다. 컨테이너를 콘텐츠와의 포함 관계에서 분리해보면 그동안 숨겨져 있던 컨테이너의 쟁점을 몇 가지 발견하게 된다. 여기서부터 오가닉 미디어 현상에 대한 진정한 이해가 다시 시작될 수 있다.

컨테이너의
3가지 쟁점

《Les Misérables》[2]을 예로 들어 보자. 《레미제라블》은 빅토르 위고의 소설로 지금도 영화[3]와 뮤지컬로 사랑받고 있다. 또한 뮤지컬을 위해 작곡된 《레미제라블》의 음악은 피겨스케이팅 프로그램의 배경음악으로도 사용되었다.[4] 100년이 넘도록 다양하게 해석되고 인기를 누리는

---

2. "Les Misérables," *Wikipedia*, http://en.wikipedia.org/wiki/Les_Miserables.
3. Tom Hooper, *Les Misérables*, Universal Pictures, 2012, http://imdb.com/title/tt1707386.
4. "2013 ISU Figure Skating World Championship FS Kim Yuna Les Miserables," *ISU World Figure Skating Championships 2013*, London, Canada, Mar 16, 2013, http://www.youtube.com/watch?v=iOw2oY4NZYI.

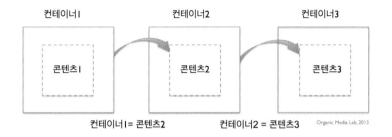

컨테이너1	컨테이너2	컨테이너3
콘텐츠1	콘텐츠2	콘텐츠3

컨테이너1 = 콘텐츠2   컨테이너2 = 콘텐츠3   Organic Media Lab, 2013

모든 컨테이너는 맥락에 따라 콘텐츠가 될 수 있으며, 콘텐츠를 전달하는 역할에 국한되어 논의될 수 없다.

만큼 《레미제라블》의 컨테이너도 다양해졌다. 그런데 현상을 가만히 관찰해보면 이 컨테이너들은 언제든지 상황에 따라 콘텐츠도 될 수 있음을 알 수 있다.

'레미제라블'이라는 제목의 책, 영화, MP3는 컨테이너다. '레미제라블'이라는 내용(콘텐츠)을 담고 있으며, 이를 독자와 관객, 청취자에게 전달하는 역할을 한다. 반면 영화 〈레미제라블〉은 영화관이라는 컨테이너의 콘텐츠이기도 하다. 영화관은 수많은 콘텐츠(영화)를 관객에게 전달하는 역할을 하는 컨테이너이기 때문이다. 음악도 마찬가지다. 레미제라블의 메시지를 담은 컨테이너이지만 동시에 뮤지컬과 영화의 콘텐츠이기도 하다. 피겨프로그램의 콘텐츠(메시지)가 되기도 한다. 마지막으로, 소설로 전달될 때에는 페이지라는 용기를 거쳐 다시 '책'이라는 용기로 전달된다. 이때 페이지도 컨테이너인 동시에 콘텐츠가 된다.

위의 그림은 컨테이너와 콘텐츠의 관계를 도식화해서 나타낸 것이다. 컨테이너1은 콘텐츠1을 담고 있지만 컨테이너2에서는 콘텐츠가 된다. 또 거꾸로 콘텐츠3은 동시에 컨테이너2이기도 하다. 유튜브 동영상은 뮤지컬이나 피겨스케이팅 프로그램을 담을 수 있는 컨테이너지만, 이것이 페이스북에 링크되면 이때는 다시 콘텐츠가 된다.

관점에 따라 컨테이너가 콘텐츠가 되고 콘텐츠가 컨테이너가 되는 현상은 세 가지 측면에서 숨겨진 쟁점을 드러낸다.

1. 컨테이너는 세상을 인지하는 틀이다

첫째, 내용물(메시지)만으로는 컨테이너를 온전히 정의할 수 없으며, 따라서 컨테이너와 콘텐츠는 (서로 의존관계에 있음에도 불구하고) 분리되어 사고될 수밖에 없다.

컨테이너의 쟁점은 콘텐츠를 넘어선다. 이것은 미디어 자체를 메시지(콘텐츠)로 봐야 한다는 매클루언Herbert Marshall McLuhan의 주장과도 연결된다.[5] 사실 우리가 언급하는 컨테이너는 매클루언의 연구에서 '미디어'로 명명되는 것과 맥을 같이한다. 다만, 매클루언의 미디어에 반해 컨테이너라는 개념은 반드시 '콘텐츠'(담겨 있는 내용물)를 전제로 한다는 점에서 다르다고 하겠다.

컨테이너와 콘텐츠를 분리하고 컨테이너를 메시지로 보면 컨테이너의 다른 면모에 눈을 뜨게 된다. 매클루언이 지적한 '사회적' 역할이 그중 하나가 될 수 있다. 예를 들어 글은 지속적이고 순차적인 방식으로 쓰인다. 이렇게 작성된 콘텐츠는 획일적인 타이포그래피를 통해 생산된다. 이것이 인쇄물이다. 매클루언은 18세기에 이러한 인쇄물의 매체

---

5. Marshall McLuhan and Quentin Fiore, *The Medium is the Massage: An Inventory of Effects*, Bantam Books, 1967.

적 특성이 사람들을 획일화하는 데 기여했으며, 사회 전체를 하나로 움직이게 하는 인쇄 매체의 힘이 프랑스혁명을 만들어냈다고 주장한다.[6] 인쇄물이라는 미디어가 그 자체로 메시지가 된 사례다.

이처럼 컨테이너의 궁극적 역할은 콘텐츠를 전달하는 데 국한되지 않는다. 컨테이너는 사람들이 세상을 인지하는 방식에 직접적인 영향을 미치는 주체이기 때문이다.[7]

2. 모든 컨테이너는 서로 연결되고 공존한다

둘째, 하나의 컨테이너는 독자적으로 존재하는 것이 아니라 다른 컨테이너들과의 연결된 관계 속에서 존재한다.

이는 매클루언이 새로운 미디어는 이전 미디어를 근간으로 파생되거나 확장된다고 언급한 관점과도 같다. 특히 이 과정에서 이전 미디어의 사회적·관계적 영향력을 확대하거나 증폭하는 역할을 한다. 달리 말하면 이렇게 등장한 뉴미디어(컨테이너)는 언제든지 이후에 등장하는 뉴미디어(컨테이너)들에 고스란히 다시 영향을 미치게 된다는 뜻이다.

예를 들어 '대중'을 보자. 대중이라는 단위는 텔레비전과 함께 급작스럽게 생겨난 것이 아니다. 인쇄물의 보급에서부터 '불특정 다수'라는 메시지 수신자 그룹이 생겨났고, 방송 미디어의 등장과 함께 증폭된

---

6. Marshall McLuhan and Lewis H. Lapham, *Understanding Media: The Extensions of Man*, The MIT Press, 1994.(Original work published in 1964)
7. 상동.

것이다. 인쇄물의 사회적 효과와 영향력도 맥락을 같이한다. 이미 텍스트라는 미디어가 있었기 때문에 가능했다.

여기에 20세기 초반 이후 등장한 라디오와 텔레비전이 그 현상을 더욱 증폭시켰다. 그렇게 해서 메시지 수신자들은 '대중mass'이라는 새로운 정체성으로 쉽게 묶일 수 있었다. 대중들은 동시에 같은 메시지를 공유하면서도 즉각적으로(실시간으로) 상호작용하지 못한다. 물리적으로는 분산되어 있으나 구조적으로는 하나의 메시지를 수용하는 수동적인 집단이다. 이것이 대중의 정의이자 정체성이며, 콘텐츠 자체보다 컨테이너의 영향력을 보여주는 대표적인 사례다.

모든 미디어 컨테이너가 서로 연결되고 공존하는 현상은 오가닉 미디어 시장에 와서 현저하게 두드러진다. 모든 단말기와 서비스와 콘텐츠는 서로 네트워크로 연결되어 있다. 새롭게 생겨나는 컨테이너들은 독자적으로 존재하지 않으며 그 전후 환경 및 연결된 컨테이너들과 공존하면서 서로 (사회적) 역할을 하게 된다.

3. 컨테이너의 실체는 고정되어 있지 않고 가변적이다

셋째, 이러한 컨테이너들의 연결 관계는 컨테이너의 세 번째 쟁점을 낳는다. 컨테이너의 형태는 여러 컨테이너 간의 관계와 사용 패턴에 따라 계속 변화할 수밖에 없다는 점이다.

컨테이너는 자신이 담고 있는 콘텐츠를 통해서만 정의되지 않는다는 점, 홀로 존재하는 것이 아니라 전후 주변 컨테이너들과의 관계 속에서 존재한다는 점에서 출발하면 컨테이너의 형태는 중요하지 않다. 컨테이너는 손에 잡히거나 고정된 것이 아니며, 오히려 콘텐츠 및 다

레미제라블 검색 결과

컨테이너는 물리적 형태로 고정된 것이 아니며, 언제든지 가변적으로 정의될 수 있다.

른 컨테이너들과의 관계에 따라 얼마든지 '가변적으로 인식'될 수 있음을 암시하고 있기 때문이다. 이때의 컨테이너는 언제든지 다른 컨테이너의 콘텐츠가 되면서 새로운 의미를 지닐 수 있다.

이와 같은 사례는 지금의 인터넷 공간에서 흔하게 찾아볼 수 있다. 위 이미지에서 왼쪽은 '레미제라블' 검색 결과를, 오른쪽은 페이스북 포스트에 언급된 〈레미제라블〉 동영상을 보여주고 있다. 검색 결과에는 '레미제라블' 관련 역사와 영화, 뮤지컬이라는 콘텐츠 및 컨테이너가 다양하게 언급되어 있고, 검색 결과라는 묶음이 다시 하나의 콘텐츠 및 컨테이너를 형성하고 있다. 그리고 페이스북의 포스트는 영화 〈레미제라블〉의 동영상과 이를 패러디한 동영상을 나란히 담고 있으며, 이 상황에서 유튜브 동영상은 콘텐츠가 되었고 페이스북 포스트는 기꺼이 컨테이너의 역할을 하고 있다.

다시 말해, 컨테이너란 어떤 내용물을 담고 있는 '상태'를 정의할 뿐이며 그 상태는 고정된 것이 아니다. 2014년 현재 뉴스피드 중심의 페이스북에서는 예전의 프로필 중심의 페이스북을 찾아볼 수 없다. 물론 지금의 모습도 하나의 '상태'(스냅샷)에 불과하며 가변적이다. 물리적 형태라는 것은 우리가 컨테이너에 대해 가져온 제한된 시각일 뿐이다.

구조적 컨테이너의 출현이 가져온 새로운 시작

인터넷 서비스들이 만드는 네트워크는 다양하고 노드의 종류는 혼합적hybrid이다. 그리고 이러한 컨테이너들이 서로 적극적으로 연결된다. 이 유기적 환경 속에서 메시지들은 여러 서비스 사이를 흘러 다닌다. 뉴스는 신문에 담기지 않고 페이스북의 타임라인에 한 조각씩 흘러 다닌다. 하루에도 수많은 서비스들이 출현하고[8] 진화하고 소멸하는 환경에서 물리적인 컨테이너 단위는 의미를 갖기 어려워졌다. 전송 방식도, 어느 단말에 담겨 있는가도, 어떤 종류의 콘텐츠인가도 온전한 구분점이 되지 못한다. 그렇다면 이제 무엇으로 미디어를 구분할 것인가?

1. 유연한 서비스 구조와 사용자 관계
구조적 컨테이너 관점에서 보면 미디어를 구분하는 것은 미디어와 사

---

8. Shara Tibken, "Google ties Apple with 700,000 Android apps," *Cnet*, Oct 30, 2012, http://news.cnet.com/8301-1035_3-57542502-94/google-ties-apple-with-700000-android-apps/.

용자의 '관계'를 만드는 구조'다. 구조는 사용자의 피드백에 따라 언제든지 수정되고 변형될 수 있는 가변적 형태를 띤다. 예를 들면 페이스북의 친구 관계, 뉴스피드로 매개된 콘텐츠와 사용자의 관계가 페이스북을 규정하는 구조가 된다. 2005년 선보인 페이스북의 뉴스피드는 2014년 현재의 (사용자 간 상호작용이 강화된) 모습이 되기까지 수많은 구조의 변화를 거쳐왔다.

서비스 구조에는 세 가지가 포함된다. 첫째, 콘텐츠가 연결되는 구조로, 이는 콘텐츠 간의 네트워크 유형을 만든다. 둘째, 사용자가 연결되는 구조로, 이는 친구·구독·구매 등 사용자 간 네트워크를 만든다. 마지막으로 콘텐츠와 사용자를 연결하는 구조로, 이는 콘텐츠(메시지, 제품, 정보 등)와 사용자를 노드로 하는 하이브리드 네트워크로 표현된다(이 세 가지 네트워크에 대한 구체적 설명과 예시는 2부의 '트위터 서비스 구조 해부하기'에서 다룰 것이다). 이러한 콘텐츠, 사용자 관계로 이루어진 관계도(네트워크)가 궁극의 컨테이너 구조를 형성한다.

이들은 물리적 틀 대신 구조적으로 미디어를 나타내는 구분자다. 사용자들이 미디어를 사용할 때 이 구조를 직접 인지하는 것은 아니다. 사용자들은 구조가 표현된 사용자 인터페이스UI, User Interface를 통해 간접적으로 컨테이너를 인지할 뿐이다. 그리고 사용자들은 사용자 경험UX, User Experience을 통해 이 컨테이너 구조에 대해 끊임없이 피드백을 주는 역할을 하게 된다.

2. 깨어남에서 새로운 시작으로

지금까지 컨테이너의 쟁점에 대해 알아보았다. 컨테이너는 본래 콘텐츠를 담고 있는 틀에 국한되지 않을 뿐 아니라 미디어 및 사고 체계를 정의하는 역할을 해왔다. 그런데 오가닉 미디어 현상을 기점으로 우리는 컨테이너가 물리적으로 해체되고 구조적으로 재구성되는 과정을 목격하게 되었다. 이에 따라 컨테이너는 이제 구조적으로만 존재하고 가변적이며 오직 '상태'를 정의하는 유연한 틀임을 살펴보았다.

미디어의 세 가지 구성 요소 중 컨테이너는 양날의 칼이다. 역사적으로 새로운 미디어의 출현은 새로운 컨테이너(구조)의 출현이나 다름없었다. 컨테이너가 시장의 진화를 이끌어온 주체가 되어왔다. 그와 동시에 우리는 그 컨테이너를 매개로 대화하고 생산하고 공유하면서 우리의 사고 체계도 컨테이너 속에 기꺼이 가두어놓았다.

지금 시장에서 나타나는 미디어의 진화는 우리 스스로 컨테이너로부터 사고 체계를 해방시킬 수 있는 기회를 주고 있다. 컨테이너를 객관화함으로써 미디어에 대한 새로운 접근이 가능해졌다. 의식의 깨어남, 즉 컨테이너로부터의 깨어남은 콘텐츠, 컨텍스트에 대한 새로운 열림이며 사용자가 미디어의 주인이 되는 시작점이기도 하다.

04 콘텐츠의 재정의와 새로운 비즈니스의 기회

Redefining Contents Opens
New Business Opportunities

인터넷 공간은 정보재information goods로 이루어진 공간이다. 그런데 정보는 공짜가 되어가고 있다. 이제 모든 인터넷 비즈니스는 공짜를 기반으로 하지 않으면 살아남기 어렵게 되었다.[1] 직격타를 입은 것은 콘텐츠 비즈니스, 즉 일반적으로 유료 콘텐츠를 기반으로 돈을 벌어온 신문·음악·출판·영화·방송 등이다. 미리 알았어도 스스로 비즈니스 모델 자체를 부정해야 하니 수긍하기 어렵고 인정하더라도 콘텐츠를 공짜로 뿌릴 바에야 버티는 것이 낫다는 판단을 할 수밖에 없다. 인터넷 시장의 가치는 커져만 가는데 콘텐츠 비즈니스는 설 자리도 없다

---

1. 노상규, 〈정보는 공짜가 되기를 바란다〉,《오가닉 비즈니스》, 오가닉미디어랩, 2016년 2월 21일.

는 말인가?

이 단락에서는 콘텐츠의 생산, 유통, 소비의 변화에서 콘텐츠에 대한 새로운 정의가 불가피하다는 사실을 살펴보고 콘텐츠 비즈니스의 새로운 기회를 발견하는 시간을 갖고자 한다.

OECD는 콘텐츠를 "대중매체 또는 관련 미디어 활동에 게재된 구조화된 메시지"로 정의하고 콘텐츠가 소비자에게 교육적·문화적·정보적·오락적 가치를 얼마나 제공하느냐에 따라 콘텐츠의 가치가 결정된다고 언급했다.[2] 하지만 이 글을 통해 콘텐츠 비즈니스의 핵심이 콘텐츠 자체보다 사용자 관계user interaction와 사용자 경험user experience에 있음을 눈치채게 될 것이다.

콘텐츠를 만드는 체험이 가져다준 의문

오래전 영화사와 이벤트 회사에서 일한 적이 있다. 영화사에서는 수입한 영화를 배급하고 마케팅하는 일을 했다. 좋은 작품을 싸게 사서 얼마나 잘 포장해 대중에게 흥행시킬 것이냐가 관건이었다. 짧은 기간이었지만 콘텐츠 시장에서 일한 첫 경험이었다. 그때의 경험은 내게 콘텐츠란 수천만 원, 수십억 원에 이르는 저작물이라는 인식, '저작권'이라는 라벨을 가진 것이라는 인식을 심어준 계기가 되기도 했다.

2. OECD, *Guide to measuring the information society*, 2009, http://www.oecd.org/sti/sci-tech/43281062.pdf, p.57.

이벤트 회사에서는 영화제와 음악 공연을 기획했다. 우아하게 콘셉트를 잡고 작품을 만드는 일도 중요했지만 기자들을 찾아가 보도자료를 뿌리고 길거리에 포스터를 붙이는 일도 했다. 그렇게 매번 공사판만큼이나 험한 준비 과정을 거치고 결과를 기다렸다. 공연 첫날 뚜껑을 열어보면 흥하기도 하고 망하기 했다. 그런데 어느 날이었다. 친구들과 재잘거리며 공연장을 찾아온 사람들, 그 광경이 경이롭게 다가왔다. 사람들의 마음을 움직이는 것, 좋아하는 사람들과 함께 소비하고 싶은 '이것'. 이것은 단순히 '유료 저작물' 그 이상의 힘이 있는 것이었다. 이것의 정체는 도대체 무엇일까?

미디어에서 콘텐츠가
분리되기 시작하고

일반적으로 콘텐츠는 우리가 시간을 써서 소비하는 저작물을 일컬어왔다. 혼자서 책을 읽든, 가족과 함께 텔레비전을 시청하든, 애인과 영화관에 가든 우리는 콘텐츠를 소비하면서 정보도 얻고 교양도 쌓고 웃기도 울기도 했다. 그리고 이 모든 소비 활동이 '대중'이라는 정체성을 낳고 대중문화도 낳았다. 이것이 100년간 지속되어온 미디어의 역사이자 곧 콘텐츠의 역사라고 해도 과언이 아닐 것이다.

그런데 콘텐츠의 디지털화가 가능해지면서 변화가 생겼다. 거실의 텔레비전 수상기를 통해서만 소비할 수 있었던 방송 프로그램을 컴퓨터를 통해 시청하고, 저장하고, 휴대할 수도 있게 되었다. 음악은 꼭 열네 곡이 수록된 CD를 사지 않아도 한 곡씩 들을 수 있게 되었다.

영역을 막론하고 콘텐츠 비즈니스에 새로운 길이 열리는 것 같았다. 미디어 속에 들어가 있던 '콘텐츠'라는 용어가 미디어 밖으로 분리되어 나오기 시작했다.

디지털화와 함께 콘텐츠의 산업적 가치가 극대화되면서 콘텐츠는 전통 미디어 산업의 귀속물이 아니라 별도의 '케어'(?)를 받는 귀한 몸이 되었다. 우리나라에서도 2001년에 한국문화콘텐츠진흥원(현 콘텐츠진흥원)이라는 기관이 설립되었다. 방송·영화·음악·애니메이션·게임으로 콘텐츠 산업을 분류하고, 한번 만들면 여러 차례 재활용하고 (One Source Multi Use) 해외 수출도 할 수 있는 이 황금알을 낳는 분야에 집중적으로 지원을 하기 시작했다. 예를 들어 〈대장금〉 같은 콘텐츠가 그동안 콘텐츠진흥원의 성공 지표가 되어왔다. 10년 사이에 바뀐 것이 있다면 '강남스타일'이 〈대장금〉을 넘어서는 새로운 키워드로 등장했다는 점이라고 할까.

콘텐츠 시장은
지각변동을 맞이한다

콘텐츠 사업자가 인터넷 시장의 속도를 따라가기에는 역부족일까? 시장의 변화를 알아차리는 데 거의 10년의 시간이 걸렸다. 그러는 동안 콘텐츠(내용물)가 미디어(컨테이너)에서 분리되는 정도가 아니라 시장의 질서 자체가 바뀌는 것을 우리는 목격하게 되었다. 문제는 기존 콘텐츠 산업의 벽 안에 있던 사업자들이 아니라 밖에서 시작된 변화였다. 콘텐츠의 생산, 유통, 소비 전반에 걸친 지각변동은 콘텐츠가 이제 더는 독립적인 창작/저작물을 판매하는 비즈니스가 아니라는 것을 일깨워주었다.

1. 생산자 측면

2013년 8월 아마존 창업자 제프 베저스Jeff Bezos 개인에게 《워싱턴포스트》가 헐값에 인수되었다.[3] 이는 콘텐츠 시장의 현실을 상징적으로 보여준다. 일부 언론사는 살아남기 위해 낚시 기사를 시도 때도 없이 내보내고 있다. 링크를 따라가 보면 기사는 몇 줄 없고 광고가 기사 전체를 덮고 있다.

우리는 뉴스를 작성하고 정보를 분석하는 일이 더 이상 신문협회에 등록된 매체들만의 특권이 아님을 알고 있다. 매킨토시 사용자들에게 유명한 블로그 '백투더맥Back to the Mac'은 1년 만에 누적 방문자 수가 400만 명을 넘어섰다.[4] 신문사보다 더 신뢰받고 기자보다 더 많은 독자를 갖고 있는 사람들이 콘텐츠 시장에 묻는다. 뉴스 콘텐츠란 무엇이고 기자는 누구인가?

방송사의 전유물인 드라마는 매주 에피소드를 기다려서 16부작, 20부작으로 감상하는 것이었고 수익원은 광고였다. 그런데 온라인 동영상 유통회사 넷플릭스가 난데없이 대형 드라마 〈하우스 오브 카드 House of cards〉를 직접 제작해서 들고 나왔다.[5] 넷플릭스는 자사 회원들

---

3. Leo Kelion, "Amazon boss Jeff Bezos buys Washington Post for $250m," *BBC News*, Aug 6, 2013, http://www.bbc.co.uk/news/business-23581085.
4. http://macnews.tistory.com/.

에게 16개의 에피소드를 한꺼번에 소비할 수 있게 하면서 드라마 장르가 만들어온 시간의 법칙을 단번에 깨버렸다. 결과는 대성공이었다. (《하우스 오브 카드》가 출시된) 2013년도 1분기에 신규 회원이 200만 명 늘었고, 1분기 실적이 발표된 지 하루 만에 주가는 22퍼센트나 올랐다.[6] 그리고 콘텐츠 시장에 질문을 던진다. 방송 콘텐츠란 무엇이었는가?

사용자가 생산에 관여하면서 콘텐츠의 범위도 크게 넓어졌다. SNS에 올린 신문 기사 링크 하나, 유튜브 동영상 하나, 댓글 하나, 사진 하나가 모두 콘텐츠이며, 특정한 형식과 기승전결, 스토리를 갖출 것도 없이 미디어 컨테이너에 따라 낱낱이 해체되고 언제든지 재구성될 수 있는 콘텐츠가 되었다(콘텐츠의 해체와 재구성 현상에 대해서는 1부의 '미디어의 3요소'를 참고하기 바란다). 이렇게 사람들의 일상이 된 콘텐츠의 생산 방식이 시장에 묻는다. 콘텐츠는 꼭 유료여야 하고, 만드는 사람이 따로 있어야 하는 것인가?

2. 유통사 측면

사용자들이 MP3로 공짜 음악을 청취하고 공유하게 되면서 음반 시장은 급격히 위축되었다.[7] 다음 그래프(88쪽)는 미국 음반 시장의 규모가

5. 손재권, 〈넷플릭스 디스럽트 : 스트리밍 미디어 시대 온다〉, 《손재권 기자의 점선 잇기》, 2013년 3월 11일, http://jackay21c.blogspot.kr/2013/03/blog-post_4169.html.
6. Julianne Pepitone, "Netflix stock surges 25% on solid subscriber growth," *CNN*, Apr 23, 2013, http://money.cnn.com/2013/04/22/technology/netflix-earnings/index.html.
7. David Goldman, "Music's lost decade: Sales cut in half," *CNN*, Feb 3, 2010, http://money.cnn.com/2010/02/02/news/companies/napster_music_industry/.

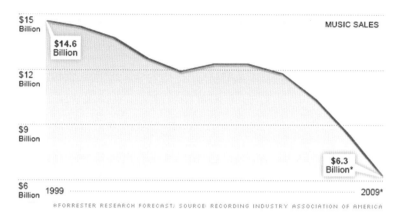

최근 10년간(1999~2009) 미국 음반 시장의 규모는 50퍼센트나 줄어들었다.

(도표 출처: http://money.cnn.com/2010/02/02/news/companies/napster_music_industry/)

10년 사이에 50퍼센트 이상 줄어들었음을 보여주고 있다.

　음반 유통사들이 파산할 지경에 이르렀을 때 음악과는 관계도 없던 애플이 나타나 난데없이 음악 시장을 장악하기 시작한다. MP3 전용 재생 플레이어(아이팟)를 내놓더니 아이튠즈라는 음악 유통 플랫폼을 만들고, 이제는 아이폰, 아이패드, PC에 라디오 스트리밍까지 음악 유통의 전체 가치 사슬을 새로 만들었다. 이 새로운 생태계는 콘텐츠 시장에 거대한 문제를 제기한다. 음악 콘텐츠란 무엇인가?

　출판도 다를 것은 없다. 책이 디지털화되면 많은 책을 들고 다닐 수 있다는 편협한 논리에 치중해 있을 때, 그리고 어떻게 하면 무단 복제를 예방할 수 있을지 고민하고 있을 때 난데없이 아마존이 킨들을 들고 나와 북미 출판 시장을 장악했다. 아마존이 제시한 새로운 카드는 '사용자 경험'이었다. 전자책 리더의 가격을 현저히 낮추었고 클릭 한 번으로 구매할 수 있게 했으며, 무엇보다 전자책의 물량을 확보했다.

누구든지 쉽게 1인 출판을 하게 되었고(5분이면 출판이 가능하다), 2쪽짜리 책도 생겼다. 최근에는 하드카피(인쇄된 데이터)를 산 사람들에게 전자책을 무료에 가까운 가격으로 배포하기 시작했다.[8] 그리고 시장에 거대한 물음표를 던진다. 콘텐츠 유통이란 무엇인가?

3. 소비자(사용자) 측면

콘텐츠는 곧 돈으로 환산되며 가치가 명확한 것이라고 생각했던 시절에는, 극장에 가서 영화를 보고 CD를 사서 음악을 듣는 것이 소비였다. 그런데 지금은 소비가 곧 유통이고 매개다. 4부의 '매개의 4가지 유형: 창조, 재창조, 복제, 그리고 소비'에서 다시 언급하겠지만, 우리의 모든 소비 행위는 매개 행위다. 동영상에 '좋아요'를 누르고 영화를 평가하고 음악을 듣는 것 자체가 친구들에게 콘텐츠를 홍보하고 콘텐츠를 매개로 친해지는 과정이 된다. 이러한 변화는 콘텐츠의 형식을 바꾸고 장르의 벽을 무색케 했을 뿐 아니라 심지어 생산-유통-소비라는 선형적 가치 사슬의 질서까지 뒤엎어버렸다.

영화 DB 전문 서비스 '인터넷 무비 데이터베이스 IMDb'(http://www.imdb.com)는 영화 마니아들의 수많은 평가와 영화 추천이 쌓여 있는 곳으로, 1998년 아마존에 인수되었다. 다음 이미지(90쪽)를 보면, 〈펄프픽션〉을 평가한 사용자가 무려 80만 명이나 된다. 사용자 평가도 우

---

8. Joan E. Solsman, "Amazon hitches e-copy to that book you bought in 1995," *Cnet*, Sep 3, 2013, http://news.cnet.com/8301-1023_3-57601068-93/amazon-hitches-e-copy-to-that-book-you-bought-in-1995/.

'인터넷 무비 데이터베이스 IMDb'는 영화, 방송, 게임 콘텐츠의 정보를 제공하는 온라인 데이터베이스다. (이미지 출처: http://www.imdb.com/title/tt0110912/)

리에게 정보를 제공하는 콘텐츠다. 돈 주고도 못 살 유용한 콘텐츠다. 더 나아가 사용자들의 평점이 쌓이면 내가 봐야 할 '영화 리스트'라는 콘텐츠까지 추가로 제공받을 수 있다.

또한 영화를 보고 '좋아요'를 누르면 페이스북 지인들에게 영화가 홍보된다. 운이 좋으면 〈펄프픽션〉에 대해 같은 생각을 갖고 있는 사람을 만나서 수다를 떨게 될지도 모른다. '내가 영화를 봤다는 기록'은 지인들과의 수다거리를 제공하는 콘텐츠다. 여러분들의 모든 활동 기록과 흔적은 콘텐츠(가 될 수 있)다. 콘텐츠 비즈니스는 이미 생산자와 유통자와 소비자가 더 이상 구분되지 않고 유기적으로 움직이는 새로운 질서 한가운데 있다.

콘텐츠의 새로운 정의가
시장의 새로운 기회를 연다

그렇다면 콘텐츠란 우리가 지인들과 소통하기 위해 생성·사용·공유할 수 있는 모든 종류의 메시지로 정의될 수 있다. 다른 말로 하면 콘텐츠는 공감, 공유, 소통하기 위한 거리things다. 공감하고 공유하고 소통하기 위해서 관객들은 친구와 손잡고 공연장으로 모여드는 것이다.

콘텐츠는 사용자들 간에 공유될 때 가치가 극대화된다. 지식을 담은 책이든, 댓글이든, 트윗이든 마찬가지다. 혼자 들었던 음악도, 혼자 감상한 영화도 지인들과 소통하기 위한 매개체로 사용된다면 그 가치는 더욱 증폭될 것이다. 이것은 물론 새로운 사실이 아니다. 콘텐츠를 유료 저작물로, 미디어에 속한 내용물로 보던 시절에도 마찬가지였다. 다만 중요한 것은, 시장의 새로운 현상들을 통해 콘텐츠의 가치가 '관계' 중심으로 재편되고 있음을 더욱 명확히 인지할 수 있게 되었다는 점이다. 소비 대상 즉 제품 자체에만 집중했을 때는 볼 수 없었던 사실이다.

이와 같은 사실은 크게 세 가지 관점에서 콘텐츠 비즈니스에 새로운 기회를 제시한다.

1. OSMU의 강박관념에서 벗어나 사용성 환경을 고민하다

사용자들에게는 콘텐츠 소비 자체보다 콘텐츠를 함께 즐기며 공감할 수 있는 컨텍스트를 만드는 것이 더 중요하다. 이 본질에 집중한다면 콘텐츠 비즈니스에는 얼마든지 기회가 있다. 콘텐츠는 그 어느 때보다 중요해졌다. 콘텐츠의 소비가 하나의 이벤트였던 시대와 달리 지금은 스마트폰 안에서, SNS에서, 검색에서 콘텐츠 소비가 '끊김이 없이 seamless' 계속된다. 우리는 항상 사람들과 연결되어 있고, 사람들과 커뮤니케이션을 유지하기 위해서는 콘텐츠가 필요하다.

이런 환경에 대응하려면 사업자는 '원 소스 멀티 유스OSMU, One Source Multi Use'의 강박에서 벗어나야 한다. OSMU는 콘텐츠의 원가 대비 수익을 극대화하려는 사업자 시각이다. 하지만 전자책 시장을 OSMU 관점으로 바라보다가 시장의 주도권이 콘텐츠가 아닌 온라인 커머스 사업자에게 넘어가는 것을 경험하지 않았던가. 콘텐츠의 존재 이유가 사람들의 상호작용과 관계에 근거하고 있다면, 사용성 관점으로 시각을 전환해야 한다. 사용자가 쉽게 콘텐츠에 접근하고 쉽게 공유하고 쉽게 이야기 나눌 수 있는 환경을 끊임없이 제공하는 것까지 고려해야 한다. 그리고 이렇게 만들어진 사용자들의 활동(피드백)이 다시 사업자의 콘텐츠가 되도록 재구성해야 한다. 즉, 선순환 구조를 만들어야 한다.

2. 트위터, TV를 만나다

콘텐츠 해체 현상은 역설적으로 콘텐츠의 하이브리드 현상을 가져왔다. 사용자에 의해 형체도 없이 흩어진 콘텐츠 조각들을 재구성하는 과정에서 새로운 비즈니스의 가능성을 발견하게 된다. 대표적인 사례

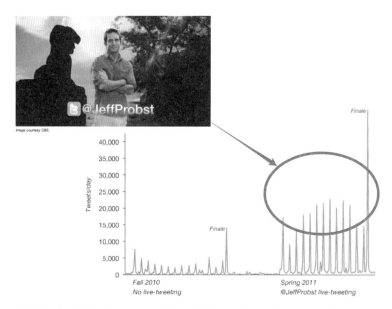

방송 화면에 @계정을 직접 보여주고 트윗을 유도할 경우 트윗 양이 이전과 비교하여 확연히 증가한다. (https://dev.twitter.com/media/twitter-tv 자료를 재구성)

로 '트위터+TV' 모델을 꼽을 수 있다. 트위터는 실시간 정보 네트워크라는 강점을 살려 TV와 강한 연계를 시도하고 있다.

◆ 해시태그와 @트위터리안#hashtag, @Twitterian: 방송 중인 프로그램의 주제나 아나운서 등 등장인물에 대해 트윗 할 수 있도록 화면에서 트위터 해시태그나 계정을 직접 보여주고 사용자의 참여를 유도하는 방법이다. 방송과 SNS가 결합된 모델은 실시간성을 반영하는 등 방송 콘텐츠 생산 자체에도 영향을 미치고, 좋아하는 프로그램을 여러 사람들과 함께 시청할 수 있는 기회를 제공하기도

한다.[9]

◆트위터 TV 광고 타겟팅Twitter TV Ad Targeting: 방송 내용에 대해 실
시간으로 트윗을 날린 사람들을 광고의 타겟으로 설정한다. 이들
에게 TV를 시청하면서 이미 봤음 직한 광고와 이어진 광고를 '홍보
트윗promoted tweet'으로 보내준다.[10]

◆타임라인의 TV 트렌드TV Trending on Timeline: 생방송이 진행될(되
는) 시간에 해당 트윗을 날림으로써 콘텐츠 제공자는 사용자의 유
입을 확보하고 트위터는 더 많은 트윗을 확보한다.[11]

물론 트위터 TV가 스포츠 중계 등의 매우 한정된 방송 프로그램에
서만 효과적일 것이라는 비판도 있다. 하지만 중요한 것은 생산, 유통,
소비의 비즈니스 영역 간 구획이 없어지고 유기적 결합이 가능해졌음
을 입증하고 있다는 점, 콘텐츠의 해체(사용자)와 재구성(사업자)의 역할
이 서로 영향을 미치는 선순환의 메커니즘을 제시하고 있다는 점이다.

3. 콘텐츠의 질이 더욱 중요해진다
여기까지 읽고 전문가들의 역할이 줄어든다고 오해하지 않기를 바란

---

9. Twitter, *Twitter on TV: A Producer's Guide*, https://dev.twitter.com/media/twitter-tv.

10. Josh Constine, "Twitter's One-Two Punch Now Lets All US Advertisers Target People Who Just Saw Their TV Commercials," *TechCrunch*, Jul 23, 2013, http://techcrunch.com/2013/07/23/twitter-tv-ad-targeting/.

11. Ingrid Lunden, "Twitter Is Testing Out A New 'TV Trending' Box At The Top Of Your Timeline," *TechCrunch*, Aug 14, 2013, http://techcrunch.com/2013/08/14/twitter-is-testing-out-a-new-tv-trending-box-at-the-top-of-your-timeline/.

다. 넘쳐나는 콘텐츠가 사람들을 계속 연결시키는 역할도 하지만 우리의 시간은 한정되어 있다. 소중한 시간이 아깝지 않을 만한 콘텐츠를 만나는 일은 점점 더 어려워지고 있다. 전통적 의미의 콘텐츠 생산을 직업으로 하는 전문가들은 아마추어들이 근접할 수 없는 자원과 노하우를 이용해 더 좋은 콘텐츠를 만드는 데 집중하고 있다. 바로 이 것이 《뉴욕 타임스》 같은 신문사의 콘텐츠 유료화가 주목받는 이유다 (2013년 《뉴욕 타임스》의 온라인 유료 가입자 수는 73만 8000명이다[12]). 콘텐츠의 비즈니스 모델 다각화는 품질이 확보된 다음에야 가능하다.[13]

다만 아무리 훌륭한 콘텐츠라도 사람들의 반응과 상호작용, 즉 유통 과정을 고려하지 않는 '장인정신'만으로는 부족할 것이다. 이제 콘텐츠는 단순히 작품이나 저작물이 아니다. 콘텐츠는 사람들의 생활 속에, SNS 속에, 관계 속에 수시로, 매 순간 함께할 수 있도록 변화되어야 한다. 콘텐츠를 계속 살아 있도록 만드는 과정까지 모두 콘텐츠 생산의 범위에 포함되어야 한다. 콘텐츠 비즈니스에서는 생산이 곧 유통이고 유통이 곧 소비이며 소비가 곧 생산이다.

지금까지 콘텐츠 시장의 변화를 살펴보고 콘텐츠에 대한 새로운 정의와 기회에 대해 살펴보았다. 콘텐츠 비즈니스는 본래부터 사람들 사이의 감성과 공감, 정보의 공유와 전달 코드로 가치를 인정받아왔다.

---

12. Todd Wasserman, "New York Times Ad Sales Down, Digital Subscriptions Up," *Mashable*, Aug 1, 2013, http://mashable.com/2013/08/01/new-york-times-ad-sales/.
13. Michael Nevradakis, "Behind the Paywall: Lessons from US Newspapers," *Guardian*, Mar 27, 2013, http://www.theguardian.com/media-network/2013/mar/27/behind-paywall-us-newspaper-websites.

콘텐츠를 '작품'으로 보지 않고 상호작용을 위한 '거리'이자 '매개체'로 본다면 콘텐츠 비즈니스는 이제 시작이다.

이제는 저작자의 권리를 주장하기보다 저작물의 공유가 만드는 파생 가치에 더 주목해야 한다. '복사할 수 있는 권리copyrights' 대신 '공유될 만한 가치'를 사용자가 정할 것이다. 인터넷 시장 전체로 본다면 콘텐츠 비즈니스라는 말보다는 '연결'을 통해 콘텐츠의 비즈니스를 다시 바라보는 시각이 필요할지도 모른다. 이에 대해서는 이어지는 장에서 좀 더 자세히 살펴보기로 한다.

05 컨텍스트에
답이 있다
Context has the Answer

주변에 눈치 없는 사람들이 꼭 있다. 상황을 파악하지 못해 대화의 흐름을 끊고 어색하게 만들기도 하고 악의는 없지만 하지 않아야 할 말을 해서 눈총을 받기도 한다. 미디어에도 이런 경우가 자주 있다. 이를테면 컨텍스트를 무시하고 콘텐츠만 들이대는 경우, 사용자가 원치 않는 광고를 때와 장소를 가리지 않고 들이대는 경우가 그렇다. 그런데 정작 당사자들은 스스로 눈치 없는 행위를 하고 있는지도 모른다. 알면서도 그러고 있다면 더욱 문제다. 사용자를 난처한 상황에 빠뜨릴 의도가 있었다는 게 아닌가.

여기에서는 미디어의 3요소 중 '컨텍스트'에 집중하려 한다. 컨텍스트란 무엇일까? 모두가 중요하다고 하는데, 어쩐지 알 것 같으면서도 모호하고 정확히 정의하기 어려운 주제다. 지금부터는 미디어의, 콘텐츠의, 소셜 네트워크의 생명을 연장하고 진화를 이끌어내는 주인공 관점에서 컨텍스트를 살펴보고 역할을 정확히 이해하는 데 초점을 두기로 한다.

컨텍스트를
아세요?

컨텍스트란 시공간을 비롯해 커뮤니케이션과 관련된 일련의 모든 사회적·문화적·자연적 상황과 환경을 일컫는다. 따라서 커뮤니케이션과 콘텐츠의 특성을 정의하는 모든 정보를 컨텍스트라고 할 수 있는데, 이때 컨텍스트가 가리키는 대상은 사람, 장소, 문서 등 모든 단위를 포함한다.[1]

마케팅에서도 '컨텍스트가 왕'이라는 표현을 쓰는데,[2] 이는 사용자에게 제품을 '제안'하는 것이 아니라 사용자를 '도와주는' 마케팅을 말한다. 사용자가 더 훌륭한 가장이 되고 더 세심한 친구가 되고 더 많은 시간을 절약할 수 있도록 도와주는 것이다. 이를 위해서는 사용자를 잘 알아야 한다. 사용자가 제품을 언제, 왜, 어떻게, 누구와 사는지에 대한 '메타 데이터'를 쌓고 개인화된 맞춤형 광고, 판매로 이어지도

---

1. Anind K. Dey and Gregory D. Abowd, "Towards a Better Understanding of Context and Context-Awareness," *Handheld and Ubiquitous Computing, Lecture Notes in Computer Science*, Volume 1707, 1999.
2. Jonathan Gardner, "Why Context Is King in the Future of Digital Marketing," *Mashable*, Feb 03, 2012, http://mashable.com/2012/02/02/context-digital-marketing/.

록 해야 한다.[3] 하지만 이것은 시작에 불과하다. 컨텍스트는 오랫동안 조연 역할만 해왔기 때문이다. 아무리 중요하다지만 우리 스스로도 컨텍스트를 여전히 '주변 환경' 정도로 생각하고 있지는 않은가?

앞으로는 사용자의 요구를 파악하는 데 도움이 되는 하나의 요소 정도에 머물지 않고 컨텍스트 자체가 비즈니스의 목적이 되는 시대가 온다. 네트워크가 유기적으로 확장되고 진화하는 환경에서 핵심은 '연결'에 있다. 컨텍스트는 바로 '연결'을 만든다. 연결되지 않은 콘텐츠는 죽은 콘텐츠다. 살아 있더라도 산송장이라는 말이다. 이 콘텐츠가 어딘가에 연결될 수 있도록 하는 환경이 '컨텍스트'인데, 콘텐츠는 끊어져도 컨텍스트는 절대 끊어져서는 안 된다.

TED,
컨텍스트를 판매한다

콘텐츠에 희소가치가 있을 때는 컨텍스트가 별로 중요하지 않았다. 비싸도 사서 읽고, 제자들도 예수님의 말씀을 들으러 멀리까지 찾아갔다. 그러나 지금은 콘텐츠가 너무 많다. 이 많은 콘텐츠 중에서 사람들의 눈에 띄어 읽히고 보이고 공유되는 것들만 살아남는다. 풍부함 속에는 수많은 대체제가 존재하기 때문이다. 미국에서 열리는 '테드 TED' 행사에는 참가비 6000달러를 내고 수많은 사람들이 찾는다고 한

---

3. Nikesh Arora, "In the Multiscreen World, Context Is King," *Harvard Business Review* Blog, Mar 8, 2013, http://blogs.hbr.org/2013/03/in-the-multiscreen-world-context-is-king/.

다.[4] 집에서도 무료로 볼 수 있는데 왜 비싼 비용을 내고 찾아가는 것일까? 강연 자체가 희소해서, 거기까지 힘들게 가지 않으면 평생 듣지 못할 강연이라서가 아니다. 컨텍스트 때문이다. 현장에서 관심 분야의 사람들과 전문가를 만나고 상호작용하고 연결되기 위해서다. 오프라인 포럼의 가치는 공감, 공유, '연결'의 컨텍스트에 있다는 말이다. 여기에 온라인을 통한 쉼없는 컨텍스트의 확장이 더해져 테드와 같은 오프라인 포럼의 진화를 이끌어낸다.[5]

종이 신문, 컨텍스트 없이 콘텐츠를 판다

종이 신문에서는 기사가 '연결될 수 있는' 컨텍스트가 아예 없다. 오늘 배달된 신문은 잠시 후 분리수거를 당할 것이고 그 안의 콘텐츠들은 그렇게 매일 사라지는 것이 운명이다. 잊힌 기사를 온라인 아카이브를 통해 찾을 수도 있지만 그러려면 제목이나 키워드를 정확히 기억하고 있어야 하고 웹브라우저를 열고 검색어도 입력해야 한다. 그리고 모래 알처럼 많은 검색 결과 중에서 정확한 기사를 찾는 노동을 시작해야 한다. 인내심도 필요하다. 이 일련의 과정은 '끊겨 있는' 컨텍스트를 내 손으로 일일이 꿰매고 연결하는 과정이다. 대개는 이렇게 기사를 검색

---

4. 임정욱, 〈Ted.com 프로듀서가 전하는 TED의 놀라운 성장의 비결〉, 에스티마의 인터넷이야기, May 7, 2010, http://estima.wordpress.com/2010/05/07/ted/.
5. 상동.

Can This Photographer Get New Clients on Social Media?

《매셔블》에서는 모든 기사를 소셜 미디어 실시간 공유 중심으로 구성해 콘텐츠의 가치를 더욱 생동감 있게 전달하고 더 많은 공유를 유발하는 선순환 방식을 택하고 있다.

하는 일을 시작하지도 않는다.

온라인 신문,
컨텍스트를 찾고 있다

온라인에 게재된 기사라면 어떤가? 원론적으로는 하이퍼링크를 통해 기사와 관련된 주변 정황을 파악할 수 있고, 기자가 누군지도 알아볼 수 있다. 친구와 공유할 수도 있고 모르는 사람들과 댓글을 통해 연결될 수도 있다. 이제는 이러한 컨텍스트를 전달하는 방법도 일종의 스토리텔링이 되었다. 컨텍스트의 중요성을 제대로 이해하고 이처럼 진화하는 언론사도 있지만 거꾸로 가는 곳도 많다.

　　인터넷 저널 《매셔블》(http://mashable.com)의 경우는 소셜 미디어를 통해 얼마나 많은 사람들이 기사를 실시간으로 공유하고 있는지에 초점을 두고 컨텍스트를 제공하고 있다. 일부 신문사들은 긴 글을 읽는 데 필요한 인내심도 배려한다. 기사 중간에 독자 댓글을 넣어 긴 글을 포기하지 않게 하거나 댓글부터 읽고 다시 기사로 올라오는 여정을 제공하기도 한다. 국내에도 블로터닷넷(http://bloter.net)과 벤처스퀘어(http://www.venturesquare.net)처럼 연결 컨텍스트 제공을 중요하게 다루는 사례들이 있다. 기사 추천은 언론사가 '제안'하는 것이 아니다. 사용자가 원하는 기사를 쉽게 찾고 우연한 발견도 하면서 즐거운 여행이 될 수 있도록 '도와주는' 것이다. 이런 컨텍스트의 연결이 하나의 스토리텔링이다.

신문 기사를 연결하고 사용자의 매개를 기다리는 것만이 컨텍스트를 만드는 방법은 아니다. 읽는 신문이 아니라 '보는' 신문, 느끼고 공감하고 교감하는 신문 콘텐츠를 만들기 위한 언론사들의 노력도 컨텍스트를 활용한 콘텐츠 제작과 유통에 해당한다. '스노우폴Snowfall'[6]이라는 기사를 통해 단번에 '멀티미디어 내러티브Multimedia narrative'[7]로 인정받은 《뉴욕 타임스》가 대표적인 사례. 이 경우는 콘텐츠를 둘러싼 정보를 전달할 때 독자의 오감을 총동원하도록 하여 컨텍스트를 확장했다.[8] 기사를 읽거나 보지 않고 '교감'하게 하는 수많은 컨텍스트들이 삽

---

6. John Branch, "Snow Fall: The Avalanche at Tunnel Creek," *The New York Times*, Dec 20, 2012, http://www.nytimes.com/projects/2012/snow-fall/.

7. 이성규, 〈멀티미디어 기술, 기자는 배워야 할까〉, 오마이뉴스 블로그, 2013년 4월 22일, http://blog.ohmynews.com/dangun76/498891.

8. Shel Israel, "Age of Context Draft Introduction," *Forbes*, Feb 24, 2013, http://www.forbes.

입되어 있기 때문이다. 3D 동영상, 사진, 인터뷰 등이 숨겨져 있는 방식 자체가 하나의 스토리를 만들었고 뉴스의 새로운 모델을 제시했다.

눈치 없이 헤매는
컨텍스트

반면, 대부분의 신문사는 '컨텍스트' 사용에 대해 오해하거나 가능성을 방치해놓고 있다. 생존을 위해 아예 기사 본문을 뒤덮는 광고까지 게재하기 시작한 것이 어제오늘 일은 아니다. 간혹 기사 내용이 좋아서 공유를 하고 싶어도 지인들이 페이지를 열고 놀랄까봐 공유 버튼을 누르기가 꺼려진다. 광고를 살리기 위해 공유 컨텍스트를 희생시킨 경우인데, 그 결과는 어떠한가?

　돈 버는 컨텍스트도 들여다보자. 기사 본문을 읽기 위해 광고창의 '닫기' 버튼을 수차례 눌러도 광고 페이지만 열리고 기사 본문을 보는 데는 실패하는 경우도 많다. 사람들의 반응이 있는지 확인하려면 기사의 맨 아래까지 내려가야 하는데, 거기까지 가기 위해 넘어야 할 산과 건너야 할 강도 너무 많다. 기사가 계속 공유되고 연결되어 오랫동안 살아남는 콘텐츠로 만드는 것보다 광고 클릭 수가 더 중요한 비중을 차지하기 때문이다.

com/sites/shelisrael/2013/02/24/age-of-context-draft-introduction-2/.

컨텍스트 연결이
만드는 성공 지표

그렇다면 물어보자. 언론사의 성공 지표는 페이지뷰와 그로 인한 광고 수익이 맞을까? 언론사가 포털이나 구글 같은 규모의 유통 플랫폼과 경쟁하기는 어렵다. 그리고 유료 콘텐츠를 계속 고민하는 것은 이해하지만 무료 콘텐츠가 기준가라는 사실에서 일단 출발해야 하는 것이 현실이다.[9] 그렇다면 기사(콘텐츠)의 가치는 무엇으로 측정되어야 할까? 각 기사에 대한 사용자들의 관심 정도는 낚시에 기반한 페이지뷰로 알 수 있는 것이 아니다.[10] 이것은 언론사가 더 잘 알 것이다.[11] 앞으로는 '공유 수'와 '댓글 수', '체류 시간' 등을 비롯한 독자의 공감 정도, 그리고 그것을 기반으로 하는 콘텐츠의 긴 생명력과 확산 정도가 지표로 사용되어야 한다.[12]

공유는 적극적인 매개 활동이다. 사용자의 매개 활동은 네트워크를 확장한다. 그것이 곧 공간의 확장이며, 따라서 해당 미디어 영향력의 확장이 된다. 사용자의 매개 활동 없이는 콘텐츠가 서로 연결될 수 없

9. 노상규, 〈정보는 공짜가 되기를 바란다〉, 《오가닉 비즈니스》, 오가닉미디어랩, 2016년 2월 21일.
10. 이정환, 〈조선·동아의 검색 어뷰징, 네이버는 왜 방치하나〉, 《미디어오늘》, 2013년 5월 6일, http://www.mediatoday.co.kr/news/articleView.html?idxno=109257.
11. Dan Lyons, "Why I've Left the Media Business," *HubSpot*, Apr 18, 2013, http://blog.hubspot.com/why-ive-left-the-media-b1usiness.
12. 오원석, 〈[블로터6th] 트위터 1등 언론, 분석해보니〉, 블로터닷넷, 2012년 9월 11일, http://www.bloter.net/archives/125929.

고, 따라서 확산될 수 없고, 따라서 지속될 수 없고, 따라서 돈을 벌 수도 없다.

컨텍스트를 잃어버리다

연결된 콘텐츠라고 해서 모두 왕인 것은 아니다. 갖고 있던 컨텍스트를 놓쳐서 낭패를 보는 경우도 있다. SNS에서 허위 사실이 유포되는 경우인데, 한바탕 소동을 치렀던 2013년 보스턴 마라톤 테러 사건이 대표적인 예다.[13] 정보의 출처를 확인하지 않고 무분별하게 서로의 글을 복제하여 공유하는 과정에서 무고한 사람이 용의자로 지목되기도 했다. 여기에 언론사들까지 가세하는 사태가 벌어졌다. 본래의 맥락을 잃어버리고 무작정 연결되는 경우는 이미 그 과정에서 정보로서의 가치를 상실한다. 적어도 사용자가 연결의 주체, 즉 매개자라면 모든 연결 행위에 책임을 져야 한다. 컨텍스트를 파악하는 것은 습관이 되어야 한다. 이는 정보의 홍수 속에서 각자가 지켜야 하는 최소한의 에티켓이다. 매개가 곧 콘텐츠의 생산이기 때문이다.

13. Eric Markowitz, "From Crowdsourcing to Manhunts: The Role of YouTube, Reddit, and Twitter," *Inc.*, Apr. 19, 2013, http://www.inc.com/eric-markowitz/from-crowdsourcing-to-manhunts-the-role-of-youtube-reddit-twitter.html/2.

컨텍스트에
답이 있다

사람이고 콘텐츠고 간에 모든 것이 넘쳐난다. 모든 정보가 공짜가 되고 있는 시장에서 많은 사업자들이 새로운 비즈니스 모델을 고민할 수밖에 없다.[14] 나는 감히 그 답이 컨텍스트에 있다고 말하고 있다. 컨텍스트 비즈니스는 곧 '연결connection' 비즈니스다.

구글은 사람들에게 정보를 연결해주면서 돈을 번다.[15] 아마존도 사람들에게 원하는 제품을 연결해주면서 돈을 번다.[16] 넷플릭스는 영화 추천 시스템을 통해 진정한 롱테일 비즈니스를 성공시켰다. 연결 비즈니스는 단순한 콘텐츠 추천을 넘어선다. 사용자들이 가족, 직장, 지인들과 더 긴밀한 소셜 활동을 하고 더 빨리 정보를 찾고 더 많은 시간을 절약할 수 있도록 '조력자' 역할을 하는 것이 연결 비즈니스다. 이를 위해서는 사용자들에게 '쿨하게 연결되는' 경험을 제공해주는 것이 먼저다. 그러면 사람들이 스스로 매개자가 된다. 앞에서 설명했듯이 눈치 없이 헤매는 컨텍스트는 콘텐츠를 두 번 죽인다. 신뢰를 잃게 해서 죽이고 고립시켜서 죽인다.

TV가 영화를 죽이지 않은 것처럼 오가닉 미디어가 뉴스를 죽이지

---

14. 노상규, 〈정보는 공짜가 되기를 바란다〉, 《오가닉 비즈니스》, 오가닉미디어랩, 2016년 2월 21일.
15. 노상규, 〈공짜 세상에서 어떻게 돈을 벌 것인가?〉, 《오가닉 비즈니스》, 오가닉미디어랩, 2016년 2월 21일.
16. 상동.

는 않을 것이다. 하지만 언론사를 죽일 수는 있다. 컨텍스트를 무시한 비즈니스를 고집한다면 다른 사업자들로 대체될 수밖에 없다. 연결되지 않은 콘텐츠는 눈에 보이지 않는다. 오늘 연결된 콘텐츠도 내일이 되면 떠내려가고 잊히는 판이다. 콘텐츠가 지속되려면 관계를 만들어 주어야 한다.

컨텍스트는 관계를 만드는 주인공이다. 저자와 독자의 관계, 공감하는 링크 한 줄에 매개된 친구 관계, 콘텐츠와 콘텐츠의 이어진 관계 등 오가닉 미디어에서 관계는 무궁무진하다. 컨텍스트 비즈니스는 이 무한한 가능성 안에서 시작된다. 사업자 스스로에게 그 무한한 가능성을 체험할 기회를 주어야 한다.

미디어는
네트워크다

01. 아마존은 왜 오가닉 미디어인가?
02. 미디어 네트워크의 진화
03. 트위터 서비스 구조 해부하기
04. 네트워크의 4가지 속성
05. 네트워크의 이중성

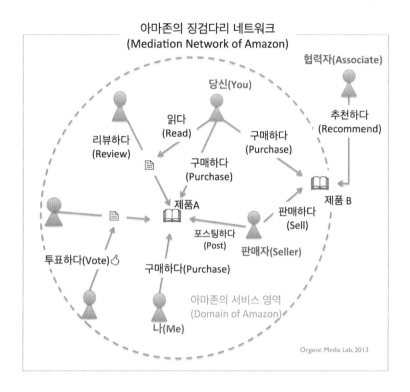

아마존의 징검다리 네트워크
(Mediation Network of Amazon)

협력자(Associate)

당신(You)

읽다
(Read)

리뷰하다
(Review)

추천하다
(Recommend)

구매하다
(Purchase)

구매하다
(Purchase)

제품A

제품 B

투표하다(Vote)

포스팅하다
(Post)

판매하다
(Sell)

판매자(Seller)

구매하다(Purchase)

아마존의 서비스 영역
(Domain of Amazon)

나(Me)

Organic Media Lab, 2013

제2부에서는 미디어를 '네트워크' 관점에서 파헤친다. 여기서 미디어는 커뮤니케이션 도구나 전달 장치에 국한되지 않는다. 관계를 만드는 모든 개체가 미디어이며 모든 미디어는 네트워크 구조로 설명이 가능하다. 이해를 돕기 위해 우선 온라인 소매상인 아마존의 네트워크를 분석하고 아마존이 왜 오가닉 미디어인지 논증한다. 2장에서는 네트워크 관점에서 커뮤니케이션의 여러 유형과 진화를 살펴보고 3장에서는 트위터를 사례로 오가닉 미디어의 네트워크 구조를 정의한다. 마지막으로 4장, 5장에서 네트워크 고유의 속성을 정리하고 왜 네트워크가 유기체이며 체득의 대상이 될 수밖에 없는지 알아본다.

01 아마존은
왜 오가닉 미디어인가?
Why Amazon is Organic Media?

아마존(http://www.amazon.com)이 무슨 회사인지 물으면 사람들은 대부분 여전히 '책을 파는 회사'라고 답한다.[1] 한국 시장에 본격적으로 진출하지 않았기 때문에 어떤 회사인지 관심을 갖는 사람도 많지 않았다. 하지만 2012년도 거래 규모가 970억 달러에 이르는[2] 아마존은 이미 월마트를 위협하고 있고,[3] 심지어 구글·페이스북·애플의 경쟁사

1. 조성문, 〈아마존(Amazon) 성공의 비결은 소비자 경험 개선을 위한 끊임없는 노력〉, 조성문의 실리콘밸리 이야기, 2011년 5월 16일, http://sungmooncho.com/2011/05/16/amazon-2/.
2. Arne Alsin, "Top 10 Pick: Amazon Financials Understate Growth," *Seeking Alpha*, Oct. 23, 2012, http://seekingalpha.com/article/942551-top-10-pick-amazon-financials-understate-growth.
3. Trefis Team, "Amazon's Showrooming Effect And Quick Growth Threaten Wal-Mart,"

로 거론되고 있다.[4] 모바일, 콘텐츠, 클라우드 서비스 시장 등에서 이들과 본격적인 경쟁을 시작했기 때문이다. 하지만 내가 아마존에 주목하는 이유는 이미 공개된 비즈니스 전략이나 성장 규모 때문이 아니다.

아마존은 이미 단순한 상거래를 넘어서는 사용자 참여 기반의 서비스 모델을 갖고 있다. 여기서는 아마존 서비스의 작동 원리를 살펴보고 아마존이 왜 '오가닉 미디어'인지 알아보려 한다. 그 과정에서 상거래 모델과 소셜 미디어가 어떻게 연결될 수 있는지 이해하는 것은 물론, 두 서비스 영역의 미래에 대해 상상해보는 시간을 갖기 바란다.

'연결'에 대한 사용자 경험을 제공한다

아마존에서 헨리 젠킨스Henry Jenkins의 《확산 가능한 미디어Spreadable media: Creating Value and Meaning in a Networked Culture》를 구매했다. 전통 미디어를 '고정된 미디어sticky media'로, 오가닉 미디어를 '확산 가능한 미디어spreadable media'로 구분하여 새로운 개념화를 시도한 책이다. 이를 계기로 《연결성의 문화The culture of connectivity》[5]와 《예측 분석Predictive

Forbes, Sep 27, 2012, http://www.forbes.com/sites/greatspeculations/2012/09/27/amazons-showrooming-effect-and-quick-growth-threaten-wal-mart/.
4. Erick Schonfeld, "Eric Schmidt's Gang Of Four: Google, Apple, Amazon, And Facebook," *TechCrunch*, May 31, 2011, http://techcrunch.com/2011/05/31/schmidt-gang-four-google-apple-amazon-facebook/.
5. Jose van Dijck, *The Culture of Connectivity: A Critical History of Social Media*, Oxford University Press, 2013.

Customers Who Bought This Item Also Bought

The Culture of
Connectivity: A …
Jose van Dijck
⭐⭐⭐⭐⭐ (1)
Kindle Edition
$14.09

A Creator's Guide to
Transmedia …
› Andrea Phillips
⭐⭐⭐⭐⭐ (15)
Kindle Edition
$17.39

Digital Disconnect: How
Capitalism is Turning …
Robert W. McChesney
⭐⭐⭐⭐⭐ (25)
Kindle Edition
$11.99

Networks of Outrage and
Hope: Social …
› Manuel Castells
⭐⭐⭐⭐⭐ (1)
Kindle Edition
$11.99

《확산 가능한 미디어》를 구매한 고객들이 구매한 책들. 이러한 목록을 따라다니면 마치 도서관에서 책을 찾는 듯한 기쁨을 느낀다.

Analytics》,[6] 그리고 《레드 실타래 사고Red Thread Thinking》[7]라는 책과 연결되었고 이 책들의 샘플이 지금 내 킨들에 담겨 있다. 나와 같은 책을 구매한 사람들이 어떤 책을 샀는지 살펴보고 평가가 좋은 책들을 샘플로 우선 확인한 뒤 구매를 결정한다. 때로는 도움이 되는 리뷰를 남겨 준 사람의 페이지에서 생각지도 못했던 책을 발견하기도 한다. 하지만 우연은 없다. 모든 발견은 아마존이 제공하는 경로에 따라 이루어진다.

페이스북이나 트위터에서 전공 서적을 추천받기도 하지만 그 규모는 매우 제한적이다. SNS에서 좋은 책을 추천받으려면 '입소문'이 당도하기를 기다려야 한다. 타임라인에서 흘려버려지는 것들도 흔할 것이다. 이에 비하면 아마존은 데이터가 모여드는 바다와도 같다. 수많은 사람들이 구경하고 검색하고 리뷰하고 추천하고 구매를 한다. 이렇

6. Eric Siege, *Predictive Analytics: The Power to Predict Who Will Click, Buy, Lic, or Die*, Wiley, 2013.
7. Debra Kaye, *Red Thread Thinking: Weaving Together Connections for Brilliant Ideas and Profitable Innovation*, McGraw-Hill, 2013.

게 많은 사람들이 어지럽게 남긴 흔적들은 내게 적합한 정보로 가공되고 걸러져서 연결된다. 물론 내 모든 사소한 활동들도 '연결'이 정교해지는 데 한몫했을 것이다.(아마존의 협업 필터링 시스템Collaborative Filtering System에 대해서는 연구 논문을 참고하기 바란다.[8])

교보문고나 예스24에도 리뷰가 있지만, 아마존의 경우는 단순히 리뷰나 구매 결정의 문제가 아니다. 사용자가 트렌드나 사람들의 취향에 이르기까지 뜻밖의 '정보 탐색' 과정까지 경험하기 때문이다. 그러니 웬만해서는 사이트에서 물건 하나 보고 바로 벗어나기 어렵다. 내게 유용한 정보가 계속해서 연결되고 새로운(이상한 나라의 앨리스의) 토끼 굴로 빠지기를 반복한다. 수많은 종류의 사용자 행위가 혼합되고 가공되어 내가 놓인 상황에 따라 정보가 끊이지 않고 제공되기 때문이다. 아마존의 서비스 모델은 다름 아닌 '연결' 모델이다.

판매자, 구매자, 협력자가 참여하는 모델

아마존에서 이러한 정보를 공유하고 연결하는 주체는 크게 셋으로 나뉜다.

첫째는 판매자다. 아마존은 오픈 플랫폼이다. 누구든 제품에 대한 정보를 올릴 수 있고 수정할 수 있다.[9] 하나의 제품을 판매하기 위해

---

8. Greg Linden et al., "Amazon.com Recommendations: Item-to-Item Collaborative Filtering," *IEEE Internet Computing*, Jan/Feb 2003, pp. 76-80.

아마존 제품 상세 입력 화면. 아마존에서는 제품마다 단 하나의 상세 페이지가 존재하는데, 이는 아마존을 포함한 판매자들이 입력한 정보로 이루어진다.

수많은 판매자들이 좀 더 정교한 정보를 생성하려고 노력한다. 결국은 판매가 목적이겠지만 이 과정에서 제품에 대한 정보가 그 어떤 사이트보다 풍부하게 쌓인다. 여기서 판매자는 단순히 상인이 아니라 아마존이라는 미디어에 정보를 공유하는 사용자이자 매개자의 역할을 한다. 같은 맥락에서 아마존 자신도 물론 사용자이며 매개자다.

둘째는 구매자다. 구매자들은 아마존에 진입해 많은 흔적을 남긴다. 제품을 구매하고 다른 구매자에게 도움이 되는 평가를 남기기도 하지만 단순히 물건을 구경하는 것만으로도 흔적이 남는다. 킨들에서

9. Amazon, "Page Ownership," *Selling at Amazon.com*, http://www.amazon.com/gp/help/customer/display.html?nodeId=200202130.

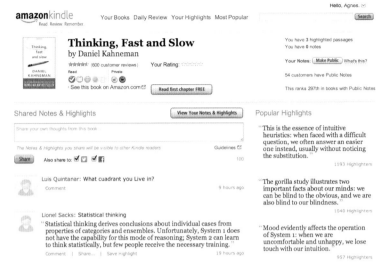

공개된 노트와 밑줄을 책에 대한 평가와 함께 볼 수 있는 킨들 사이트.

책을 읽으며 밑줄을 긋고 메모를 하는 행위 하나하나도 마찬가지다. 이 모든 행위는 소중한 정보를 다른 독자와 공유하는 결과로 이어진다. 이런 공유들이 모이면 책을 혼자 읽는다고 하기도 어렵다. 독서 자체가 소비가 아닌 '참여'로 느껴지는 경험이 가능하다. 여기서 구매자는 아마존이라는 미디어에 정보를 공유하는 사용자이며 서로가 서로를 연결하는 매개자다.

셋째는 협력자Associates다. 아마존의 제품을 간접적으로 홍보해주고 약 4퍼센트의 수수료를 받는 사람들이다.[10] 간단한 절차를 거쳐 누구

---

10. Darren Rowse, "The Ultimate Guide to Making Money with the Amazon Affiliate Program," *ProBlogger*, Apr 24, 2013, http://www.problogger.net/archives/2013/04/24/the-ultimate-guide-to-making-money-with-the-amazon-affiliate-program/.

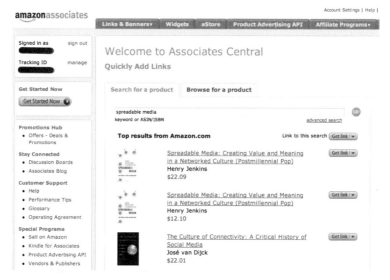

아마존 협력자 페이지에서 추천하고 싶은 제품을 선택한 후 링크나 위젯을 복사해 블로그 게시 글에 삽입하면 된다.

든 협력자로 등록할 수 있으며, 현재 규모는 약 200만 명 정도다.[11] 이들은 아마존 사이트가 아니라 블로그 등의 외부 사이트에서 아마존의 제품을 연결한다. 여러분이 블로그 게시 글에서 추천한(연결한) 아마존 책의 링크를 독자가 따라가서 구매하면 여러분은 아마존에서 수수료를 받게 된다. 여기서 여러분과 같은 협력자는 각자의 미디어를 이용해 아마존의 제품에 대한 정보를 공유하고 사용자를 연결해주는 매

11. Sarah Perez, "Amazon's Record Holiday Season Boosted Its Third-Party Sellers Marketplace, Too: Sales Up 40% Year-Over-Year," *TechCrunch*, January 2, 2013, http://techcrunch.com/2013/01/02/amazons-record-holiday-season-boosted-its-third-party-sellers-marketplace-too-sales-up-40-year-over-year/.

개자라고 하겠다.

아마존은
징검다리 네트워크다

판매자, 구매자, 협력자의 참여 활동을 도식화하면 다음 그림과 같은
네트워크를 얻을 수 있다. 여기서 사용자 간의 관계는 일반적인 SNS와

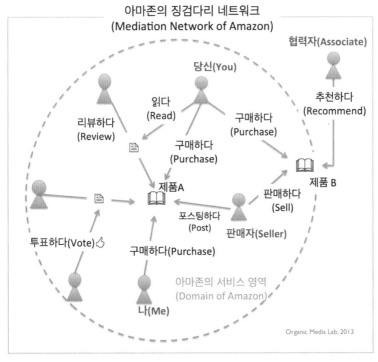

아마존은 판매자, 구매자, 협력자의 참여를 기반으로 한 서비스 모델이다. 이들의 활동이 아마존의
매개 네트워크를 구성하고 있다.

같이 직접 연결된 관계가 아니라 제품에 의해 '매개된' 관계다(물론 아마존에서도 사용자 구독follow이 가능하지만 핵심 기능은 아니다). 마찬가지로 제품 간의 관계도 직접 연결된 것이 아니라 사용자에 의해 매개된 관계다. 제품이 연결 관계를 갖기 위해서는 구매와 같은 사용자 행위가 필요하고, 사용자도 서로 연결되기 위해서는 공통된 제품이 필요하다.

사용자 관점에서 보면 리뷰어와 나, 다른 구매자와 나의 관계가 제품을 통해 매개되어 있다. 제품A와 제품B의 관계는 공통된 구매자에 의해 매개되어 있다. 제품 및 정보 간의 연결이 많아지면 사용자의 연결에도 영향을 미치고 사용자 간의 관계가 늘어나면 제품 정보에도 영향을 미치게 된다.

위의 이미지(117쪽)에는 '구매하다', '리뷰하다', '읽다', '판매하다' 등 다양한 종류의 링크가 존재한다. 이 중에서 구매 관계만을 추출해 사용자 네트워크를 도식화하면 오른쪽 위의 이미지와 같은 구조를 얻을 수 있다(오가닉 미디어의 상세한 네트워크 구조에 대해서는 2부의 '트위터 서비스 구조 해부하기'를 참고할 것). 알파벳은 사용자를, 숫자는 제품을 의미하고 알파벳과 숫자 사이의 링크는 구매 관계다. 사용자 간의 붉은 선은 적어도 2개 이상 중복된 제품을 구매한 사람들의 관계를 표시한 것이다. 예를 들어 사용자 C와 D는 제품 1과 2를 같이 구매했다. A, B, C, D가 (붉은 선으로 연결된) 소셜 네트워크를 형성하며, 나머지는 상황에 따라 언제 붉은 선으로 발현될지 모르는 잠재 네트워크라고 하겠다.

같은 방식으로 콘텐츠 간의 네트워크(오른쪽 아래 이미지)도 추출할 수 있다. 제품 간의 붉은 선은 2명 이상의 사용자가 동시에 구매한 제품을 연결한 것이다. 예를 들어 1과 2는 사용자 C와 D가 동시에 구매

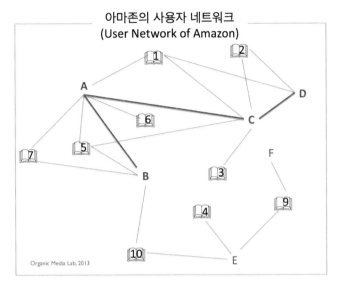

사용자의 구매 행위를 기반으로 아마존의 사용자 네트워크를 추출할 수 있다.

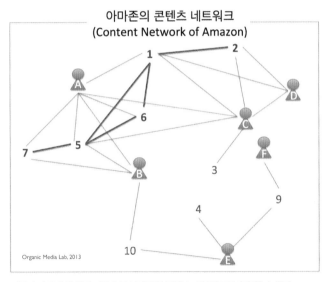

사용자의 구매 행위를 기반으로 아마존의 콘텐츠 네트워크를 추출할 수 있다.

한 제품이다. 물론 여기에는 제품과 카테고리의 관계 등 다양한 변수가 복합적으로 작용할 것이다. 그림은 가장 단순한 방식으로 매개 네트워크에서 어떻게 콘텐츠 네트워크가 형성될 수 있는지 예시를 나타낸 것이다. 사용자와 콘텐츠 네트워크 둘 다 사용자의 상황(요구)에 따라 유기적으로 변모하는 가변적인 네트워크다.

아마존에서
오가닉 미디어를 배운다

오가닉 미디어는 사용자 참여를 기반으로 작동하는 커뮤니케이션 도구이자 네트워크다. 사람들의 참여로 시작해서 그 결과 사용자 간의 관계를 얻는다. 이에 따라 네트워크가 성장하는 모델이라는 점이 핵심이다. 참여 방식은 당연히 무궁무진하다. 사용자끼리 친구를 맺고 사용자의 목소리로 뉴스를 전달하는 것만이 오가닉 미디어가 아니라는 뜻이다. 매스미디어와는 달리 사람들이 반응하고 공유하고 소비함에 따라 네트워크도 성장하고 미디어도 성장한다. 이러한 미디어는 말 그대로 '오가닉', 즉 유기체처럼 살아 있는 미디어다.

아마존은 사용자 및 정보가 연결된 네트워크 모델이라는 점, 그리고 네트워크가 사용자의 활동에 따라 유기적으로 성장하는 모델이라는 점에서 오가닉 미디어의 특성을 고스란히 지니고 있다.

아마존의 오가닉 미디어적 특성은 소셜 미디어 측면에서도 시사점을 던져준다. 트위터처럼 명성을 높이거나 페이스북처럼 인맥을 만들기 위해 의도적으로 정보를 공유하고 '좋아요'를 누르는 것은 아니다.

하지만 사용자의 구매를 중심으로 한 모든 흔적은 사용자 관계를 만들고 진화시키는 역할을 한다. 의도는 다르지만 여기에서도 (어쩌면 가식도 허세도 없이 더 정확한 방법으로) 취향과 관심으로 서로 묶이고 영향을 준다. 얼마나 실용적인 소셜 미디어인가.

아마존은 그 자체로 오가닉 미디어일 뿐 아니라 심지어 현재의 소셜 미디어 모델의 미래일지도 모른다. 지금처럼 서로를 감시하고 관리하고 보여주어야 하는 소셜 미디어에서는 한번 만든 네트워크는 고치기도 어렵다. 언팔unfollow과 언프렌드unfriend로 일일이 인맥을 관리하는 공수와 심리적 부담을 떠올리면 더욱 그렇다. 아마존의 네트워크에서는 그럴 필요가 없다. 지금의 내 관심에 따라 사람들과 연결되고 서로에게 영향과 도움을 주지만 관심이 변하면 자연스럽게 연결되는 사람도 변한다.

모든 상거래 모델이
오가닉 미디어가 될 수 있다

아마존의 이러한 특성은 비즈니스 모델과 서비스 모델이 분리되어 있기 때문에 가능한 일이다. 아마존의 비즈니스 모델은 전자 상거래지만 서비스 모델은 유용한 정보를 연결하고 발견하게 하는 네트워크 모델로 진화했다.

쾌적한 사용자 경험을 제공하기 위해 필요한 것은 오로지 '잘 연결하는 역할'뿐이며, 이것은 보고 듣고 살 것이 넘쳐나는 시대에 상거래를 기반으로 하는 인터넷 사업자뿐 아니라 모든 인터넷 사업자에게 요구되는 역할이다.

아마존은 고객을 매개자로 만들었고 자신도 기꺼이 매개자가 되었다. 매개된 노드가 많아질수록 아마존의 영향력은 늘어날 것이고, 사람들은 단순히 물건을 구매하기 위해서만 아마존을 찾지는 않을 것이다. 이미 구글의 검색 결과 페이지에서 아마존은 가격 정보를 제공하는 데 머물지 않고 위키피디아와 나란히 정보를 제공하고 있다.

상거래 사업자의 고민은 '얼마에 팔 것인가'보다 '무엇을 어떻게 연결시킬 것인가'가 되어야 한다. 문제가 틀리면 답도 없다. 사업자 스스로 매개자가 된다면 모든 상거래 모델은 오가닉 미디어가 될 수 있다. 아마존은 20년에 걸친 진화 과정을 통해 이것을 입증한 셈이다.

오가닉 미디어는 구매자를 참여자로, 참여자를 매개자로 만들고 서로를 상호 의존적 관계로 묶어서 네트워크를 성장시키는 힘을 갖고 있다. 바로 이것이 사용자 관계, 콘텐츠 관계, 네트워크 규모를 모두 갖춘 아마존의 진화가 무섭고 궁금한 이유다.

02 미디어 네트워크의 진화
Evolution of Media Network

미디어는 '관계'를 만들고 매개하는 도구다. 대화를 하고, 영화를 보고, TV를 시청하고, 사진을 공유하고, '좋아요'를 누르는 모든 행위는 관계를 만든다. 송수신자가 콘텐츠를 전달, 소비, 공유하는 과정에서 어떤 관계가 만들어지는가에 따라 미디어 각각의 특성이 두드러지고, 그에 따라 미디어가 정의된다. 텔레커뮤니케이션은 멀리 있는 사람을 가깝게 만들었다. 매스미디어가 대중이라는 사회관계를 만들어 천편일률적인 문화를 수용하게 하더니, 오가닉 미디어는 사용자 경험만큼이나 셀 수 없이 많은 관계 유형을 만들어내고 있다.

관계를 떠나서는 미디어를 논할 수 없다. 관계는 미디어를 진화시키는 동기이자, 미디어를 매개로 만들어지는 결과물이다.

네트워크는 이러한 관계를 가시화한 것이다. 다른 말로 하면 모든 미디어는 네트워크다. 유형이 서로 다를 뿐, 모든 관계는 네트워크로 표현될 수 있다(네트워크의 정의와 특성은 2부의 '네트워크의 4가지 속성'을 참고하기 바란다). 여기에서는 미디어가 형성하는 사용자 관계를 네트워크로 도식화하고 각각의 특성을 살펴볼 것이다. 그래야 미디어를 이해할 때 컨테이너, 콘텐츠 등의 시각에 매몰되지 않고 사용자 관계 중심으로 진화하는 미디어의 본래 쟁점을 이해할 수 있기 때문이다.

점 대 점
커뮤니케이션 네트워크

점 대 점 네트워크는 네트워크 유형의 기반이며, 미디어에서도 가장 기본이 된다. 모든 네트워크가 여기에서 출발했듯이, 미디어도 마찬가지다. 인류의 몸짓과 구어는 점 대 점 네트워크를 형성한 태초의 미디어이며, 여기에서 다양한 미디어 유형이 파생되었다고 볼 수 있다.

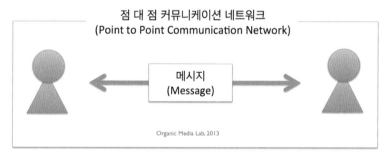

점 대 점 네트워크는 커뮤니케이션 네트워크의 근간이 된다.

1. 특성: 상호 연결성

점 대 점 네트워크를 형성하는 미디어는 우리의 의사소통에서 가장 필수적인 미디어로 자리해왔다. 전화, 메신저, 메일 등이 대표적이다. 커뮤니케이션 형태와 기능은 서로 다르지만 이들은 크게 두 가지 공통된 특징을 지닌다.

첫째, 상호 연결성을 전제로 한다. 기본적으로 송수신자가 커뮤니케이션에 참여하려면 서로 동일한 주소 체계를 사용해야 하며, 상대방의 주소(전화번호 등의 코드를 포함하여 메시지를 어디로 보낼지를 나타내는 단위)를 미리 인지하고 있어야 한다. 송신자와 수신자의 역할이 정해져 있지 않고 서로가 송수신자의 역할을 겸하는 양방향 네트워크라고 하겠다.

둘째, 양쪽이 모두 서로의 주소를 알고 있는 상황이어야만 소통이 가능하기 때문에 긴밀하고 긴급한 메시지를 주고받는 데는 적합하지만 메시지를 한 번에 양적으로 확산시키기는 어렵다. 다만, 메시지 교환에 참여하는 노드의 수를 일정 부분 확대할 수는 있다. 전화처럼 일대일로 연결된 경우 외에도 메신저의 그룹 채팅 등 상호 연결된 노드의 수를 확장하는 경우를 말한다.

다음 도식(126쪽)은 여러 명이 상호 연결되어 있는 다자간 커뮤니케이션 네트워크를 보여주고 있다. 2개의 노드로 구성된 점 대 점 커뮤니케이션이 확장된 미디어 유형이다. 참여자의 수는 확대되더라도 상호 연결성은 그대로 적용되며, 원활한 커뮤니케이션을 위해서는 노드의 수를 무제한으로 확대(랜덤 채팅 등)하는 것보다 소규모 네트워크를 구성하는 것이 일반적이다.

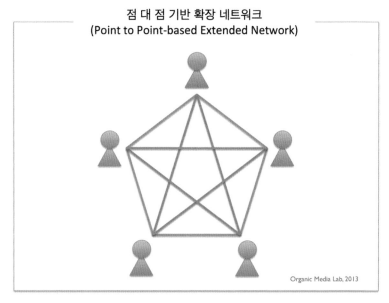

점 대 점 기반 확장 네트워크
(Point to Point-based Extended Network)

Organic Media Lab, 2013

점 대 점 네트워크의 특성을 기반으로 미디어를 확장할 수 있다. 이 그림은 그룹(다자간) 채팅 또는 커뮤니티 서비스를 유형화한 것이다.

반면 점 대 점 커뮤니케이션에서도 반드시 실시간성이 강요되는 것은 아니다. 상호 연결성을 전제로 하되, 메일처럼 비동기 방식으로 커뮤니케이션이 이루어질 수 있다. 이 경우는 종이 편지를 쓰든, 이메일을 보내든, 메시지를 보내든 간에 전송된 시간에 관계없이 언제고 메시지를 수신할 수 있고, (등기, 메시지 '읽음' 표시 등으로) 수신 여부를 확인할 수 있으며 순차적인 커뮤니케이션이 가능하다. 이 세 가지 특성을 가장 잘 반영한 사례를 통해 네트워크의 확장 가능성을 구체적으로 살펴보도록 하자.

2. 변형: 이메일 커뮤니케이션 네트워크

이메일은 점 대 점 네트워크의 특성에서 출발하여 미디어의 확장성을 보여주는 대표적인 사례다. 이메일에서는 제3자에게 메시지를 재전송하는 경우 메시지의 흐름에 따라 이메일의 링크와 노드가 유연하게 확장될 수 있다.

　다음 도식은 이메일의 네트워크 형태를 단순화한 것이다. 메시지의 흐름에서 볼 수 있듯이 사용자는 서로 상호 연결 가능한 관계에 있고 실시간으로 소통하지 않는다. 순차적으로 커뮤니케이션이 일어나는

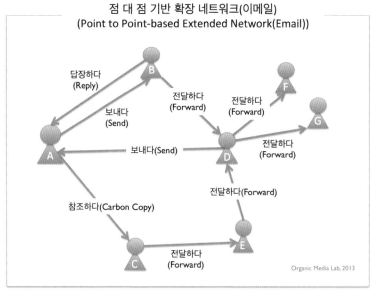

점 대 점 기반 확장 네트워크(이메일)
(Point to Point-based Extended Network(Email))

Organic Media Lab, 2013

이메일 네트워크는 @ 주소 체계를 기반으로 메시지를 교환하고 전달하고 확산하는 것이 동시에 가능하다. 메시지의 전달, 확산이 가능한 다른 미디어(SNS 등)에 비해 메일함 하나로 커뮤니케이션할 수 있고 그에 대한 관리가 수월하므로 네트워크 진입 장벽이 낮고 사용성과 지속성이 높다.

동안 메시지의 전달, 확산과 함께 네트워크도 확산되는 모양을 볼 수 있다.

예를 들어 A는 B와 C에게 메시지를 보냈지만 총 6명에게 메시지가 수신되었고 이에 대한 피드백을 제3자인 D를 통해서 받게 된다. 이것은 인류가 기술적 도구 없이도 만들어온 소셜 네트워크와 동일하다. 메시지를 교환하고 지식을 전달하고 확산하고 소통하는 방식 그대로를 보여준다. 다만 이메일에서는 이에 대한 모든 기록과 흔적이 남고 추적을 할 수 있다는 것이 다르다고 하겠다.

다른 미디어에 비해 이메일이 업무용으로 발전할 수 있는 이유는 수신한 메시지의 저장뿐 아니라 메시지의 확산 경로를 실타래thread 방식으로 열람, 공유하고 경로를 추적할 수 있다는 장점 때문이다. 상호 연결성, 즉 상호 소통 가능한 주소 체계를 노드로 하여 커뮤니케이션하는 점 대 점 커뮤니케이션의 특성에서 파생되었기 때문에 가능한 일이라 할 수 있다.

일대다
커뮤니케이션 네트워크

점 대 점 네트워크에 비해 일대다 커뮤니케이션에서는 상호 연결성이 필요 없다. 송신자와 수신자의 역할이 고정되어 있으며, 일방향 링크로 네트워크를 형성할 수 있다. 신문, 라디오, TV 같은 매스미디어가 가장 대표적인 예다. 물론 SNS에서 불특정 나수에게 '모두 공개'를 설정하여 메시지를 확산시킬 수도 있지만 받은 메시지에 반응할 수 있는

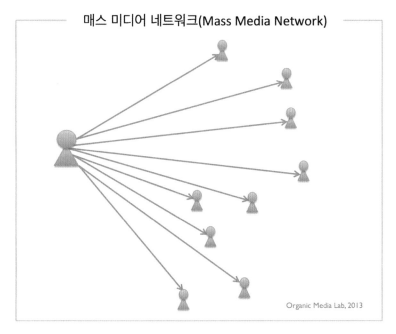

매스 미디어 네트워크(Mass Media Network)

Organic Media Lab, 2013

신문, 라디오, TV 등의 매스미디어는 일대다 네트워크를 형성한다.

수많은 통로(댓글, 좋아요, 리트윗 등)를 배제하고 SNS를 말할 수는 없다.

1. 특성: 일방향성

특히 브로드캐스팅 기반의 방송 미디어는 동시간대에 불특정 다수에게 일괄 전달된다. 미디어 환경이 계속 발전하더라도 송신자가 '대중'이라는 그룹을 타깃으로 하는 한, 방송사와 수신자(대중)의 관계는 일대다의 피라미드형 네트워크를 유지하게 된다. 이 경우 콘텐츠 제공자(방송 사업자)와 수신자의 직접적인 상호작용 채널은 네트워크상에서 존재하지 않으며 간접적으로 네트워크 외부 공간(드라마 홈페이지, 포털 검색과

SNS, 블로그, 오프라인 토론 등)에서 보완적 방식으로만 가능하다.

여기서는 수신자 간 관계가 대중이라는 이름으로 형성된다. 위의 도식(129쪽)에서처럼 네트워크의 구성원들은 송신자(방송사)를 매개로 서로 연결되어 있지만 직접 커뮤니케이션하지는 못한다. 뒤에서 다시 이야기하겠지만(3부의 '시간과 공간의 관점에서 본 미디어의 역사' 참고), 대중은 서로 떨어져 있으면서도 같은 메시지를 수신하되 서로 상호작용을 하지 않는, 서로에게 익명으로 존재하는 그룹의 구성원일 뿐이다.

이에 따라 방송사가 메시지를 통제하게 되고 동일한 메시지를 수신하는 구성원들이 '대중문화'라는 보편적 문화를 수용하는 것은 당연한 결과다. 미디어 학자 폴 F. 라자스펠드Paul F. Lazarsfeld가 제시한 '2단계 커뮤니케이션 흐름 이론2-step flow of communication'[1]에서와 같이 방송사가 직접 영향을 미치지 않고 오피니언 리더층을 통해 간접적인 영향을 미칠 수도 있지만, 2단계 커뮤니케이션 흐름 이론 또한 피라미드형 일방향 네트워크 구조에서 파생된 유형이라고 볼 수 있다.[2]

2. 변형: 참여형 매스미디어

스마트폰, PC 등으로 스크린이 확대되면서 매스미디어의 소비 형태는 점차 변하고 있다. TV의 오디션 프로그램에서는 응원하는 가수에게 휴대폰으로 투표하여 순위 결정에 영향을 미칠 수 있고, 채팅을 하면

---

1. "Two-step flow of communication," *Wikipedia*, http://en.wikipedia.org/wiki/Two-step_flow_of_communication.
2. Lazarsfeld P., Berelson B., Gaudet H., *The People's Choice: How the Voter Makes Up His Mind in a Presidential Campaign*, Columbia University Press, New York, 1944.

서 스포츠 중계를 볼 수도 있다. 다만 이러한 수용자들의 소비 행태가 '대중'이라는 관계를 수정하지는 못한다. 여전히 방송사의 프로그램(콘텐츠)에 매개된 관계다. 방송사가 소유하고 주도하는 콘텐츠를 소비하는 방식이 다양해져도 메시지를 통제하는 주체가 변하지 않는 한 일방향 네트워크 구조는 유지될 것이다.

반면 팟캐스팅과 인터넷 방송, 동영상 재생 서비스 등의 새로운 서비스 유형이 기존 매스미디어의 역할을 대신하며 진화하는 사례가 점차 늘고 있다. 일대다 네트워크에서 출발했지만 선택의 범위가 넓어지고 링크의 종류도 일방향에 국한되지 않도록 하여 네트워크 확장을 시도한다. 누구나 1인 방송국이 될 수 있고, 다양한 방식으로 피드백을 할 수 있다. 능동적으로 메시지를 생산하고 공유하고 소비함에 따라 권력에 의한 통제는 점차 어려워질 수밖에 없게 되었다. 특정 사업자가 미디어를 통제할수록 네트워크 형태는 딱딱하게 고정되지만, 통제에서 자유로워질수록 네트워크는 유연해지고 유기적으로 성장할 수 있기 때문이다. 다음의 다대다 커뮤니케이션 네트워크들이 대표적인 사례다.

다대다
커뮤니케이션 네트워크

여기서부터는 네트워크의 유형이 훨씬 복잡해진다. 기본적으로 점 대 점의 상호 연결성(양방향성)을 전제로 하면서도 동시다발적인 일대다 커뮤니케이션도 가능하다. 여기서는 미디어가 미리 정해놓은 상호작용 규칙과 사용자가 규칙을 경험하면서 만드는 문화가 다시 상호작용을 한다. 그래서 규칙이 있으되 유기적으로 성장할 수 있는 미디어가 된다. 이른바 오가닉 미디어다.

모든 커뮤니케이션 네트워크 유형이 유기적으로 진화할 수 있지만 사용자 관계가 기본적으로 다대다 커뮤니케이션을 전제로 성장하는 경우는 상황이 다르다. 여기에서는 미디어의 형태에 미리 정해진 것이 없다. 사용자의 매개 활동이 네트워크를 만들고, 그 네트워크의 성장이 곧 미디어의 진화를 만든다. 이것이 오가닉 미디어의 질서이고 법칙이다. 소통하고 기록하고 찾고 보관하고 공유하는 다양한 활동 과정에서 사용자의 경험 범위가 훨씬 더 넓어졌기 때문에 가능한 현상이다.

1. 구독형 네트워크(트위터)

트위터는 구독을 기반으로 하는 다대다 네트워크다. 서로를 구독할 수도 있지만 일방향으로 구독할 수 있으므로 다음 도식(133쪽)에서처럼 매스미디어와 유사한 네트워크가 만들어질 수 있다. 다만 여기서는 서로를 구독할 수 있는 구조, 직간접적으로 상호작용할 수 있는 구조가 트위터 네트워크 안에 포함되어 있다는 점이 다르다. 여러분이 구독하는 사람의 트윗에 반응하기 위해 꼭 양방향 구독 상태일 필요는 없으며, '@+상대방 아이디' 표기 등을 통해 메시지를 전달할 수 있다.

또한 매스미디어 네트워크와는 달리 중심이 없고 다양한 허브가 존재한다. 이에 대해서는 '트위터 서비스 구조 해부하기'에서 자세히 다룰 텐데, 네트워크 전체를 누가 통제할 것이냐는 관점에서 봤을 때 다

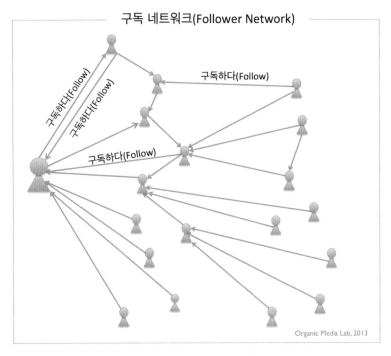

구독 네트워크(Follower Network)

구독하다(Follow)

구독하다(Follow)

구독하다(Follow)

구독하다(Follow)

Organic Media Lab, 2013

트위터의 사용자 관계는 구독 관계이며, 일방향의 '구독 네트워크'를 구성하고 있다.

대다 네트워크의 전형인 트위터에서는 네트워크 전체를 통제할 수 있는 주체는 존재하지 않는다.

2. 친구형 네트워크(페이스북)

페이스북은 친구 관계를 기반으로 하는 네트워크다. 친구가 되려면 양방향 합의가 필요하다. 페이스북에서는 신청과 수락이라는 표현 대신 '상대방이 나를 친구로 추가했다'고 알려주고 내가 '그를 친구로 확인 confirm'하면 링크가 생성된다. 다음 도식(134쪽)은 친구 네트워크를 단순화한 것이다.

친구 네트워크는 삼삼오오 형식으로 다분히 폐쇄적인 커뮤니티를 형성할 가능성이 높다. 양방향으로 서로를 친구로 인정해야 하는 장벽 때문인데, 친구의 친구와 친구가 될 가능성이 높기 때문에 유유상종으로 모여지기도 한다. 페이스북은 이렇게 네트워크가 소규모로 단절되는 것을 막기 위해 다양한 방식으로 친구를 추천하는 기능을 일찌감치 도입했다.

페이스북은 실제로 친구의 개념(범위)을 크게 확장했다. 오프라인에서는 '우리 친구하자'라고 선언하기보다는 서로 자주 스치고 대화하고

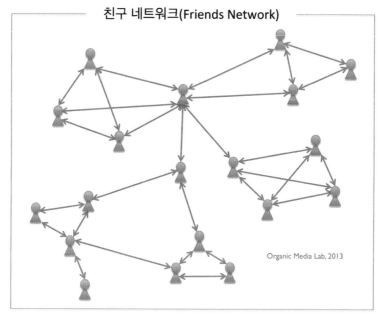

친구 네트워크(Friends Network)

Organic Media Lab, 2013

구독 네트워크와 달리 친구 네트워크는 신청-수락 관계가 필요한 양방향 네트워크다.

공감대를 형성하면서 자연스럽게 친구 관계가 맺어진다. 그렇다 보니 우리는 학교, 직장, 동호회, 교회 등의 서로 분리된 여러 커뮤니티에 속해 있는 경우가 많다. 반면 페이스북에서는 (대부분 오프라인 친구를 기반으로 네트워크 확대가 시작되지만) 다수의 네트워크가 하나로 연결된 모습을 띠고 있다. 어떤 경로와 관심과 이유로 친구가 되었든 간에 이들은 여러분의 소식을 받아 보는 하나의 그룹으로 작동하게 된다.

단일화된 네트워크 때문에 관리하기가 어렵고 피로감을 호소하는 사용자들도 늘고 있지만[3] '연결' 빈도가 늘어날수록 페이스북의 전체 네트워크 효과는 더욱 커진다. 친구 네트워크(점 대 점, 양방향)로 시작한 페이스북은 노드의 연결이 확대됨에 따라 소식을 확산하는 미디어(일 대 다, 일방향)의 장점을 결합하면서 그 영향력을 확대할 수 있게 되었다.

3. 중개형 네트워크(구글)

구글은 사용자가 원하는 정보를 가장 단거리로 제공하는 역할에 충실한 다대다 네트워크다. 사용자가 찾는 사람을 직접 연결해주거나 찾는 정보를 가지고 있는 사람을 연결해준다. 이들은 서로 지속적인 관계를 형성할 수도 있고 단순히 정보만 선택하고 잊어버리는 인연일 수도 있다. 전자의 경우는 연결된 페이지의 소유자, 저자 등이 게재해놓은 문서, 블로그, SNS 등에서 네트워크의 확장이 이루어질 수 있다.

너무 많은 정보가 쏟아지는 지금의 인터넷 공간에서는 내게 제안된

---

3. Jennifer Van Grove, "Why teens are tiring of Facebook," *Cnet*, Mar 2, 2013, http://news.cnet.com/8301-1023_3-57572154-93/why-teens-are-tiring-of-facebook/.

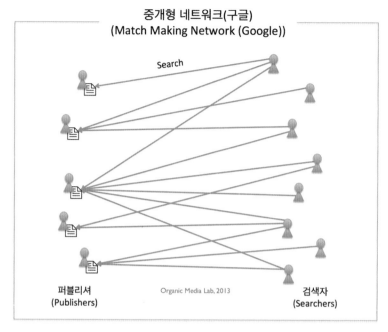

중개형 네트워크(구글)
(Match Making Network (Google))

Search

퍼블리셔
(Publishers)

Organic Media Lab, 2013

검색자
(Searchers)

구글은 사용자가 원하는 정보(사람 또는 문서)를 가장 빠르게 연결해주는 '중개형' 네트워크다. 정보를
제공한 사람을 간접적으로 연결해주는 결과를 가져온다.

정보를 '누가' 작성했는지가 점차 중요해지고 있다. 정보의 출처와 작성
자를 확인하는 과정을 통해 사람과 간접적으로 연결될 가능성은 점
차 높아진다. 구글은 누구와(무엇과) 연결될 것인지를 '제안'하는 역할
에 충실한 미디어다.

위의 도식에서 볼 수 있듯이 구글은 인터넷상에 존재하는 모든 문
서를 색인으로 만들어 목록으로 가지고 있고, 사용자가 원할 때마다
최적의 정보(원하는 정보에 가장 빠르게 도달할 수 있는 방법)를 제안하므로
네트워크의 범위가 정해져 있지 않다. 구독도, 친구도, 구매도 필요 없

다. 여기서 구글의 역할은 전형적인 중개자의 역할과 같다. 확보하고 있는 리스트가 많을수록, 그리고 무엇을(어떤 이상형을) 찾고 있는지 파악하면 할수록 연결(중개)에 성공할 가능성이 높아지고, 사용자의 신뢰를 얻을 가능성을 높일 수 있다. 구글을 찾는 사용자가 많아질수록 그 모든 사용자 활동은 구글이 사용자 신뢰를 확보하는 데이터로 활용되므로 선순환이 가능해진다.

4. 징검다리형 네트워크(아마존)

아마존은 사용자가 제품에 매개된 징검다리 네트워크를 형성하고 있다. '아마존은 왜 오가닉 미디어인가?'에서 언급했듯이, 여기서 사용자는 직접적인 관계를 맺지 않지만 구매 관계와 리뷰 등이 메시지가 되어 사용자를 서로 연결하고 있다. 사용자가 제품을 구경하고 구매를 하고 그 제품에 대한 평가를 하는 모든 행위를 콘텐츠(메시지)로 가공하고 있는 것이고, 사용자들은 일방향이든 양방향이든 서로에게 도달할 방법을 찾지도, 관계를 관리하지도 않는다.

　인터넷상의 모든 사용자 활동과 흔적은 메시지가 될 수 있다. 여기서는 어떻게 사용자 흔적을 의미 있는 데이터로 만들 것인지, 즉 사용자를 원하는 제품과 얼마나 똑똑하게 연결시켜줄 것인지, 그래서 어떻게 사용자의 시간을 아껴줄 것인지가 중요한 숙제가 된다. 콘텐츠로 매개된 사용자 관계는 결국 이 숙제를 해결하기 위한 것이다. 그리고 한번 연결하는 것으로 끝나는 것이 아니라 사용자가 징검다리를 건너듯 계속 매개되는 경험을 제공해야 한다. 아마존에서는 추천 시스템이 이를 기반으로 한다.

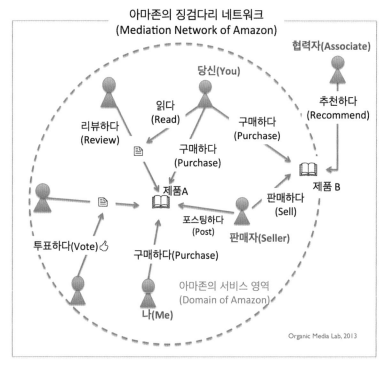

아마존의 징검다리 네트워크
(Mediation Network of Amazon)

협력자(Associate)

추천하다
(Recommend)

당신(You)

읽다
(Read)

리뷰하다
(Review)

구매하다
(Purchase)

구매하다
(Purchase)

제품 B

제품A

판매하다
(Sell)

포스팅하다
(Post)

판매자(Seller)

투표하다(Vote)

구매하다(Purchase)

아마존의 서비스 영역
(Domain of Amazon)

나(Me)

Organic Media Lab, 2013

아마존은 판매자, 구매자, 협력자의 참여를 기반으로 한 서비스 모델이다. 이들의 활동이 아마존의 매개 네트워크를 구성하고 있다.

정리해보면, 페이스북·트위터·구글·아마존 네트워크는 서로 유형은 다르지만 크게 두 가지 공통점을 지닌다.

첫째, 노드 간의 링크가 무작위로 이루어지지 않는다. 일반적으로 다대다 네트워크는 여러 노드가 동시다발적으로 링크를 형성할 수 있다는 점이 전제되어 있다. 그러나 실제로 네트워크의 진화는 무질서한 방식으로 이루어지지 않는다. 다대다 커뮤니케이션은 수없이 많은 관계를 만들 수 있지만 그 관계가 유지되는 것은 다른 문제다. 네트워크의 진화는 일관된 규칙과 반복된 상호작용 속에서 이루어진다.

위의 사례들에는 구독, 친구, 중개, 매개 관계를 유지하기 위한 질서가 있고 이에 대응하는 사용자의 활동과 습관이 있다. 트위터, 페이스북, 구글, 아마존은 각각 일관된 방식으로 하나의 규칙에 집중했다. 그 결과 네 서비스의 사용자 관계는 서로 중복되지 않으며 일종의 보완적 관계를 형성한다. 네트워크는 사업자가 최초에 제공한 규칙으로 작동하지만 마지막에 확장을 주도하게 되는 것은 사용자의 활동이다. 이는 네 서비스가 모두 공통적으로 갖고 있는 특성이다.

둘째, 각각의 네트워크는 폐쇄적이지 않고 열려 있으며, 이종의 네트워크 간 연결을 허락하고 있다(네트워크의 개방성은 2부의 '네트워크의 4가지 속성'을 참고하기 바란다). 이 미디어들은 네트워크 효과를 기반으로 '승자독식'의 진수를 보여주고 있다. 결국 다대다 네트워크에서 개방성은 생태계를 만들기 위한 것이 아니라 자신의 네트워크를 확장하기 위해 선택할 수밖에 없는 전략이다. 따라서 네트워크의 규모가 확보되는 임계점 이후에는 전략적 선택과 갈등 상황이 계속 개입하게 된다. 네트워크를 통제하고 관리하는 문제는 결국 어떤 미디어 유형에서든 지속적으로 돌아오는 문제일 수밖에 없다.

사용자 관계가
미디어의 진화를 만든다

지금까지 사용자 관계를 중심으로 미디어 유형을 살펴보았다. 관계는 이 책의 어디를 붙잡고 먼저 읽든 간에 책 전체를 관통하는 단 하나의 키워드다. 사용자 관계를 중심으로 네트워크를 유형화해보면 한 가지 중요한 시사점에 도달한다.

점 대 점 네트워크도, 커뮤니티 유형도, 이메일도, 심지어 매스미디어까지도 실제로는 모두 오가닉 미디어로 진화할 수 있다는 점이다. 메시지 전송의 기술적 한계를 벗어나면 사용자 관계를 어떻게 진화시킬 것이냐는 문제만 남는다.

점 대 점, 일대다, 다대다 네트워크에서 살펴본 것처럼 모든 네트워크 유형은 서로 연계되어 있다(네트워크의 유기적 성격은 2부의 '네트워크의 4가지 속성'을 참고하기 바란다). 서로 완벽하게 배타적인 관계의 네트워크는 불가능하며, 지속적인 형태 변이가 가능하다. 또한 기술적으로 자유로워진 만큼 사용자 관계를 진화시킬 수 있는 방법도 다양해졌다. 방송 콘텐츠도 다대다 방식으로 전송할 수 있고, 이메일이 확장된 서비스 형태도 얼마든지 가능하다. 그렇다면 남은 것은 어떤 사용자 관계를 만들 것이냐는 문제뿐이다.

'미디어는 네트워크다'라는 말은, 결국 미디어의 진화가 (미디어가 매개하는) 사용자 관계에 따라 결정된다는 뜻을 함축하고 있다.

이 단락에서는 사용자(송수신자) 네트워크에만 집중하여 미디어별 비교를 단순화하려고 노력했다. 사용자 관계가 모든 미디어를 규정하는 가장 기본적인 쟁점이기 때문이다. 그러나 오가닉 미디어에서는 사용자 관계 외에도 콘텐츠(메시지) 간 네트워크, 사용자와 메시지가 연결된 구조 등 여러 관점을 동시에 고려해야 한다. 이어지는 '트위터 서비스 구조 해부하기'에서 좀 더 자세히 살펴보도록 하자.

03 트위터 서비스 구조 해부하기
Understanding Service Structure of Twitter

지금부터 인터넷 서비스, 특히 소셜 미디어를 독해하는 틀로서 '서비스 구조Service Structure'에 대해 알아보고자 한다. 앞서 미디어 컨테이너의 해체를 설명하면서 이제 손에 잡히는 형태 대신 그 자리를 차지하는 것은 '구조적 컨테이너'임을 설명했다. 그렇다면 이 구조란 무엇을 말하는지 정확히 알아볼 필요가 있겠다.

서비스 기획자도 아닌데, 내가 이런 것까지 알아야 할까? 물론이다. 텔레비전이 우리에게 영향을 미치는 것은 안테나나 HD 스크린을 통해서가 아니다. 텔레비전으로 매개된 시청자들의 관계, '대중mass'이라고 표현되는 이 관계가 수십 년간 우리 사회와 문화를 지배해왔다. 내가 트위터에 작성하는 고작 140자의 글, 페이스북에서 '좋아요'를 누른 웃긴 동영상 하나가 어떤 구조에서 작동하는지 인지하는 것은 당연히 중요하다. 작은 행위들이 모여서 만드는 것이 '네트워크'이기 때문이다. 그리고 이 네트워크는 그 미디어의 속을 보여주는 청사진이다. 아니, 그 미디어를 나타내는 모든 것이다.

서비스 구조를 나타내는 3가지 네트워크

오가닉 미디어를 구성하는 네트워크는 사용자 간의 네트워크가 될 수도 있고 정보 간의 네트워크가 될 수도 있다. SNS뿐 아니라 문서 간의 네트워크에 기반한 구글의 검색 알고리즘 '페이지랭크'도 물론 오가닉 미디어의 사례가 된다.[1] 이 관점에서 '오가닉 미디어'의 작동 원리와 연결, 확산의 메커니즘을 설명하는 데 중점을 두고 서비스 구조를 살펴볼 것이다. 모든 서비스 유형을 하나의 글에 담기는 어려우므로 여기서는 트위터 사례에 초점을 맞춘다.

　서비스의 구조는 크게 세 가지로 구성된다. 첫째, 콘텐츠가 연결되는 구조다(콘텐츠 간 네트워크). 둘째, 사용자가 연결되는 구조다(사용자 간 네트워크). 마지막으로, 콘텐츠와 사용자가 연결된 하이브리드 구조다.

1. 콘텐츠의 연결 구조: 트위터의 '참조 네트워크' 사례

다음 도식(143쪽)은 생성된 데이터들이 서로 어떻게 연결되어 있는지

---

1. Searchmetrics, *Google Ranking Factors U.S. 2012*, http://www.searchmetrics.com/en/white-paper/google-ranking-factors-us-2012/.

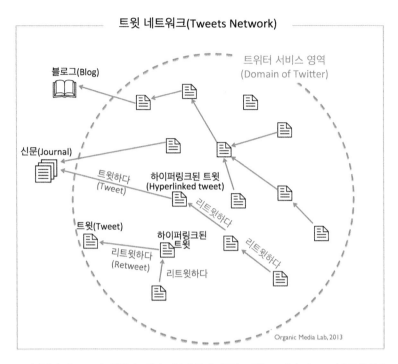

트윗 네트워크(Tweets Network)

블로그(Blog)

트위터 서비스 영역
(Domain of Twitter)

신문(Journal)

트윗하다
(Tweet)

하이퍼링크된 트윗
(Hyperlinked tweet)

리트윗하다

트윗(Tweet)

하이퍼링크된
트윗

리트윗하다
(Retweet)

리트윗하다

리트윗하다

Organic Media Lab, 2013

트위터에서 정보 노드는 독립적 트윗과 외부의 글에 연결된 트윗(hyperlinked tweet)으로 생성되며, 전체 노드들 간의 관계는 트윗과 리트윗 관계로 구성된다.

데이터 간의 네트워크를 보여주는 구조다. 트위터의 콘텐츠 구조를 설명하는 도식을 보면, 데이터는 두 가지 방식으로 생성된다. 하이퍼링크 없이 독자적으로 생성되거나 블로그 게시 글, 신문 기사 등을 참조하는 방식이다. 전자를 일반적인 트윗, 후자를 '하이퍼링크 트윗 hyperlinked tweet'으로 명명할 수 있겠다. 링크를 생성하는 방식도 두 가지다. 독립적으로 트윗을 생성하거나 이미 생성된 트윗을 리트윗하는 것이다.

그런데 위 도식에서 발견할 수 있는 흥미로운 점은 이 두 종류의 노드와 두 종류의 링크가 합쳐져서 하나의 '참조 네트워크Reference Network'를 형성하고 있다는 점이다. 외부의 하이퍼링크를 참조한 트윗이든, 독립적으로 생성된 트윗이든 간에 노드 간의 관계는 먼저 생성된 트윗을 '참조'하지 않고는 형성될 수 없다. 특히나 트위터에서는 140자로 제한된 문장 또는 링크 정보가 공유되고 복사(RT)되고 팔로워들을 통해 확장되다 보니 이 참조 관계의 네트워크 규모가 매우 빠른 속도로 커진다.

물론 연구 논문도 서로 참조 관계를 형성하지만,[2] 논문이라는 문서의 특성상 오랜 시간에 걸쳐 매우 느린 속도로 매우 제한적인 관계자들에 의해 링크가 생성되는 구조다. 이에 반해 트위터의 참조 네트워크는 140자에 국한된 포맷을 통해 가볍게 실시간으로 확장된다. 트위터가 실시간으로 벌어지는 현황의 확산과 실시간 이슈 검색에 적합한 도구로 특화된 것은 매우 타당한 결과라고 하겠다.

하지만 이것이 다는 아니다. 콘텐츠 간의 관계가 쉽게 맺어질 수 있는 또 하나의 중요한 이유가 있다. 그것은 바로 이 콘텐츠를 생성하고 연결하는 주체, 즉 사용자 간의 네트워크인데, 사용자 간의 구조가 콘텐츠 구조와 상호작용하면서 서비스의 구조를 완성하게 된다.

---

2. Derek J. de Solla Price, "Networks of Scientific Papers," *Science*, Volume 149, July 30, 1965, pp. 510-515.

2. 사용자의 연결 구조: 트위터의 '구독 네트워크' 사례

트위터의 사용자 관계는 한마디로 '구독' 관계다. 페이스북이나 싸이월 드 같은 SNS가 사용자 간의 친구 관계, 즉 양방향으로 친구를 신청하 고 수락하는 관계에 기반하고 있다면 트위터는 한쪽이 다른 한쪽을 구독하면 그만이다. 친구 네트워크는 상호 간의 양방향 신청-수락 프 로세스가 필요하므로 노드 간의 연결이 빠르게 일어나기 어렵다. 그리 고 소수 그룹 간의 커뮤니티가 만들어질 확률이 높다.

반면, 다음 도식에서 보이는 것과 같이 트위터의 사용자 간 링크는

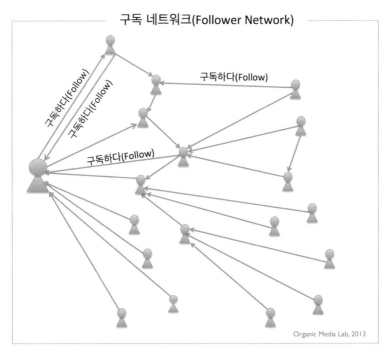

트위터의 사용자 관계는 구독 관계이며, 일방향의 '구독 네트워크'를 구성하고 있다.

오로지 '팔로우' 행위로만 생성된다. 팔로우하는 사람의 글을 구독하기 위한 것으로, 예를 들면 수없이 많은 정보원(신문사, 친구, 전문가 등)들이 생성하는 콘텐츠의 헤드라인을 실시간으로 받아 보는 방식과도 같다.

'구독 네트워크' 도식에서 보이는 것처럼 사용자 간의 구독 네트워크는 무작위로 이루어지지 않는다. 유명인이나 유익한 정보를 지속적으로 생산하는 사용자에게 구독자들이 집중될 수 있고, 따라서 매스미디어의 일방향 네트워크와 유사해 보인다. 그러나 매스미디어의 네트워크와는 달리 트위터 같은 구독 네트워크는 두 가지 큰 차별점을 지

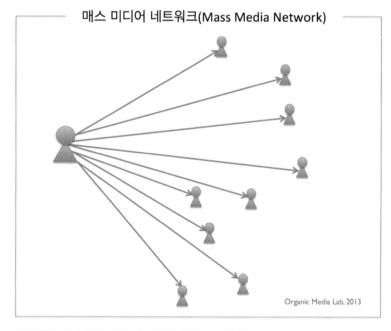

신문, 라디오, TV 등의 매스미디어는 일대다 네트워크를 형성한다.

니고 있다.

첫째, 링크가 생성되는 원리는 일방향적이지만, 서로가 서로를 구독함으로써 간접적인 양방향 링크를 형성할 수 있다는 점이다. 유명인의 경우 그 사람을 구독하는 사람Follower의 수가 그 사람이 구독하는 사람의 수에 비해 훨씬 많겠지만 대부분의 경우 팔로워와 팔로잉 리스트는 상당히 중첩된다. 이는 서로 공감하고 상호작용함으로써 관심 주제에 대해 양방향으로 토론하고 서로 정보를 공유할 수 있는 확률도 높다는 뜻이다. 매스미디어의 경우 어떤 신문을 구독할 것인지를 사용자가 선택할 수 있지만, 신문사가 독자가 생성하는 정보나 생각을 구독하고 양방향으로 소통하지는 않는다.

둘째, 트위터의 사용자 네트워크에는 허브는 있지만 중심은 존재하지 않는다. 위의 도식(146쪽)에서 볼 수 있듯이 매스미디어 네트워크에는 하나의 중심이 존재하며, 하나의 노드만 메시지를 전달할 수 있다. 메시지를 수신하는 것 외에 수신자들에게 허용된 다른 활동은 없다. 반면 트위터처럼 사용자의 능동적 선택에 의해 만들어지고 확장되는 구독 네트워크에서는 단 하나의 중심이 아니라 복수의 허브가 존재한다. 복수의 허브와 노드 때문에 정보를 완벽하게 장악하거나 왜곡할 수 있는 지점은 존재하지 않는다(실시간성이 강조되다 보니, 날조되거나 잘못된 정보들이 쉽게 전파되기도 하고 사실 여부가 뒤늦게 알려지기도 한다. 하지만 정보를 재빨리 수정할 수 있고, 전파된 경로를 추적할 수도 있다. 그리고 이와 같은 실시간 미디어 현상이 저널리즘 영역의 변화를 앞당기는 계기가 되기도 한다.[3] 아직은 진화 과정에 있을 뿐이다).

3. 콘텐츠와 사용자의 연결 구조: 하이브리드 네트워크와 사용자 인터페이스

위의 콘텐츠 구조와 사용자 구조를 합하면 서비스 구조가 완성된다. 트위터의 경우는 트윗이라는 노드와 사용자라는 노드가 합쳐진 하이브리드 네트워크라고 할 수 있다. 하이브리드 구조는 네트워크 도식과 사용자 인터페이스를 통해 설명될 수 있다. 전자가 전체 서비스가 작동하는 구조를 표현한 것이라면, 후자는 사용자에게 그 작동 방식이 전달되는 방법을 표현한 것이다.

물론 실제 서비스 구조는 여기에 표시된 링크들보다 훨씬 더 복잡

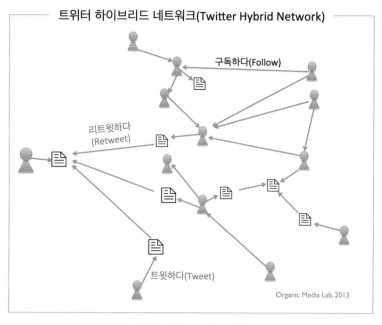

트윗 네트워크와 사용자 네트워크를 합친 서비스 구조다. 트윗과 사용자가 각각 다른 노드로 하이브리드 네트워크를 구성한다.

하다. 예를 들어 리트윗에 '@+아이디'로 원본 글의 작성자를 '멘션 mention'하면 리트윗 행위와 함께 트윗들의 관계뿐 아니라 내가 팔로우하지 않는 제3의 사용자와도 연결될 수 있다. 다만 위의 도식(148쪽)에서는 서비스가 작동하는 가장 기본적이고 핵심적인 노드와 링크 관계에 집중한 것이다.

하이브리드 네트워크를 보면 콘텐츠가 확산되는 속도와 사용자 관계가 확산되는 속도에서 이종의 네트워크가 서로 영향을 미치고 있음을 알 수 있다. 트윗을 생성하고 리트윗을 하면 할수록 작성자를 팔로우할 확률이 높아지고, 반대로 구독 네트워크가 활성화될수록 트윗이 생성되고 연결될 확률도 높아진다. 구독과 참조 간의 시너지 효과다.

이러한 서비스 구조가 사용자에게는 사용자 인터페이스를 통해 전달된다. 이 도식을 사용자 인터페이스로 표현하면 다음 이미지(150쪽)와 같다. 관심 있는 사람을 구독하면 자동적으로 내 홈페이지에 글이 쌓이게 된다. 그리고 구독된 글을 읽다가 공감하거나 반응하고 싶은 글을 리트윗하는 방식으로 즉각적인 피드백을 보낼 수 있다.

사실 이와 같은 피드 구조는 기존에 우리가 갖고 있던 홈페이지에 대한 고정관념을 깨주는 계기가 되었다. 트위터가 등장하기 전에 홈페이지는 부지런한 사람만이 가질 수 있는 것이었다. 계속 콘텐츠를 업데이트하고 운영하지 않으면 비어 있는 공간이었다. 그러나 2006년 트위터가 등장하면서 홈페이지의 개념에 큰 변화가 생겼다. 일명 '마이

---

3. Emily Banks, "It's Time for Truth on Social Media," *Mashable*, Apr 21, 2013, http://mashable.com/2013/04/20/truth-on-social-media/.

사용자 인터페이스는 서비스 구조를 사용자에게 전달하는 방법이다.

크로 블로그'라는 이름으로 블로그보다 가벼웠고, 다른 사람들이 작성한 글만으로도 내 홈페이지를 채울 수 있게 된 것이다. 물론 다른 사람들의 글을 구독하고 피드로 가져오는 방식은 트위터가 처음은 아니었다. 기존의 피드 방식인 'RSSRich Site Summary'는 이미 1990년대 후반부터 존재해온 기술이기도 했다.[4] 하지만 피드 서비스가 대중적으로 받아들여진 것은 트위터에서 사용하기 쉬운 인터페이스를 제공하면서부터다.

4. "RSS," *Wikipedia*, http://en.wikipedia.org/wiki/Rss.

각각의 페이지에 리스팅되어 있는 트윗들은 당연히 독립적으로 작동한다. 위의 이미지에서와 같이 내가 팔로우하는 사람의 트윗을 리트윗하면 팔로우 관계 이외에도 개별적인 트윗들 간의 관계가 새롭게 생성된다. 물론 블로그 서비스도 이러한 면에서는 동일한 구조로 작동한다. 블로그를 구독할 수 있고, 개별적인 블로그 글에 트랙백trackback 등으로 자신의 글을 연결하는 구조가 있기 때문이다.[5] 다만 블로그의 트랙백은 자신이 작성한 글이 있어야만 다른 게시 글을 연결할 수 있다. 하지만 트위터의 경우는 리트윗(복사)하는 행위만으로 글을 생성하고 동시에 연결할 수 있다는 점이 다르다.

이처럼 짧은 단문의 콘텐츠(트윗), 쉽게 복사하는 구조(리트윗), 쉽게 유통하는 구조(팔로우) 간의 시너지가 발생하면서 트위터는 실시간 이슈를 검색하기에 적합한 서비스로 자연스럽게 진화하게 되었다.

지금까지 트위터를 중심으로 서비스 구조를 독해하는 방법에 대해 살펴보았다. 모든 인터넷 서비스는 그 유형과 목적을 막론하고 모두 사

일러두기 인터넷 서비스가 어떤 구조인지 설명하는 방법은 무수히 많을 것이다. 시스템 엔지니어가 설명하는 방법과 웹 엔지니어가 보는 관점이 다르고 서비스 기획자, 사용자 경험 디자이너 등의 설명도 다양할 것이다. 이 모든 것이 고려되어야 하고, 당연히 하나의 정답은 없다. 다만 여기서는 미디어를 구분하는 구분자로서 '네트워크 유형'에 중점을 두고 서비스의 쟁점을 이해하고자 한 것이다.

5. 마이커피, 〈트랙백과 핑백에 대한 나름대로의 정리〉, 언어 그 참을수 없는 달콤함, Dec 6, 2006, http://heojea.tistory.com/entry/트렉백과-핑백의-대한-스크랩.

용자 네트워크와 정보 네트워크, 그리고 이 두 네트워크 간의 결합(하이브리드 네트워크)으로 이루어져 있다. 달리 말하면, 인터넷 서비스 구조의 쟁점은 '네트워크'에 있다. 콘텐츠와 사용자가 각각, 그리고 서로 어떤 관계를 형성하는지가 서비스를 결정한다고 해도 과언이 아니다.

콘텐츠 간, 사용자 간의 구조는 서비스가 진화할수록 매우 복잡한 모양새를 띠게 되지만, 서비스의 정체성을 형성하는 기본적인 네트워크 구조는 단순할수록 좋다. 서비스가 진화함에 따라 노드와 링크가 복잡해지는 과정은 그다음 일이다. 하지만 대부분의 서비스는 진화 중에 실패한다. 처음에 생성한 콘텐츠, 사용자 네트워크가 유지되지 못하거나 새로운 기능들이 추가되면서 이미 생성된 네트워크 구조와 행복한 공생 관계를 만들지 못하기 때문이다. 초기의 그림은 당연히 수정될 수 있지만(그리고 수정되어야 하지만), 그것이 세 유형의 네트워크에 직접적인 영향을 주는 것인지, 근본적인 질문을 할 필요가 있다. 서비스의 진화가 '네트워크의 진화' 측면에서 고민되지 않으면 나중에 뒤엉킨 실타래를 풀기가 쉽지 않기 때문이다.

04 네트워크의 4가지 속성
4 Characteristics of Network

요즘은 어디에서나 네트워크라는 단어가 등장한다. 동네 아파트 전 단지에도 '생활 네트워크, 교통 네트워크'라는 말을 쓸 정도다. 현대를 네트워크 사회라고도 한다.[1] 인터넷은 공기처럼 자연스러워졌고, 우리 는 항상 네트워크에 접속해 있다. 소셜 네트워크 없이는 시장도, 마케 팅도 말할 수 없게 되었다. 그렇다면 네트워크란 도대체 무엇인가? 단 순히 인터넷 인프라이고, 첨단이고, 사회 연결망인가? 네트워크의 무 엇이 지금 문화를, 관계를, 시장을 바꾸고 있는가? 인터넷 시장을 알 고 싶다면 네트워크가 무엇인지부터 이해하는 것이 먼저다.

---

1. "Network society," *Wikipedia*, http://en.wikipedia.org/wiki/Network_society.

네트워크의 개념은 뜻밖에도 의학에서 출발했다.[2] 그전에는 그물 모양이나 레이스 장식(여자들의 얹은머리에 쓰는 그물로 된 장식, 16세기 프랑스어사전) 등에 불과했다. 그러던 것이 17세기에 '피부조직'을 설명하기 위해 의학에서 네트워크라는 용어를 사용하면서 근대적인 개념으로 발전하기 시작했다. 이때부터 '육체body'와 '유기체organism'의 의미가 부여되었고, 그 후 혈액순환의 메커니즘에 비유되면서 네트워크는 '순환circulation' 개념을 중심으로 발전하게 되었다.[3]

의학을 기반으로 한 네트워크는 "형태를 형성하고, 확장하고 확대되며, 보이지 않는, 수많은 (섬유)조직으로 구성된" 개체로 인식되었다고 한다.[4] 여기에 산업혁명을 맞아 네트워크의 개념이 크게 발전하면서[5] 인터넷 시장의 네트워크로까지 이어진 것이다. 지금까지의 개념과 현상을 종합해보면 네트워크는 크게 네 가지 속성을 지닌다. 긴 역사의 나열은 생략하고 시사점 중심으로 정리하면 다음과 같다.

첫째, 네트워크는 연결이 수단이고 목적이다.
둘째, 네트워크는 열려 있기 때문에 접목과 확장이 쉽다.
셋째, 네트워크는 사회적이기 때문에 사용자 관계가 성적표다.
넷째, 네트워크는 유기적이기 때문에 생명체의 규칙을 따른다.

2. Armand Mattelart, *L'invention de la communication*, La Découverte, Paris, 1994, p.30.
3. Pierre Musso, *Télécommunications et philosophie des réseaux*, PUF, 1998, p.31-33.
4. Denis Diderot, *Oeuvres philosophiques*, Garnier, Paris, 1980, p. 314-315.
5. Gabriel Dupuy, *Réseaux et aménagement : Nouvelles approches, nouveaux outils*, http://archives-fig-st-die.cndp.fr/actes/actes_2005/dupuy/article.htm.

네트워크는
연결이다

연결은 고립과 단절의 반대말이다. 연결이 없으면 네트워크란 존재할 수가 없다. 물리적으로 떨어진 것을 연결하고 가깝게 만드는 것이 네트워크다. 실제로 네트워크에 연결 개념이 부여된 것은 18세기 말의 '교통혁명'부터다.[6] 영국과 프랑스를 비롯한 유럽에 철도가 건설되고, 도시와 도시를 연결하는 인프라가 구축된다. 지금의 네트워크가 가지는 기능적 의미, 즉 '연결과 인접성proximity' 개념은 바로 여기에 근원을 두고 있다. 사람이나 제품의 물리적인 이동뿐만 아니라 수도, 가스, 전기 공급에 이르기까지 여러 차원의 네트워크가 도시 전역에 만들어졌고, 연결성은 네트워크의 핵심적인 속성이 되었다.

페이스북의 CEO 마크 주커버그는 '연결은 인간의 권리'라고 주장한다(물론 인터넷 연결에 국한된 언급이기는 하다).[7] 지금 페이스북의 가치를 만드는 것은 네트워크의 규모다. 규모는 사람들이 서로 얼마나 많이 연결되었는지, 그리고 서로 얼마나 많은 콘텐츠를 연결하고(공유, 댓글, 좋아요) 상호작용하는지에 따라 결정된다. 네트워크는 채팅 창의 친구 목록이나 핸드폰의 주소록과 다르다. 각자의 친구는 또 누군가의 친구이며 그 누군가는 또 다른 사람의 친구다. 네트워크는 이렇게 노드들

6. Pierre Musso, *Télécommunications et philosophie des réseaux*, PUF, 1998.
7. John Griffin, "Mark Zuckerberg's big idea: The 'next 5 billion' people," *CNN*, Aug 21, 2013, http://money.cnn.com/2013/08/20/technology/social/facebook-zuckerberg-5-billion/.

이 연결된 관계link를 모두 포함하는 개념이다. 연결 관점에서 보면 페이스북은 추천을 통해 친구와 '쉽게 연결될' 수 있는 컨텍스트를, 뉴스피드와 '좋아요' 등을 통해 친구의 콘텐츠와 '쉽게 연결될' 수 있는 컨텍스트를 제공하는 서비스라고 하겠다.

구글의 핵심 가치도 연결이다. 구글의 검색엔진인 페이지랭크는 30조 개 이상의 웹페이지를 연결하고 있다.[8] 색인하는 문서의 수가 아니라 '연결된 대상'이 30조 개라는 말이다. 웹페이지 간의 연결된 관계(인링크와 아웃링크 관계)를 기반으로 어떤 문서가 더 중요한지 알아내는 원리가 지금의 구글을 만들었다고 해도 과언이 아니다.[9]

네트워크는
열려 있다

연결은 하나의 네트워크에 국한되지 않는다. 네트워크는 열려 있다. 다른 종류의 네트워크들이 쉽게 결합하기도 하고 다른 종류의 노드들이 하나의 네트워크를 구성할 수도 있다. 네트워크는 고정된 시작점이나 끝점이 없다. 특히 사람들의 참여가 노드와 링크를 구성하는 네트워크에서는 사람들이 움직이는 대로 여러 종류의 네트워크가 쉽게 연

8. Sarah Perez, "Google Explains How Search Works, Complete With Live Spam Slideshow," *TechCrunch*, Mar 1, 2013, http://techcrunch.com/2013/03/01/google-explains-how-search-works-complete-with-live-spam-slideshow/.
9. 조성문, 〈'쉽게 설명한'구글의 페이지 랭크 알고리즘〉, 조성문의 실리콘밸리 이야기, Aug 26, 2012, http://sungmooncho.com/2012/08/26/pagerank/.

결되고 영향력을 확대할 수 있다. 다만, 사용자들이 자유롭게 이동할 수 있도록 길을 열어주어야 한다. 다시 말해, 네트워크의 열린 속성을 최대한 활용해야 한다.

페이스북은 2006년부터 다양한 방식으로 응용 프로그래밍 인터페이스API, Application programming Interface를 오픈했다. 경쟁 서비스라고 손사래를 치던 회사들도 지금은 모두 페이스북 계정으로 로그인이 되도록 하고 페이스북 친구 목록을 가져다 쓴다. 페이스북은 네트워크를 개방하여 자사의 범위가 확장되는 결과를 얻었다. 네트워크가 서로 연결될수록 가치가 높아진다는 것을 입증한 대표적인 사례다.

그럼 여러분이 제공하는 SNS에서 동영상 서비스를 준비한다고 가정해보자. 쉽게 동영상을 업로드하고 공유하는 기능을 제공하고자 한다면, 이때 여러분은 유튜브 동영상을 이용할 것인가, 막을 것인가? 유튜브는 여러분의 경쟁사인가, 협력사인가? 만약 여러분의 비즈니스가 '네트워크 사업'이라고 판단된다면 사용자들이 최대한 쉽고 편리하게 연결할 수 있는 방법을 택할 수밖에 없다. 그것이 경쟁사라도 예외가 될 수 없는 것이 네트워크 비즈니스다.

네트워크의 개방성은 선택 요소가 아니라 원래 주어진 것이다. 그것을 무시하는 순간 비즈니스 전략은 모순이 되고 네트워크는 진화를 멈추게 된다. 이것은 내가 몸담았던 회사에서 실제로 있었던 일인데, 이것을 체득하는 데 수년이 걸렸다. 사용자를 서비스 안에 가두려고 하면 결과적으로 고립되는 것은 사업자 자신이다.

네트워크는
사회적이다

연결은 먼 것도 가깝게 만들고 가까운 것도 멀게 만든다. 지구는 좁아졌고 이웃은 멀어졌다. 네트워크는 필연적으로 사회관계에 영향을 미친다.[10] 특히 18세기의 통신혁명은 네트워크 개념을 '사회적'인 것으로 받아들이는 결정적 계기가 되었다. 이때부터 네트워크는 최초로 '원거리 커뮤니케이션'을 가능하게 하는 메커니즘을 지칭하게 되었다.[11] 첫 번째 커뮤니케이션 네트워크인 우체국을 비롯해 전화 등의 텔레커뮤니케이션은 시공간의 제약을 해체하고 본격적으로 사회관계를 재구성하는 주체가 되었다(자세한 내용은 3부의 '시간과 공간의 관점에서 본 미디어의 역사'를 참고하기 바란다).

이와 같이 철도, 전기, 통신 혁명과 함께 발전한 네트워크 개념은 태생적으로 시간과 공간과 연결되어 있다. 그동안에는 물리적으로 불가능하다고 믿었던 것들이 새로운 기술의 출현과 네트워크 구축으로 가능해졌다. 사람들은 좀 더 쉽게 여러 도시를 여행할 수 있게 되었고, 새로운 유통시장이 생성되고 문화가 발전했다. 눈에 보이지 않는 네트워크가 시간을 앞당기고 공간을 확장시키면서 완전히 새로운 사회를 열었다. 네트워크가 오늘날 미래지향적 가치관을 포함하게 된 것은 당연한 결과다.

---

10. Michel Serres, *Atlas*, Flammarion, Paris, 1994, p.200-202.
11. Armand Mattelart, *L'invention de la communication*, La Découverte, Paris, 1994, p. 64.

페이스북의 CEO 마크 주커버그는 "구글은 소셜을 모른다"고 지적한 적이 있다.[12] 소셜 기능을 몇 가지 추가한다고 SNS가 되지는 않는다는 뜻이다. 구글이나 주커버그가 소셜을 아는지는 각자의 판단에 맡기겠다. 다만 중요한 것은 SNS는 말 그대로 네트워크 서비스이고, 네트워크는 관계를 만들어야 살아남고 성장한다는 것이다. 싸이월드가 그랬던 것처럼 지금 10억 사용자의 소통 도구가 된 페이스북은 분명히 우리의 사회관계를 변화시키고 있다. 대화하고, 뉴스를 보고, 일을 하고, 물건을 사는 방법을 바꾸고 있다. 사회관계란 거창한 것이 아니다. 산업혁명이 도시를 만들고 계급을 바꾼 것도 사회관계의 변화이지만 싸이월드가 디지털카메라를 유행시키고 식당 풍경을 바꾼 것도 같은 맥락에서 변화다.

예를 들어, 구글플러스가 페이스북을 대체할 수 있을까?[13] 궁금하다면 구글플러스의 네트워크가 지금 여러분의 사회관계를 바꾸고 있는지 물어보면 된다. 사회관계는 네트워크를 진단하는 척도다. 네트워크가 성장하려면 정보를 얻는 것만으로는 부족하다. 사회관계를, 상호작용하는 습관을 변화시켜야 한다.

네트워크에서 사람들은 가치를 공유하고자 한다. 오늘 처음 뒤집기에 성공한 아기 동영상도 자랑하고, 어제 본 영화도 얘기하고, 요즘 빠

12. MG Siegler, "Zuckerberg: Social Is Not A Layer You Add (*Cough* Google *Cough*)," *TechCrunch*, Sep 22, 2010, http://techcrunch.com/2010/09/22/facebook-social-layer-google/.
13. Erick Schonfeld, "Zuckerberg's Not So Subtle Dig At Google Circles," *TechCrunch*, Jul 6, 2011, http://techcrunch.com/2011/07/06/zuckerberg-dig-at-google-circles/.

져 있는 드라마 주제곡도 나누고 싶다. 일상이든 정보든 사람들이 공유하는 조각들이 모이면 그 네트워크가 지향하는 사회관계가 정의되고 네트워크가 함께 추구하는 가치가 된다. 그것을 성장시키는 네트워크가 시장을 이긴다. 사용자가 공유하는 가치가 도태될 때 사회관계도 도태되고 네트워크도 도태된다.

네트워크는
유기적이다

네트워크가 사업자의 예측대로 또박또박 성장하는 일은 거의 없다. 물리적 재화와 달리 인터넷 서비스는 출시된 이후부터 진화를 시작한다. 예측 불허다. '인스타그램'은 위치 공유 서비스로 시작했지만[14] 사진 공유 서비스로 페이스북에 인수되었다.[15] 싸이월드도 게시판, 커뮤니티, 포럼 등 엄청나게 많은 기능을 가진 서비스로 출발했지만 사진첩 중심의 미니홈피를 핵심으로 성장했다. 그루폰은 투자 모금 사이트로 시작해서 온라인 공동 구매 사이트로 진화했다.[16] 또 페이스북은 교내 얼짱들의 외모 비교 사이트인 페이스매시facemash 서비스로 시작

---

14. Phil Yoon, 〈페이스북-인스타그램 인수를 둘러싼 뒷이야기〉, *techNeedle*, 2013년 5월 7일, http://techneedle.com/archives/10077.

15. 조성문, 〈인스타그램(Instagram), 2년 만에 1조원의 회사 가치를 만들어내다〉, 조성문의 실리콘밸리 이야기, 2012년 4월 14일, http://sungmooncho.com/2012/04/ 14/instagram/.

16. 임정욱, 〈린스타트업의 에릭 리스 인터뷰 후기〉, 에스티마의 인터넷 이야기, 2013년 2월 23일, http://estima.wordpress.com/2013/02/23/ericries/.

했지만 지금은 지인들의 연락처이고, 업무 공간이고 공개된 일기장이다.[17] 자신들이 만든 서비스인데도 어떻게 진화할지 예측하지 못하는 이유는 무엇일까? 네트워크 서비스는 왜 예측하기가 어려울까?

앞서 네트워크의 개념이 의학에서 출발했다고 언급했듯이, 네트워크는 구성 요소인 노드 하나하나가 생명력을 지닌 세포, 유기체이기 때문이다. 여러 기능들의 작용으로 형태 변이를 계속하는 네트워크는 살아 있다.[18] 프랑스의 신경생물학자 장피에르 샹쥬Jean-Pierre Changeux 또한 신경세포와 조직을 텔레커뮤니케이션 네트워크에 비유하여 설명하기도 했다.[19] 유기체의 관점에서 보면 인터넷 시장에서 사용자는 세포에 비유될 수 있고, 사업자가 제공한 서비스는 세포가 움직이는 데 필요한 최소한의 규칙일 뿐이다. 세포가 모여서 서로 상호작용하고 성장하고 형태 변이하고 도태하는 일련의 과정이 곧 네트워크를 만드는 과정이다. 여러분이 만드는 콘텐츠와 댓글과 '좋아요', 친구 신청이 네트워크를 결정하는 것이다.

그렇기 때문에 사용자의 움직임은 네트워크의 진화 방향을 결정한다. 사업자에게는 사용자가 '왜' '무엇을' 위해 서비스를 사용하는지 알려주는 힌트들이다. 네트워크를 성장시키는 유일한 방법은 이 사용 동

17. 주용범, <페이스북 플랫폼 업그레이드에 따른 프로필 변경사>, KTH 개발자 블로그, 2011년 10월 19일, http://dev.kthcorp.com/2011/10/19/facebook-platform-upgrade-and-profile-change-history/.
18. Michel Feneyrol, *Les Télécommunications: réalités et virtualités. Un avenir pour le 21ème siècle*, Paris, 1996, p. 68.
19. Jean-Pierre Changeux, L'homme neuronal, Paris, 1983, cited by Pierre Musso, *Critique des réseaux*, PUF, Paris, 2003, p. 271.

Why teens are tiring of Facebook

Facebook has become a social network that's often too complicated, too risky, and, above all, too overrun by parents to give teens the type of digital freedom they crave.

by Jennifer Van Grove | March 2, 2013 4:00 AM PST

Follow

f 3.4K   3K   in 395   +1 267   More +   Comments 73

10대들이 페이스북에 점차 피로감을 느끼고 경쟁 서비스로 빠져 나가고 있음을 분석한 2013년 CNET 기사 내용.(이미지 출처: http://news.cnet.com/8301-1023_3-57572154-93/why-teens-are-tiring-of-facebook/)

기를 읽고(해석하고) 서비스를 지속적으로 개선하는 것뿐이다. 물론 대개는 사업 방향을 수정하고pivoting 충분히 개선할 만큼 시간이 주어지지도 않는다. 페이스북은 적절한 타이밍에 적절한 의사 결정을 하면서 성장을 계속해왔다. 하지만 페이스북도 세포들이 살아 있는 유기체다. 언제든 형태가 바뀔 수 있고, 늙거나 사라질지도 모르는 불완전한 개체라는 뜻도 된다.

세상의 살아 있는 모든 만물이 생성, 진화, 발전, 쇠퇴, 소멸의 라이프사이클을 지닌다. 네트워크 서비스는 이 성장 사이클을 최대한 연장해야만 비즈니스를 할 수 있는 생명체다.

네트워크 시장에서
비즈니스의 기준이 바뀐다

지금까지 네트워크의 네 가지 속성을 살펴보았다. 태생적으로 네트워크는 유기적으로 진화하는 시스템인 동시에 원거리를 '연결'하고 시공간의 개념을 확장시키는 원동력으로 성장해왔다. 우리에게 새로운 세계관과 사회적·문화적 상상을, 그리고 새로운 시장을 제안해왔고 지금은 네트워크의 본래 속성들이 그 어느 때보다 두드러지고 있다.

그렇다면 네트워크는 단순한 기술도, 사회 연결망도 아니다. 하나로 규정될 수 없는 다면성을 지닌 생명체다. 변화무쌍하고 예측이 불가능하다. 그러니 사업사 혼사서 네트워크를 만들 수도 없고, 사업자가 계획한 대로 네트워크가 성장하지도 않는다.

네트워크가 성공적으로 성장하기 위해서는 반드시 사용자의 자발

적 참여가 필요하다. 참여 과정에서 사용자들의 모든 활동은 매개자
(곧 마케터, 영업사원, 통신원, 생산자) 역할로 이어져야 한다. 사업자는 사
용자 스스로 매개자가 되는 환경을 적극적으로 제공하는 데 충실할
수밖에 없다. 결국 네트워크 사업자의 고민은 사용자에게 어떤 연결
가치를 제공할 것인가로 귀결된다고 하겠다. 이것이 네트워크를 성장
시키는 힘이지만, 인내심을 가지고 지속적이고 집요하게 실행하지 않
으면 불가능한 일이다. 네트워크의 네 가지 속성이 동시에 작용하면서
진화하기 때문이다.

05 네트워크의 이중성
Duality of Network

내가 네트워크와 씨름한 지도 20년이 다 되어간다. 네트워크를 주제로 논문도 쓰고, 사업 전략에도 적용하고, 직접 네트워크 서비스를 만들어 운영해보기도 했다. 그런데도 네트워크는 여전히 어렵고 아직도 손에 잡히지 않는다. 마치 까다로운 애인처럼. 왜 그럴까? 네트워크에는 이중적 성격(양면성)이 있다. 어느 각도, 어느 시점, 어떤 상황에서 보느냐에 따라 항상 다른 면모를 보인다. 네트워크에 대한 성급한 판단이 위험한 것도, 한편으로는 네트워크가 매력적인 것도 바로 이런 이중적 성격 때문이다.

네트워크의 이중적 성격은 역사적·기술적·철학적 관점[1]에서 매우 다양하게 논의될 수 있다.[2] 이 장에서는 인터넷 시장의 원리를 이해하고자 하는 독자, 네트워크 서비스를 만들거나 연구·이용해야 하는 독자들을 위한 시사점에 집중하고자 한다.

왜
네트워크인가?

여러분이 휴대폰으로 소식을 전파한다고 생각해보자. 휴대폰 주소록
에 100명이 있다면 소식은 최대 몇 명에게 전달될 수 있을까? 100명이
될 수도 있고 수만, 수십만 명이 될 수도 있다. 전자는 주소록을 수신
자 명단으로, 후자는 주소록의 사람들을 네트워크의 노드로 간주했
을 때의 계산이다. 내가 가진 친구는 100명이지만 친구들은 각자 자신
들의 지인 목록을 갖고 있고, 그 친구들의 지인들도 휴대폰에 주소록
이 있다. 카카오톡으로 증권가 찌라시가 수백만 명에게 확산되는 데는
채 한나절도 걸리지 않는다. 내 주소록에서는 지인의 지인들이 보이지
않지만 네트워크 관점에서 보면 수십만 명이 숨어 있을 수 있다. 너무
당연한 얘기인가? 네트워크는 '관점perspective'이라는 얘기를 하려는 것
이다.

1. 네트워크는 관점이다

모든 것은 네트워크로 볼 수 있다. 네트워크는 보이지 않는 것을 볼
수 있게끔 하는 하나의 시각이다. 무엇보다 대상을 '연결 관계'로 표현

---

1. Daniel Parrochia, *Philosophie des réseaux*, PUF, Paris, 1993.
2. Pierre Musso, *Critique des réseaux*, PUF, Paris, 2003.

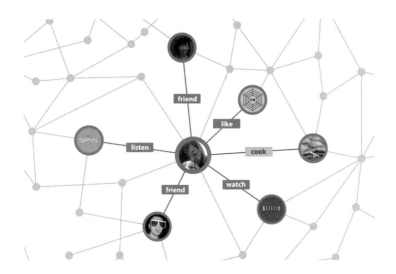

페이스북의 소셜 그래프는 사용자 활동을 중심으로 친구, 콘텐츠 등을 연결하고 네트워크로 가시화하는 도구다. (이미지 출처: http://www.businessinsider.com/explainer-what-exactly-is-the-social-graph-2012-3)

하는 역동적 방법론이다.[3] 페이스북이 네트워크 모델로 진화하는 데에는 소셜 그래프social graph(2007)[4]와 그래프 APIGraph API(2010)[5]를 공개한 전략이 결정적이었다. 페이스북의 소셜 그래프 공개는 하나의 관점으로서의 네트워크를 보여주는 대표적 사례다. 위의 이미지에서처럼 페이스북은 사회관계뿐 아니라 사용자 활동action을 중심으로 연결된

3. 상동, p.322
4. Margaret Rouse, "social graph," *TechTarget*, Sep, 2010, http://whatis.techtarget.com/definition/social-graph.
5. 김태현, 〈'소셜(Social)' 앞세워 웹 천하통일 나선 페이스북〉, 버섯돌이의 소셜웹인사이트, 2010년 4월 25일, http://mushman.co.kr/2691349.

정보(사람, 장소, 음악, 물건 등)까지 노드로 포함하며 하이브리드 네트워크를 구성하고 있다. 그리고 외부 인터넷의 모든 영역까지 네트워크를 확장해나가고 있다.

반면 전통적인 메신저 서비스들은 네트워크 관점과 상반되는 전략을 취해왔다. 모두 휴대폰의 주소록이 그러했듯이 지인 '리스트'를 기반으로 했다. 네트워크 관점보다는 전화번호부 등 기존 미디어의 인터페이스를 차용한 것이다. 사용자가 쉽고 저렴하게 소통하도록 도와주는 것이 메신저의 역할이라고 볼 경우에는 네트워크 관점이 당연히 배제될 수밖에 없다. 네이트온은 2000년대 중후반까지 2000만 명이 이용하던 국민 메신저 서비스였다. 그러나 전통적 관점에서 벗어나지 못했고, 결국 페이스북과 카카오톡 등의 네트워크 기반 서비스에 자리를 내주게 되었다.[6] 당시 메신저 시장 1등이었던 네이트온은 2등인 MSN과 격차를 벌이는 데 주력했고, MSN은 1등을 따라잡기 위해 노력했다. 결국 메신저 시장은 네트워크 서비스에 흡수되었고 1등과 2등은 같이 죽는 결과를 초래했다. 오가닉 미디어 시장에서는 진화하지 않으면 사라질 수밖에 없는 것이 서비스의 운명이며, 네트워크 관점은 그 진화의 시작이다.

2. 네트워크는 투시도다

전통적인 관점에서는 미디어를 네트워크로 보지 않았다. 송신자와 수

---

6. 정보라, 〈'네이트온5.0', 늦었지만 모바일 메신저처럼〉, 블로터닷넷, 2013년 8월 30일, http://www.bloter.net/archives/162776.

신자가 정해져 있었고, 메시지 도달률(열독률, 시청률)로 미디어를 측정했다. 인터넷도 오랫동안 이 법칙에 따라 회원 수와 페이지뷰PV, Page View 등을 지표로 사용했다. 그런데 오가닉 미디어의 출현으로 변수가 많아지고 시장은 훨씬 복잡해졌다. 사용자가 자기들 마음대로 개인적인 네트워크를 통해 메시지를 전파하고 이야기를 나누고 산만하게 움직이기 시작한 것이다. 사업자가 통제할 수 없는 각자의 방에서, 각자의 스마트폰에서, 각자의 담벼락에서 말이다. 누구를 통해 어떤 경로로 어떤 규모의 어떤 메시지가 확산되는지 궁금해지는 것은 당연하다. 네트워크는 눈에 보이지 않는 관계를 보여주고, 보이지 않는 리스크를 예측하게 하고, 보이지 않는 시장의 변화를 보여주고, 보이지 않는 사회관계를 보여주는 투시도로 작동하기 시작했다.

네트워크의 이중성

문제는 이 틀 자체가 참으로 복잡 미묘하다는 것이다. 예전 도구들은 문제를 넣으면 답을 보여주었다. 그런데 네트워크는 다르다. '네트워크의 4가지 속성'에서 살펴본 것처럼 네트워크는 연결로 이루어져 있고, 열려 있고, 사회적이고, 유기적이다. 모든 것이 연결되었으니 어디에서부터 어디까지 어떤 연결 관계를 봐야 할지도 쉽지 않다. 또 그 관계가 단순히 시스템이 아니라 사회관계를 포함하니 기계적인 잣대를 섣불리 들이대기도 어렵다. 심지어 분석 대상을 살아 있는 생명체로 보는 틀이라면 말 다했다.

네트워크는 서로 다른 속성들이 동시에 작용하면서 네트워크의 다면성을 만든다. 천의 얼굴이고 해석이다. 여기서는 다면성을 크게 세 쌍으로 묶었다. 서로 대립되는 양면성을 지닌 세 쌍을 통해 네트워크의 이중성이 무엇인지 정리한다.

1. 규칙과 문화: 네트워크는 경직된 듯 자유롭다

우선 네트워크는 작동하기 위해 일정한 규칙에 따른다. 텔레커뮤니케이션 네트워크는 전화번호가 규칙이다. 각자가 부여받은 010−××××−××××라는 고유 번호를 통해 서로를 호출하고 대화한다. 이메일 네트워크는 @을 기반으로 주소 체계를 만들고 편지를 보내고 받고 참조하는 규칙에 따른다. 어떤 소셜 네트워크도 규칙이 있어야 지속될 수 있다. 교회에는 목사와 집사, 신도들의 역할이 정해져 있고 주기적으로 예배를 보는 규칙이 있다. 학교라는 소셜 네트워크에서도 수업과 시험, 선생님과 학생의 상호작용 규칙이 존재한다. 즉 규칙이 없으면 네트워크는 작동할 수 없다.

그러나 앞서 정의한 것처럼 네트워크에는 유기적 속성이 있다. 노드들에게 생명력이 있다는 것이다. 이 때문에 네트워크는 일정한 시스템과 규칙을 기반으로 하면서도 규칙의 무게에 눌리지 않고 자율적인 역동성을 지닌다.[7] 19세기에는 텔레커뮤니케이션과 신경조직이 동일시되면서 스스로 변화하는 커뮤니케이션 네트워크의 특성이 거론된 바

---

7. Pierre Musso, *Critique des réseaux*, PUF, Paris, 2003, p. 321.

있다. 특히 프랑스의 사회학자 르네 보름스René Worms는 도로와 철도는 혈관이고, 전보 네트워크는 신경조직이고, 기계는 근육이라고 표현하기도 했다.[8] 네트워크는 환경과 변화에 적응하기도 하고 때로는 외부 환경에 변형되지 않도록 견디는 에너지를 지니고 있다. 성숙한 SNS에서 사용자에 의한 자정작용이 일어날 수 있는 것도 같은 맥락이라고 하겠다.

우리가 이용하는 인터넷 서비스들도 당연히 규칙에서 출발한다. 서비스가 처음 출시될 때는 핵심 기능과 사용자 인터페이스(기능을 사용하는 방법)가 전부다. 비어 있다. 우선 사용자는 서비스의 규칙에 익숙해지는 과정을 거친다. 서비스가 직관적이고 쉽다면 이 기간은 훨씬 짧아질 것이다. 반면 규칙이 어려워서 초반에 이용을 포기하는 경우도 빈번하게 발생한다.(나 역시 지식 공유 서비스로 만든 SNS를 운영하면서 서비스가 쉬워야 한다는 얘기를 숱하게 들었지만 쉽게 고치지 못했다. 사용자의 목소리를 따라간다고 생각했지만 실제로는 내 직관을 따라간 시행착오다).

사용자 간의 자율적인 관습과 문화는 일단 규칙에 익숙해진 다음에 생겨나는 현상이다. 사용자들이 늘어나고 규칙에 익숙해지면서 비로소 네트워크가 유기적으로 성장하기 시작하는데, 이는 저절로 이루어지는 것이 아니라 사용자의 활동에 의해 진화하는 것이다. 서비스가 경직되지 않고 자유로운 역동성을 지녀야만 가능하다. 페이스북의 '좋아요' 문화, 트위터의 리트윗, 미니홈피의 파도타기 등은 사용자

---

8. René Worms, *Organisme et société*, Paris, 1896, cited by Pierre Musso, op. cit. p. 252.

들이 규칙을 기반으로 만든 문화이고 관습이다.[9] 이를 위해서는 구성원이 자율적으로 상호작용의 약속을 더하고 관습과 문화를 만들어갈 수 있는 여백이 필요하다. 서비스의 경직된 규칙을 넘어서는 자율적인 문화는 네트워크의 성숙 정도를 나타내는 척도이기도 하다. 네트워크에서는 규칙이 성장을 저해하기도 하고 진화를 이끌어내기도 한다.

2. 신의 관점과 나의 관점: 네트워크는 응집된 듯 흩어져 있다

네트워크는 누가 어느 각도에서 보느냐에 따라 달라지는 천의 얼굴을 지녔다. 사업자는 네트워크를 마치 공간처럼 판독한다. 내 네트워크가 얼마나 크고 거주하는 회원이 몇 명인지가 먼저 보인다. 얼마나 많은 노드가 얼마나 많이 연결되어 있는지, 즉 밀집도를 보는 것이 독해 방법이다.

그러나 사용자 관점에서 보면 자신의 홈페이지가 중심이고, 이웃이 있을 뿐이다. 트위터의 구독 네트워크는 사용자 모두가 한 명씩 팔로우한 노동이 모여서 만들어진 결과다. 노드 관점에서 보면 모두가 흩어져 있는 개체일 뿐이다. 응집된 것처럼 보이지만 실제로 흩어져 있는 것이 네트워크다.

거꾸로 읽어도 마찬가지다. 흩어진 듯하지만 쉽게 응집되는 것이 또한 네트워크다. 이슈가 터지면 어디서 나타났는지 모두 한목소리를 내며 메시지를 공유하고 리트윗하고 소문을 내면서 일사불란하게 움직

9. Farshad Kooti et al., "The Emergence of Conventions in Online Social Networks," *ICWSM*, 2012, http://www.mpi-sws.org/~farshad/Emergence_of_Conventions.pdf.

인다. 이 네트워크의 노드들은 네트워크 전체를 볼 필요도 없고 알지도 못하며, 하나의 통제된 목소리를 따르지도 않는다. 한 명의 대장이나 리더가 영향을 주는 것이 아니라 내 옆 사람, 내 친구, 내 가족이 영향을 준다. 소수의 지인이 알려주는 내용에 반응하고 자신의 지인들에게 공유해주는 것이 가장 과격하고 적극적인 활동이다. 이는 흩어진 개인들의 활동이다. 그런데 그 효과는 마치 응집된 대규모 집회와도 같다. 대기업의 비리를 폭로하고 단번에 몰아세우기도 하고, 정치적 사건이 사용자들의 SNS를 통해 대한민국 전역에 실시간으로 생중계되기도 한다.

이것은 현대판, 아니 네트워크판 '군중'의 모습이다. 군중이란 각자 흩어져 있을 때는 서로 다르게 생각하고 행동하고 느끼는 개인이다. 그러나 이슈가 있을 때 집단적으로 특정 수가 모여 하나의 목소리를 내고 하나의 영혼으로 융해되고 집단적 행동을 하는 그룹이 바로 군중이다.[10] 과거의 군중은 하나의 공간에 모여서 활동했다. 군중의 개념에서 중요한 것이 집단을 형성하는 숫자다. 군중심리라고 하지 않던가. 혼자서 소리치기는 어렵지만 특정한 수가 모이면 축제가 되고 권력이 된다.

네트워크에서 노드는 실제로 흩어져 있는 개인이지만, 컨텍스트에 따라 군중은 각자의 방, 사무실, 버스 정류장에서도 응집될 수 있다. 과거의 군중이 개인과 구분되는 것이었다면, 지금의 군중은 양면성을

---

10. Gustabe Le Bon, La psychologie des foules, Paris, 1895, cited by André Akoun, *Sociologie des communication de masse*, Hachette supérieur, Paris, 1997, p. 83.

띤다. 응집된 듯 흩어져 있고 흩어진 듯 응집되어 있다. 이러한 현대판 군중을 품은 것이 바로 네트워크다.

그래서 사업자에게 고객은 모을 수도 없고 통제할 수도 없는 대상이다. 네트워크에서 '모은다'는 전략은 위험하다. 네트워크 전체로 보면 모여 있는 것 같지만 실제로는 흩어져 있고, 이슈에 따라 동시다발적으로 움직이면서 동시에 응집된 것 같은 효과를 낸다. 사업자에게 네트워크는 착시 현상을 일으키는 틀이고 양날의 칼이다.

3. 상태와 과정: 네트워크는 고정된 듯 유연하다

마지막으로, 네트워크는 시간의 흐름을 포함한다. 네트워크의 착시 현상을 가장 크게 일으키는 요소가 바로 이것이다. 우선 네트워크는 특정 시점의 연결 상태를 가시적으로 나타낸다. 데이터 모델링 같은 설계 단계의 네트워크든 지하철처럼 물리적인 건설을 기반으로 하는 네트워크든 마찬가지다. 네트워크는 노드들이 연결된 결과를 지도처럼 보여준다. 페이스북에는 10억 명의 노드가 연결되어 있고, 아마존의 매개 네트워크에는 2억 명의 사용자 노드와 수천만 개의 제품 노드가 연결되어 있다. 구글의 페이지랭크 네트워크에는 30조 개의 문서가 연결되어 있다. 사용자들이 서로 빈번하게 대화하고 상호작용을 할수록, 그리고 구매자를 매개로 제품 간의 링크 관계가 더욱 선명해질수록 네트워크는 형태가 가시화되고 영향력도, 역할도 규정될 것이다.

그런데 네트워크가 결과라고 보여주는 것은 하나의 상태일 뿐이다. 노드들의 움직임에 따라 네트워크의 형태는 지속적으로 변한다. 그래서 네트워크는 개념적으로 '~사이에inter'의 의미를 항상 내포해왔다.[11]

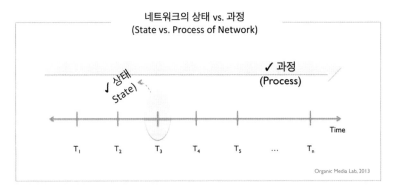

네트워크의 상태 vs. 과정
(State vs. Process of Network)

✓ 과정
(Process)

✓ 상태
State)

Time

T₁   T₂   T₃   T₄   T₅   ...   Tₙ

Organic Media Lab, 2013

우리가 일반적으로 생각하는 네트워크는 어떤 고정된 '상태'를 의미하지만 사실 네트워크는 '과정'을 포괄하는 개념이다.

'둘(양쪽의) 사이에'에 있다는 뜻으로 상호 연결interconnection, 상호 관계 interrelation, 상호작용interaction, 중간intermediary 등의 의미를 모두 내포한 다. 이는 항상 중간자적인 상태에 놓여 있음을 말한다. 네트워크가 역 동적이라는 것도 항상 과도기적이고 진행 중인 상태를 의미하기 때문 이다.[12]

위의 이미지는 네트워크를 상태로 보는 것과 과정을 포괄하는 것 사이에 어떤 시각 차이가 나타나는지를 도식화한 것이다. 네트워크는 노드의 연결 상태이기도 하고 관계이기도 하다.

그래서 네트워크는 우리 눈에 보이지 않는 것을 보여주기도 하지만,

11. Pierre Musso, *Critique des réseaux*, PUF, Paris, 2003.
12. Yves Barel and Anne Cauquelin, "Concepts transversaux," in Dictionnaire *critique de la communication*, Paris, 1993, p. 273-276.

실제로는 항상 진행 중에 있는 관계의 한 상태를 보여주는 것이기 때문에 언제나 불완전한 해석을 할 수 있는 함정을 안고 있다. 예를 들면 지금까지 소셜 네트워크 연구는 접점을 많이 가진 허브를 네트워크의 영향력자로 전제하고 이를 중점적으로 파헤치는 데 집중해왔다. 네트워크에서 가시화된 모습을 보면 당연히 이러한 해석이 가능하다. 그런데 소수 유력자의 영향력도 중요하지만 네트워크는 그보다 많은 것을 숨기고 있다.

요한 우간더Johan Ugander는 2012년 연구 논문에서 사용자의 참여를 이끌어내는 데 연결connections을 많이 갖고 있는 허브의 역할보다 '얼마나 다양한 소셜 그룹connected components'에 연결되어 있는지가 더 중요한 요인임을 밝혀냈다.[13] 네트워크가 가시적으로 보여주는 '상태'보다 네트워킹 '프로세스'에 중점을 두었기 때문에 얻을 수 있었던 연구 결과다. 2010년 페이스북에 가입한 사용자 중 1000만 명을 선별하여 조사한 결과, 얼마나 다양한 소셜 그룹을 갖고 있느냐가 페이스북에서 가입 후 왕성한 참여 활동을 하는 데 결정적 영향을 미치는 것으로 나타났다. 예를 들어 여러분의 지인들이 서로 모두 알고 있는 경우보다 서로 모르는 여러 그룹으로 구성된 경우 페이스북에서 열심히 활동할 가능성이 더 높다는 것이다.

네트워크로 가시화된 결과는 화려해 보인다. 그러나 네트워크가 시간의 흐름 즉 진화 과정을 포함한다는 사실을 감안하면, 무엇을 볼 것

13. Johan Ugander et al., "Structural Diversity in Social Contagion," *Proc. of the National Academy of Sciences*, 109(16), Apr 17, 2012, pp. 5962-5966.

이냐는 문제는 그리 간단하지 않다. 현상을 분석하는 도구가 좋아지고 100명에게 물어보던 것을 수천만, 수억 명에게 물어볼 수 있는 기회를 얻었지만, 이 도구(네트워크)에 대한 이해는 여전히 부족하다.

지금까지 네트워크의 이중성에 대해 알아보았다. 네트워크를 분석 도구, 마케팅 도구, 서비스 도구로 활용하는 과정에서 이중적 성격을 지속적으로 만나게 될 것이다. 반면 이중성을 동시에 고려하려고 들면 어떤 것도 실행하기 어렵다. 잦은 실행을 통해 경험하고 영감을 얻는 선순환밖에는 방법이 없을 것이다. 한쪽을 선택한다면 다른 한쪽에 대비하는 습관이 필요할 것이다. 네트워크를 연구하고 이용하고 만들어야 하는 독자들을 위해 다음과 같이 요점을 정리하면서 글을 마무리한다.

◆쉽고 간단한 규칙이 필요하다. 대신 그 규칙이 결국은 사람들에게 놀이가 되도록 여백을 두어야 한다.

◆사업자는 신이 아니다. 전체를 통제할 수 있다는 환상을 버려야 한다. 응집된 듯 흩어진 네트워크의 이중성은 결국 사용자의 이중성이다.

◆많은 시행착오 끝에 체득할 수밖에 없는 것이 네트워크다. 네트워크가 보여주는 결과보다 보이지 않는 과정을 찾는 것이 숙제다. 네트워크에서는 답을 찾는 것보다 문제를 올바르게 정의하는 것이 훨씬 더 중요하다.

안과 밖의
경계가
없어진다

01. 시간과 공간의 관점에서 본 미디어의 역사
02. 네트워크가 공간이다
03. 컨텍스트가 공간을 만든다
04. 안과 밖의 경계가 없는 시장에서 사업자는 누구인가?

THE MAN FOR THE POST.

. Mr. Fawcett, the very popular and successful Postmaster-General, had explained in the House of Commons the details of the new Parcels Post arrangements, which were to convey and deliver packages up to a certain limit of weight, at a fixed charge irrespective of distance.—*April, 1882.*

제3부에서는 네트워크로서의 미디어가 어떻게 '공간'의 개념을 해체하는지 파헤친다. 우선 미디어의 발전이 어떻게 시공간의 개념을 바꾸어 왔는지, 또한 네트워크가 물리적 공간 개념을 어떻게 대체하고 있는지 알아본다. 물리적 공간 개념이 네트워크로 대체됨에 따라 왜 관계적 요소, 그리고 이를 만드는 컨텍스트가 핵심이 될 수밖에 없는지 짚어본다. 마지막 장에서는 물리적 공간 개념의 해체가 어떻게 안과 밖을 구분할 수 없는 비즈니스 환경을 만드는지, 이러한 환경에서 사업자의 역할이 무엇인지 재정의한다.

01 시공간의 관점에서
본 미디어의 역사
Time and Space in History of Media

20년 전 인터넷이라는 새로운 커뮤니케이션 방식을 처음 접했을 때는 실망스러웠다. 전 세계가 정보로 다 연결된다더니 차라리 동네 서점이 나았다. 그러나 폭풍 전야가 1, 2년 흘렀을까, 새로운 세상은 갑자기 왔다. 지금까지 배웠던 틀로는 설명되지 않는 새로운 현상과 사회관계들. 어디서 시작해야 할지 몰라 허둥대던 시간이었다. 현업에 들어와서는 2G폰으로 모바일 시대를 상상하며 통신사들과 미래를 더듬더듬 준비하기도 했고, 세상을 뒤덮는 소셜 네트워크 바람에 몸을 던지기도 했다(그렇게 벤처를 창업했다). 그리고 스마트폰이 (매클루언의 40년 전 예언처럼) 내 몸과 뇌의 일부가 되는 시대를 지금 경험하고 있다.

우리는 세상의 모든 질서가 재편되는 역사적 순간에 놓여 있다. 100년쯤, 500년쯤 지나면 우리가 산업혁명을 읽었던 것처럼 지금 이 순간은 역사의 전환점으로 기록되고 연구될 것이다.

 이번 단락에서는 시공간과 미디어의 관계를 중심으로 미디어의 역사를 정리하는 시도를 하고자 한다. 인류는 주어진 환경의 제약에서 벗어나기 위해 노력해왔다. 시간을 앞당기고 공간을 뛰어넘으려는 노력이 인류의 진화를 이끌었고, 미디어는 항상 그 중심에 있었다.[1] 우리 눈앞에 펼쳐진 미디어 현상을 어떻게 볼 것인가? 역사적 흐름을 짚어봄으로써 오가닉 미디어 현상을 거시적으로 이해하기 위한 시야를 확보하고 객관화할 수 있는 기회가 되기를 바란다.

시간과 공간을 횡단하는 미디어의 출현

미디어는 커뮤니케이션 도구이자 환경이다. 기술의 발명이 커뮤니케이션에 대한 인간의 욕구를 만든 것이 아닌 것처럼, 미디어는 인류의 역사만큼 나이를 먹었다. 몸짓과 언어, 이미지, 문자, 사진, 영화, 방송, SNS 등 미디어를 열거하자면 끝이 없을 것이다. 현존하는 가장 오래된 기록 미디어는 돌 위의 그림이다. 예컨대 벽화는 석기시대의 사람들이 어떻게 살았고 사회관계는 어떠했는지를 보여주는 미디어다. 당시 사람들의 커뮤니케이션 수단이기도 하거니와 동시에 지금 이 시대를 석기시대와 연결시켜 주는 수단이기도 하다.

---

1. Armand Mattelart, *L'invention de la communication*, Éditions La Découverte, Paris, 1994.

석기시대의 인도 벽화. (이미지 출처: http://en.wikipedia.org/wiki/Stone_Age)

1. 휴대 미디어의 시작

돌 위의 그림은 오랜 시간 보존할 수 있는 반면, 물리적으로 떨어진 지역과의 의사소통은 어렵다는 한계를 갖고 있었을 것이다.[2] 이에 비하면 양피지에 글씨를 쓰고 두루마리로 말아서 운반한 것은 일종의 혁명이었다. 최초의 원거리 커뮤니케이션 수단의 출현이며, 공간을 이동할 수 있는 미디어의 시작이었다.

특히 파피루스[3]를 기점으로 종이 형태가 도입되면서 기존의 기록

2. Harold A. Innis, *Empire and Communications*, Clarendon Press, Oxford, 1950.
3. 하늬바람, 〈세계 최초의 종이, 파피루스를 만드는 법을 배우다〉, Tour of Wind, 2011년 3월 19일, http://blog.daum.net/sunny38/11775411.

중심 미디어에 날개가 달리기 시작했다. 메시지의 휴대가 더욱 간편해졌기 때문이다. 종이 형태는 먼 거리까지 운반하기에 적당했고, 생산하기도 수월했다. 해럴드 이니스Harold A. Innis와 앤서니 기든스Anthony Giddens 등 많은 학자들은 당시 로마제국이 절대적 권력을 행사할 수 있었던 원인으로 파피루스의 도입을 꼽는다.[4] 메시지를 기록하고 전송할 수단을 확보하여 먼 지역까지 통제하는 것이 가능해졌기 때문인데, 이때부터 공간을 통제하는 수단으로서 미디어가 시작되었다고 볼 수 있다.

2. 우편, 메시지의 공간적 확산

15세기 말에는 스페인과 프랑스에서 '배달'을 이용한 최초의 우편 시스템이 시작되었다.[5] 그리고 18세기에는 최초로 구조화된 커뮤니케이션 네트워크로서 우체국이 등장했다. 우편은 초기에 귀족들에게만 국한된 미디어였지만 상징적 의미가 많았다. 매개자, 통신원 등의 역할이 생겨나게 되었고, 공간을 횡단하며 소식을 전파하는 시스템이 본격적으로 생겨난 시점이라고 하겠다.

특히 근대에 들어 경제가 발달하고 국제무역 교류가 활발해지면서 우편은 멀리 떨어진 지역 간의 정보 연결에 결정적인 역할을 했다. 상인들은 유럽 전역의 시장가격을 조사해야 했는데, 16세기에 상인들과

---

4. Harold A. Innis, *Empire and Communications*, Clarendon Press, Oxford, 1950; Anthony Giddens, *Sociology*, Polity Press, 1989.
5. 엘리엇 킹, 《무료 뉴스》, 김대경 옮김, 커뮤니케이션북스, 2012년 8월(원서 출판 2010년), p.12.

소포 배달원의 모습을 그린 1882년의 영국 신문 삽화. (이미지 출처: http://postalheritage.wordpress.com/2013/08/01/130-years-of-the-parcel-post/)

정치인들은 통신원으로부터 각지의 소식을 주간 동향으로 받아 보았다. 우편을 통해 메시지가 유럽 전역으로 확산되는 메커니즘은 당시 확장된 도로, 교통 체계의 발달과 함께 작동한 것으로 보인다.[6]

인쇄 미디어,
시공간을 조율하기 시작하다

필사본 매체와 인쇄 미디어는 한동안 공존했다. 유럽에서 인쇄

---

6. 상동, p. 12-13.

된 형태의 첫 정기간행물, 《메르쿠리우스 갈로벨지쿠스The Mercurius Gallobelgicus》가 발행된 것은 1594년이다.[7] 인쇄 미디어가 대중적으로 보급됨에 따라 시공간 개념은 더욱 적극적으로 미디어 진화에 개입하기 시작했다.

1. 출판, 지식과 정보의 소유

우편과 인쇄술의 결합은 매스미디어의 시작을 예고했다. 특히 인쇄술의 발명은 한번 작성한 메시지를 동시에 다수의 사람들에게 배포할 수 있다는 것, 모두가 같은 정보를 수용하고 소유할 수 있게 되었다는 것을 의미했다. 교회에 가야만 예수님 말씀을 들을 수 있던 사람들 손에 성경책이 쥐어진 것은 놀라운 사건이었다. 사제를 통해서만 접할 수 있었던 성경 말씀을 일반 가정의 서재에 꽂고 소유할 수 있게 되었기 때문이다. 이때부터 서재가 교회의 권위를 무력화하고, 인간은 스스로 주인이 되기 시작했다.

빅토르 위고는 1832년 《파리의 노트르담Notre-Dame de Paris》에서 "이것이 저것을 죽일 것이다Ceci tuera celà", 즉 성서(책)가 재단을 죽일 것이라는 말을 남겼다.[8] 성경책은 상징적인 예시다. 인쇄된 책이 보급되고 집에 서재가 생기는 풍경은 정보를 '소유'함으로써 공간의 '이동'을 대체하고 권력의 분산을 가져왔음을 의미한다.

---

7. 상동, p. 13-19.
8 김인경, 〈글쓰기와 글쓰기 공간의 문화적 탐험〉, 《일상문화읽기》, 일상문화연구회, 나남출판, 2004, p.207-208.

2. 신문, 단절된 지역의 연결과 여론의 시작

1631년에 창간된 《가제트La Gazette》를 저널리즘의 시초로 보는 견해도 있다. 매주 8쪽 분량을 1200부씩 발행했고, 물가와 시세를 비롯한 다양한 정보를 실었다. 하지만 《가제트》는 루이 13세의 왕권에 귀속된 신문으로 보는 것이 맞을 것이다.[9] 그 후 왕권과 관계없는 신문들이 공중에게 보급되기 시작되면서 본격적인 저널리즘이 예고되었다.

역사적으로 신문은 단절되고 분리되었던 마을과 도시를 정보로 연결하고 여론을 형성하였으며, 이른바 '국가' 단위를 형성하는 근간이 되었다.[10] 특히 우편 시스템의 개혁(1840년 우표의 출현 등) 이후 신문의 영향권은 급격히 확산되었다. 예를 들어 프랑스 파리에서 발행된 일간지의 부수는 1803년 3만 6000부였던 것이 1870년에는 100만 부로 늘었다.[11]

그런데 인쇄술과 우편의 결합이 공간을 연결하고 새로운 관계를 형성하는 역할을 하긴 했지만, 기술적 한계는 여전히 존재했다. 배달하는 사람이 실제로 공간을 이동하여 메시지를 전달하는 미디어였기 때문이다. 메시지가 공간을 이동할 수 있는 시스템은 갖춰졌지만 우편을 보내고 답을 받기 위해 엄청난 시간을 기다려야 했고, 메시지가 안전

---

9. André Akoun, *Sociologie des communications de masse*, Hachette supérieur, Paris, 1997, p. 23.
10. Gabriel Tarde, *L'opinion de la foule*, Les Presses universitaires de France, Paris, 1989(Originally published in 1901), cited by André Akoun, S*ociologie des communications de masse*, Hachette supérieur, Paris, 1997, p. 24.
11. Akoun, *Sociologie des communications de masse*, Hachette supérieur, Paris, p. 24.

1897년 당시 어느 자선 바자의 화재 사고를 생생한 이미지로 표현한 프랑스 신문《르 쁘띠 주르날(Le Petit Journal)》의 삽화. (이미지 출처: fr.wikipedia.org/wiki/Bazar_de_la_Charité)

하게 전달되었는지 확인할 방법도 없었다. 인쇄 미디어만으로 시공간의 제약을 완전히 넘어설 수는 없었다.

실시간 미디어,
시공간과의 전쟁이 시작되다

미디어에 '실시간'이라는 개념이 부여되기 시작한 것은 시각전신optical telegraph 기술이 발명된 1793년이었다고 볼 수 있다. 클로드 샤프Claude Chappe가 발명한 시각전신을 이용해 거의 실시간으로 신호를 원거리로 전송할 수 있게 되었다. 이때부터 물리적 거리를 뛰어넘는 것이 가능해졌고, 이른바 텔레커뮤니케이션의 역사가 시작되었다. 이것은 커뮤니케이션 기술과 시공간의 본격적인 전쟁이 시작되었음을 의미하기도 했다.

1. 텔레커뮤니케이션의 시작

특히 1837년 전기전신electrical telegraph 실험에 성공하면서 국가의 경계까지 넘어 메시지를 교환할 수 있는 '상호 연결된 커뮤니케이션 네트워크'가 마련되었다. 영국의 윌리엄 쿡William Cooke과 찰스 휘트스톤Charles Wheatston, 그리고 미국의 새뮤얼 모스Samuell Morse가 전기전신을 이용해 국제적인 네트워킹에 성공함으로써 텔레커뮤니케이션은 새로운 단계로 진입하게 되었다.

첫째, 장소에 관계없이 어디서든 메시지를 전송하고 수신할 수 있게 되었고, 둘째, 최초로 국가 간 표준과 규약 등이 필요해졌으며 기술적·행정적 업무를 전담하는 최초의 기구가 설립되었다. 1865년 파리에 설립된 '국제전신연합'은 지금의 '국제전기통신연합'의 전신이다.[12]

2. 전화, 사회적 공간의 출현

전기전신 서비스는 미디어에서 역사적 사건이었지만, 곧바로 일반인의 커뮤니케이션 관계까지 바꾸지는 못했다. 공공 기관이 공적인 메시지를 교환하는 용도에 제한했기 때문이다. 개인들이 실시간으로 메시지를 주고받은 첫 번째 미디어는 전화다. 진정한 의미의 사적 미디어는

---

12. Pierre Albert &Christine Leteinturier, *Les médias dans le monde*, Ellipses, Paris, 1999, p.19-20.

1892년 알렉산더 그레이엄 벨이 뉴욕-시카고 간 원거리 텔레커뮤니케이션을 시도하고 있다. (이미지 출처: http://en.wikipedia.org/wiki/ Alexander_Graham_Bell)

교환원 없이 개인들이 직접 전화 연결을 할 수 있게 된 1870년대에 시작되었다고 볼 수 있다.[13]

개인 간 원거리 커뮤니케이션이 가능해지면서 새로운 유형의 사회관계가 출현하게 된다. 물리적인 공간에 함께 있지 않으면서도 개개인의 사적인 공간에서 친근한 관계를 형성하고 서로 '사회적 공간'을 공유하게 된 것이다. 사회적 공간이란 화자가 멀리 떨어져 있어도 커뮤니케이션 과정에서 서로 함께 있는 것처럼 느끼게 해주는 상징적 공간을 말한다. 지금 SNS가 마치 새롭게 사회적 공간을 형성하는 미디어로 인식되고 있지만, 돌이켜보면 이미 전화라는 사적인 커뮤니케이션

---

13. Patrice Flichy, *Une histoire de la communication moderne*, La Découverte, Paris, 1997, p. 82.

수단이 형성되면서부터 지속적으로 진화해온 일이다.

시청각 미디어, 시공간을
뛰어넘고 통제하다

전화가 개인 간 상호작용 미디어였다면 전화 이후에 등장한 전파 기술 electromagnetic wave은 시청각 미디어 시대를 열었다. 전파를 이용한 메시지 전송 기술은 본래 전화를 발전시키고 보완하기 위해 생겨났지만, 실제로는 '방송'의 수단으로 활용되었다. 점 대 점 네트워크 기반의 전화와 완전히 다른 시스템을 형성하기 시작한 방송 네트워크는 시공간을 뛰어넘었을 뿐 아니라 기술적·사회적으로 시공간을 통제하고 재배열하는 수단으로 발전했다.

1. 공간을 통제하고 이동시키는 힘

시청각 미디어를 통해 공간에 대한 즉각적 통제가 가능해졌다. 흩어진 사람들을 같은 시간에 한자리에 불러 모으게 된 첫 번째 미디어이기 때문이다.

라디오는 문화와 오락을 즐기는 미디어로 시작했지만 제2차 세계대전까지 정치적 선동을 위한 도구로 사용되었다. 독일의 사회학자 차코틴은 히틀러가 나치즘을 전파할 수 있었던 결정적 요인으로 라디오를 지목한 바 있다.[14] 국민들은 각자의 거실에 있었지만 라디오에서 히틀러의 메시지를 듣는 순간에는 수백, 수천만이 모두 한자리에 모인 것과도 같았다.

20~30년이 지나자 거실 공간은 텔레비전의 차지가 되었다. 시청각이라는 화려한 콘텐츠는 온 가족이 모여 앉는 거실을 순식간에 사교장으로도, 전쟁터로도 만들 수 있었다. 지구 전역 어디로든 이동할 수 있었다. 1960년대 후반 미국의 CBS 저녁 뉴스는 베트남 전쟁을 보도하기도 했다. 1960년대 후반부터 70년대 초반까지 전쟁에 반대하는 여론을 형성하는 데는 텔레비전이 결정적인 역할을 했다.[15]

2. 유비쿼터스 공간의 출현

움베르토 에코Umberto Eco는 텔레비전의 시대를 두 단계로 나누어 제시한 바 있다.[16] 팔레오 텔레비전Paléo-TV과 네오 텔레비전Néo-TV이다. 전반부는 텔레비전의 공적인 기능, 즉 교육하고 정보를 전달하고 즐길 수 있는 내용을 공중에게 전달하는 것이었다. 그러나 채널이 점차 늘어나고 광고에 의존하는 시대가 되면서 형태가 달라진다. 이때부터는 시청률이 텔레비전을 지배한다. 공중을 화려하게 유혹하고, 내가 텔레비전 속에 있는지 밖에 있는지, 스토리가 허구인지 진실인지 구별하지 못하는 지점, 바로 그 지점에서 공간은 새롭게 탄생했다.[17]

방송 프로그램은 24시간, 일주일 등 시간 단위를 기준으로 편성된

14. Serge Tchakhotine, *Le viol des foules par la propagande politique*, Gallimard, 1939.

15. 엘리엇 킹, 《무료 뉴스》, 김대경 옮김, 커뮤니케이션북스, 2012년 8월(원서 출판 2010년), p. 39.

16. Umberto Eco, "TV: la transparence perdue," *La Guerre du Faux*, Grassel, Paris, 1985(Original work published in 1983), cited by André Akoun, *Sociologie des communications de masse*, Hachette supérieur, Paris, 1997, p. 59.

17. André Akoun, *Sociologie des communications de masse*, Hachette supérieur, Paris, 1997, p. 59-60.

짐 케리가 주연한 영화 〈트루먼쇼(The Truman Show)〉의 포스터. 주인공의 실제 삶은 24시간 생방송되는 TV 스튜디오의 삶이기도 하다. 허구와 진실, 실제와 가상의 공간 사이에서 '그는 어디에 있는가?'라는 질문을 던진다. (이미지 출처: http://www.dbcovers.com/image-of-el-show-de-truman-1998-el_show_de_truman_1998_5)

다. 9시 뉴스에서 다뤄지는 현실과 곧바로 이어지는 드라마 사이에는 시간의 간극이 없다. 현실과 허구가 다양한 스토리텔링 방식으로 모자이크처럼 연결될 때 시청자들은 새롭게 구성된 시간과 공간 앞에 놓인다. 프랑스의 사회학자 장 카즈뇌브는 이미 1970년대에 《유비쿼터스 사회》에서 텔레비전 앞에 앉아 있는 우리에게 '나는 지금 어디에 있는가?'라는 질문을 던졌다.[18] 방 안에 있으면서도 화면 속의 이야기 주인공이 되고 발리의 섬도 여행할 수 있는 나, 공간으로부터 자유로운 나는 여기에 있지만 동시에 도처에 존재한다.

18. Jean Cazeneuve, *La Société de l'uniquité*, Denoël/Gonthier, Paris, 1972.

3. 우리에게 부여된 새로운 이름, 대중

공간의 통제는 그 공간에 속한 사람들에게 필연적으로 새로운 정체성을 부여하게 된다. 라디오와 텔레비전을 각자가 방에서 소비하든 가족 단위로 거실과 안방에서 소비하든 간에, '방송 미디어'는 메시지를 수용하는 사람들로 구성된 새로운 유형의 사회적 관계를 낳는다. 바로 대중이라는 사회적 그룹이다. 방송을 통해 전달되는 메시지를 어디서 수용하든, 누구와 함께 있든 동일한 메시지를 동일한 시간에 수용하는, 즉 간접적으로 방송 메시지로 매개된 새로운 유형의 사회 관계망이다.

허버트 블루머Herbert Blumer는 대중을 형성하는 구성원들을 다음과 같이 정의한 바 있다. "사회적 지위와 출생과는 관계가 없다. 그들은 서로가 서로에게 익명으로 존재하며 서로 상호작용하지 않고 경험을 함께 나누는 일도 거의 없다. 구성원들은 군중과는 달리 물리적으로 떨어져 있으면서도 대중이라는 단위를 구성할 수 있다."[19](현대판 군중의 개념은 2부의 '네트워크의 이중성'에서 설명했다.)

오가닉 미디어, 시공간의 구속으로 되돌아오다

텔레비전이 보급되고 50년 후 우리는 인터넷을 만났다. 그럼 인터넷 기

---

19. Herbert Blumer, *Symbolic interactionism: Perspective and method*, Prentice-Hall, New Jersey, 1969, cited by André Akoun, op. cit., p. 11.

반의 미디어와 시공간의 관계는 어디까지 오게 되었을까? 우리는 PC, 태블릿, 스마트폰, 사물인터넷 등으로 어디서든 연결되어 있다. 다양한 서비스를 이용하여 모든 사람과 연결될 수 있고 모든 정보에 접근할 수 있다. 이제 시공간을 완전히 뛰어넘었다고 할 것인가? 매스미디어 시대와는 비교할 수도 없을 만큼 자유로워졌는가? 아니다. 우리는 그 어느 때보다 시간의 제약에 갇혀 옴짝달싹하지 못하게 되었다. 공간을 해체해놓고도 스스로 공간 속에 갇혀 있게 되었다.

1. 시간의 제약 속으로 되돌아오다

검색, SNS, 포털, 블로그 등 각종 서비스를 통해 사람과 정보에 항상 연결되어 있지만, 우리는 연결되면 될수록 더 답답하고 조급하다. 어느 장소에 가든, 카페에 있든 여행지에 있든 네트워크 연결부터 체크하고 네트워크를 항상 휴대하기 위해 조바심을 낸다. 애인과 데이트를 마치고 더 오랫동안 대화하기 위해 각자의 집으로 발걸음을 재촉한다. 인터넷 페이지가 뜨는 1초도 이제는 견디기가 어렵다. 모든 사람들은 항상 연결되어 있어야 하며 곧바로 전화를 받지 않으면 화를 내기도 한다. 회의 시간에도 휴대폰을 끄지 않고 메일을 수신하고 문자도 보낸다.

시간과 공간의 제약을 뛰어넘다 못해 너무 많은 메시지가 한꺼번에 도착하고, 아무 때나 접근할 수 있게 되니 이제는 시간을 빼앗지 않는 메시지가 귀해졌다. 그래서 훌륭한 검색엔진, 편리한 편집 도구, 지식이 잘 정리된 블로그, 무엇이든 공유하기 쉬운 SNS를 계속 찾고 있다. 이제는 시간을 아껴주는 서비스들이 생필품이고 가장 중요한 미디어가 되었다. 시간을 뛰어넘고자 했던 인류는 시간의 절대적인 제약 속으로 되돌아왔다.

2. 공간을 해체하고도 공간에 갇히다

공간은 어떠한가? 오가닉 미디어들은 심지어 물리적 공간의 개념까지 해체하기에 이르렀다. 사용자가 미디어의 중심이 되면서 (물리적) 공간은 아예 사라져버렸다(공간 개념이 얼마나 중요한지와는 다른 논점이니 오해하는 독자는 없을 것으로 믿는다).

도처에서 서비스에 연결되어 있는 사용자들은 사업자가 통제할 수 있는 대상도 아니고 한 장소에 모아지는 대상도 아닌 흩어진 점이다. 사용자들이 서로 대화하고 정보를 공유하고 움직이는 거리만큼 공간은 확장될 수도 있고 사라질 수도 있다. 오가닉 미디어에서 공간은 이전처럼 뛰어 넘어야 할 대상이나 미리 주어진 것이 아니라, 사용자의 움직임에 의해 유기적으로 변모하는 결과물이 되었다.

오가닉 미디어 현상을 일찍이 알아차린 서비스들이 있다. 구글은 인터넷 공간을 문서의 연결이 만드는 네트워크로 인지했고, 페이스북은 인터넷 공간을 거대한 소셜 네트워크로 인지했다.[20] 여기서는 사용자든 정보든 '연결된 관계'가 공간을 만들고, 사용자의 경험과 활동에 따라 언제든지 공간은 해체되거나 사라질 수 있다. 사용자들의 관심

---

20. Boonsri Dickinson, "So What The Heck Is The 'Social Graph' Facebook Keeps Talking About?," *Business Insider*, Mar 2, 2012, http://www.businessinsider.com/explainer-what-exactly-is-the-social-graph-2012-3/.

이 모여 핀터레스트(http://pinterest.com)에서처럼 주제별 공간이 만들어지기도 하고, 구글의 검색 결과 페이지처럼 전 세계의 안방이, 책상이, 경험의 흔적이 조각조각 연결되는 결과도 만들 수 있다.

이러한 관점에서 보면 오가닉 미디어는 물리적 공간을 뛰어넘은 정도가 아니다. 공간을 해체하고 새로 구성했다.

그런데도 왜 공간에 갇혀 있다고 하는지 의아해할지도 모르겠다. 말하자면, 공간에 갇혀 있는 것은 미디어가 아니라 우리의 사고방식이다. 우리가 만든 서비스, 사용자의 경험이 만드는 새로운 공간은 이미 물리적 공간을 해체하고 새로운 방식으로 재구성되고 있지만 사업자들은 여전히 사용자들을 통제하고 싶어 하고, 마케터들은 사용자를 모으려고 하며, 우리는 매스미디어가 그러했듯 메시지가 얼마나 많은 사람에게 도달했는지로 오가닉 미디어를 평가하려고 한다.

현상은 이미 진화했지만 우리의 사고는 여전히 물리적 공간의 틀 안에 있다. 이유는 간단하다. 미디어의 역사가 말해주듯이 우리는 지금까지 시공간을 기준으로 사고하고 진화해왔기 때문이다. 미디어는 이것을 입증해주는 역사적 체험이다.

역사적으로 시간과 공간의 관점에서 미디어의 진화를 살펴보았다. 우리는 여기서 한 가지 사실을 정리하고 한 가지 숙제를 받았다.

첫째, 미디어는 사회관계를 수정하고 재배열하고 변화시켜왔다. 미디어는 더 편리하고 가깝고 긴밀한 사회관계를 위해 시공간과 싸워왔고 인류의 진화를 보여주는 청사진이 되었다. 미디어와 시공간의 관계는 사회관계가 변모하는 과정을 설명해주는 하나의 틀이다. 그런데 그 결과 미디어는 기술적으로 시공간을 초월하기에 이르렀지만 사회관계는 오히려 시공간의 노예가 되었다. 미디어는 진화의 가속도 속에서 저만치 날아갔고, 남겨진 우리는 미디어 역사의 프레임워크에 갇혀 있다.

둘째, 우리가 이미 시간을 뛰어넘고(항상 연결되어 있고 항상 접근할 수 있다) 공간을 해체해버린(사용자는 도처에 있고 주인이며 점이다) 상황이라면, 미디어는 더 이상 우리가 알던 미디어가 아니다. 메시지를 빨리, 많은 사람에게, 멀리 도달하도록 하는 것은 과거의 프레임워크가 되었다. 미디어는 페이지를 넘겼고 우리에게는 숙제가 남았다. 기존 미디어가 남기고 간 고정관념에서 탈피하고 미디어의 새로운 진화를 받아들이는 것이다. 이것은 사회관계에서, 사용자 중심으로 미디어를 다시 배우고 다시 시작하는 일이다. 마침내 미디어의 본래 쟁점으로 돌아가 새롭게 출발하는 것이다.

이 책의 여기저기서 미디어를 해부하고, 사용자를 들여다보고, 매개와 네트워크라는 새로운 틀을 들이대는 시도들은 결국 미디어에 대한 우리의 고정관념을 깨고 사고를 전환하기 위한 노력이다.

02 네트워크가 공간이다
Network Replaces Space

이 제목을 보면 공간 이론을 정립한 수많은 사상가들이 무덤 속에서 일어날지도 모르겠다. 이 글은 공간에 대한 부정이 아니라 공간 개념을 기반으로 하는 우리의 사고 체계에 대한 글이다. 이 글에서 나는 인터넷 시장에서만큼은 기존의 물리적 공간 개념은 제발 잊으라고 부탁할 것이다.

우리의 사고 체계를 만들어온 공간은 미디어 개념과 합체되면서 지금까지 사고를 지배해왔다. 그런데 미디어가, 시장이, 사회가 바뀌고 있다. 이에 따라 사고하는 방식을 변화시키지 않으면 스스로 도태될 수밖에 없게 되었다. 그래야 '20~30대 남성 타깃' 같은 막연한 시장 전략에서 벗어날 수 있다. 그래야 메시지의 양적인 진달보디 고객 한 사람 한 사람의 구체적인 활동을 고려한 전략을 수립할 수 있다.

이것은 동네 채소 가게에서 전단지를 뿌리는 대신 십년지기 단골과 친구처럼 대화하고 원하는 것에 귀 기울이는 것과도 같다. 다른 것이 있다면 온라인에서는 고객과의 대화가 모두 기록으로 남아 무수한 연결link로 이어지고, 그 연결이 새로운 스토리를 펼치게 된다는 점이다. 이 책에서는 그 스토리의 결과가 네트워크이며 곧 공간임을 이야기하고 있다.

공간에 대한
오해와 실수

연결이 지배하는 세상에서 공간이 어떻게 변모하고 있는지 이해하지 못하면 잘못된 전제로 시행착오가 반복될 수밖에 없다. 공간에 대한 올바른 인식은 인터넷 시장을 이해하는 열쇠이자 길잡이다. 이때 공간은 현실과 분리된 가상의 공간도 아니고 장소에 국한된 공간도 아니다. 사용자의 매개 활동이 만드는, 그 어느 때보다 확장되고 변화무쌍한 공간이다. 그러나 이 변화를 이해하지 못한 기업들의 시행착오를 우리는 수없이 목격했다.

예를 들면 소셜 커머스에서 반값 할인 행사를 진행했던 업체들이 예상하지 못한 역효과 때문에 골머리를 앓고 있는 사례들을 흔히 볼 수 있다.[1] 여러 이유로 행사의 흔적을 나중에 지우고 싶더라도 물리적

---

1. 정보라, 〈'할인 흔적 지워주오'…소셜 쇼핑의 딜레마〉, 블로터닷넷, 2013년 1월 9일, http://www.bloter.net/archives/139852.

으로는 불가능한 일이다. 소셜 커머스 사이트에서 데이터를 지워준다고 해서 해결될 일이 아니기 때문이다.

소셜 커머스는 그 자체로 물리적인 장터인 한편 SNS를 통해 사용자 간 입소문과 공유, 참여를 수월하게 유도하기 위한 서비스다. 사용자들의 참여를 전제로 하다 보니 여행사, 마시지숍, 식당에서 반값 할인을 한다는 소식은 소셜 커머스 사이트에만 머물러 있지 않는다. 소셜 커머스의 특성상 단시간에 최대한 많은 사람들에게 입소문이 나야 하므로 참여를 원하는 소비자들은 온갖 방법을 동원해 그 메시지를 알리게 될 것이다. 그렇게 소비자들이 네트워크에서 메시지를 게재하고 퍼뜨리는 만큼 공간이 생겨나고 확장된다. 사업자가 정해놓은 사이트가 공간이 아니라 사용자가 활동하는 범위가 공간이 되는 것이다.

문제는 그 효과가 빠르고 확실한 만큼 단점도 확실하다는 것이다. 인터넷에서는 모든 행위가 어딘가에 로그로 남게 되어 있는데, 소셜 커머스 역시 마찬가지다. 반값 행사를 한 적이 있다는 사실을 숨기고 싶은 업체들의 요청에 따라 소셜 커머스 회사에서 그 이력을 삭제할 수는 있다. 그러나 그것은 이미 인터넷에 퍼져 있는 수많은 로그의 일부에 지나지 않는다. 이미 사람들의 네트워크를 통해 퍼져 나간 뒤이고, 그만큼 삭제해야 할 공간도 늘어난 셈이다. 사용자들이 공유한 링크와 블로그 게시 글, 댓글들을 어떻게 모두 삭제할 수 있겠는가? 그리고 그 내용들은 고스란히 검색 결과로 나타나게 될 것이다.

이것은 시작에 불과하다. 기존에 미디어의 역사가 쌓아온 공간 인식에 대한 완전한 해체에서 출발하지 않으면 새로운 현상에 대응하기는 더욱 어려울 것이다. 사람들을 불러 모으고 확성기를 통해 메시지를 효과적으로 전달하는 것이 미디어가 아니었던가? 그렇게 사람들이 '모이는' 장소가 공간이 아니었던가? 그렇다면 이제 '연결이 지배하는 미디어 세상'에서 공간의 성격과 구조가 어떻게 바뀌어가고 있는지 구체적으로 알아보도록 하자.

공간 개념을 철저히 해체해야 한다

미디어의 역사는 시간과 공간의 제약을 초월하고자 하는 인류의 욕구와 함께 해왔다. 공간이란 우리가 상호작용하기 위해서는 반드시 필요한 환경이며, 인간에게 존재를 확인해주는 상징적인 의미를 지닌다. 그리고 특정 사회가 경험하고 커뮤니케이션하는 구조 속에서 필연적으로 진화하기 마련이다.[2]

이런 공간의 개념이 크게 변하고 있다. 어디든지 쉽게 여행 다니고 지구가 글로벌화되고 서로 가까워졌다는 뜻이 아니다. 물론 인터넷을 통해 원거리에서 많은 것을 할 수 있게 되었고, 회사에서 가족들과 화상통화를 하고 미국에서 오늘 출판된 책을 한국에서 바로 읽을 수도 있다. 하지만 이런 현상들이 공간에 대한 인식을 바꾸는 것은 아니다.

'시간과 공간의 관점에서 본 미디어의 역사'에서 살펴보았듯이 우리가 주목하는 것은 물리적 공간 개념 자체가 해체되고 새롭게 구성되

---

2. Michel Foucault, "Des espaces autres," *Architecture/Mouvement/Continuité*, Oct 1984; Gaston Bachelard, La poésie de l'espace, 1958.

는 현상이다. 이제 콘텐츠를 연결하고 공유하고 확산하는 네트워크가, 사람을 모으고 제품을 진열하고 메시지(콘텐츠)를 전달해온 공간을 대체하고 있다.

네트워크는 각각의 노드와 링크의 합이다. 여기서는 노드가 누구이고 무엇이며, 서로 어떻게 연결되고 어떤 상관관계를 지니는지 밝혀내는 것이 중요해진다. 데이터 분석이 그 어느 때보다 중요한 화두로 떠오른 것도 공간 중심에서 네트워크 중심으로 시장이 변화하고 있기 때문이다. 여기는 연결이 지배하는 미디어 세상이다.

에릭 시겔Eric Siegel은 《예측 분석Predictive Analytics》에서 미국 대통령 버락 오바마가 어떻게 2012년 재선에서 승리했는지를 데이터 관점에서 설명한 바 있다. 유권자 개인의 사소한 행동과 성향, 가족 관계 등 모든 것이 하나같이 분석의 대상이었다. 이들은 그저 20대 대학생 그룹으로 명명되는 것이 아니라 하나하나의 고유한 노드로 작용했다.[3]

버락 오바마가 소셜 미디어를 활용한 전략도 같은 맥락이다. 이제 트위터와 페이스북을 선거에 이용하는 것은 당연한 일인데, 왜 유독 오바마의 경우 성공 사례로 연구되는 것일까? 오바마 캠프는 소셜 미디어를 메시지를 많이 전파하기 위한 도구로 사용하지 않았기 때문이다. 그들은 어떻게 하면 지지자들이 스스로 온·오프라인의 네트워크가 되어 점조직처럼 움직이게 할 수 있을지를 고민했다.[4]

---

3. Eric Siegel, *Predictive Analytics: The Power to Predict Who Will Click, Buy, Lie, or Die*, Wiley, 2013.
4. 손재권, 〈오바마처럼 승리하라(1)〉, 《손재권 기자의 점선 잇기》, 2013년 1월 24일, http://jackay21c.blogspot.kr/2013/01/1.html.

전략	물리적 공간 관점	네트워크 관점
타깃(Target)	대중(Mass)	개인(Individual)
과정(Process)	모으다(Aggregate)	매개하다(Mediate)
목표(Objective)	도달하다(Reach)	확산시키다(Diffuse)

공간 관점과 네트워크 관점의 실행 전략 비교.

　네트워크 노드의 움직임에 집중하는 경우에는 지지자들이 직접 참여하고 알리고 주변 사람들을 설득할 수 있도록 하는 과정 하나하나가 오히려 중요해진다. 바로 이것이 '홍보 사이트'와 다른 점이다. 이 관점에서 보면 지지층을 막연히 '20대, 30대 남성'으로 구분하는 것은 지극히 원시적이며 엄청난 실수를 범하게 되는 지름길이다. 공간 관점으로 사람들을 모으고 많이 보여주는 것은 점점 효력을 상실하고 있다.

　공간과 네트워크 관점을 비교해보면 타깃 설정 방법, 실행 프로세스, 목표(성공 지표) 측면에서 차이점을 정리해볼 수 있다. 우선 공간 관점에서 보면 전략은 '모으다'에 집중된다. 공간 개념이 형성하는 고정관념의 범위는 우리가 생각하는 것보다 훨씬 넓다. 타깃 그룹을 한 공간에 모은다는 발상에서 출발하면 설득해야 할 대상은 막연히 대중 또는 인구통계학적 그룹이 된다. 따라서 최대한 많은 사람을 우선 모으는 작업aggregation에 집중할 수밖에 없고, 전략 목표는 메시지 도달률이 될 것이다.

　반대로 네트워크 관점에서 보면, 실제로 존재하는 고객 한 사람 한 사람이 설득해야 할 대상이다. 이들은 한 장소에 모아지지도 않는다. 여기서 메시지 전달보다 중요한 것은 그 한 사람 한 사람이 메시지를 접촉하고서 하게 되는 각각의 다양한 '매개' 행동들이다. 즉 공간의 경우 양적인 도달까지가 중요하다면 이 경우는 오히려 그다음 단계가 중요하다. 메시지를 공유하고 연결하고, 제품을 추천하고 평가하고, '좋다' '싫다' 표현하는 등 어떤 형태로든 사람을, 메시지를 '연결'하는 행위가 일어나는 단계다.

이때 전략 목표는 매개에 기반한 확산이 된다. 에버렛 로저스가 '혁신의 확산Diffusion of innovations' 이론에서 주장했듯이,[5] 확산이 일어나기 위해서는 매개자 스스로 새로운 메시지를 검증하고 공감하는 과정이 필요하다. 즉 고객이 실제로 메시지를 받아들이고 설득되어야만 확산이 가능한 것이다. 고객이 매개한다는 것은 곧 공감했다는 뜻이며, 중간 과정에서 어떤 방식으로 확산이 이루어지는지 분석하는 것이 그래서 중요하다.

그러니 네트워크 관점에서는 고객에 대한 분석이 훨씬 더 복잡하고 복합적일 수밖에 없다. 하지만 공간에 대한 고정관념은 쉽게 깰 수 있는 것이 아니어서, 실제로 나를 비롯한 많은 사업자들이 여전히 시행착오를 경험한다. 네트워크의 중요성을 누구보다 먼저 인지하고 서비스를 시작하더라도 대부분은 막연히 '이 서비스가 사람들에게 필요할 거야'라는 전제에서 출발하곤 한다. 그리고 서비스를 먼저 만들어놓고

---

5. Everett M. Rogers, *Diffusion of Innovations*, 5th ed., Free Press, 2003.

사람들을 모으기 시작한다. '이런 거 필요하셨죠? 이제 여기 와서 노세요, 쓰세요' 하면서 홍보하고 고객을 기다린다. 결과는 대부분 참담하다. 자신이 미리 설계해놓은 놀이터에 사람들을 모으려 하는 전략 자체가 기존의 공간에 대한 고정관념 때문에 범하는 실수다. 공간이란 우리의 사고방식을 결정하는 기준 같은 것이어서 이 엄청난 변화를 받아들이는 것은 결코 쉽지 않다.

그래서 공간을 아예 잊고 네트워크 중심으로 전략적 사고를 옮겨오는 것은 시간이 필요한 도전이 될 것이다. 작은 경험들을 반복하고 지속적으로 체화될 수 있도록 해야 한다. 에릭 리스Eric Ries가《린 스타트업The Lean Startup》에서 강조했듯이,[6] '만들고build 측정하고measure 배우는learn' 프로세스를 짧게 여러 번 반복할 수밖에 없다. 더디게 가는 것이 아니다. 탁상공론하면서 전략을 짤 시간에 작지만 빠르게 실행을 시작할 수 있는 방법이다. 실험을 거듭하면서 하나씩 수정하고 조금씩 체화하면서 나아가는 것이 바로 새로운 시장에서 진화에 성공하는 단 하나의 방법이기 때문이다. 네트워크는 거대한 한 방이 아니라 작은 조각들의 연결임을 잊지 말아야 한다.

---

6. Eric Ries, *The Lean Startup: How Today's Entrepreneurs Use Continuous Innovation to Create Radically Successful Businesses*, Crown Business, 2011.

03

컨텍스트가
공간을 만든다
Organic Media Space is Made of Context

갑수록 태산이다. 앞선 글에서는 네트워크가 공간을 대체한다고 머리를 아프게 하더니, 그리고 공간은 아예 잊으라는 주문을 하더니, 이제는 또 컨텍스트가 공간을 만든단다. 어느 장단에 춤을 추라는 말인가?

앞서 나는 인터넷 시장의 패러다임을 이해하고 대응하기 위해 물리적 공간 개념에서 철저히 벗어나야 한다고 강조했다. 공간 중심의 사고에서 네트워크 중심의 사고로 중심축을 옮겨오지 않으면 진화를 받아들일 수도, 대응할 수도 없기 때문이다. 그럼에도 공간은 쉽게 잊힐수 있는 틀이 아니다. 우리가 인지하지도 못하는 사이에 평생 사고의기반이 되어왔기 때문이다. 그래서 이번에는 거꾸로 설명을 하려고 한다. 물론 종착역은 같다.

여기에서는 공간의 눈으로 현상을 살펴볼 것이다. 즉 연결이 지배하는 세상에서 공간은 어떻게 생겨나고 확장되는지를 살펴볼 것이다. 공간 개념을 단순화하면 두 가지 축이 존재한다. 물리적 요소와 관계적 요소다. 이 단락에서는 '관계적' 요소에 집중하여 공간을 살펴본다.

먼저 관계가 공간을 만드는 과정을 살펴본 다음, 연결이 공간을 확장하는 단계를 알아볼 것이다. 그리고 이 과정에서 왜 '컨텍스트'가 공간을 만드는 핵심이 되는지 짚어볼 것이다. 공간에서 출발하지만 공간을 재정의하는 과정을 거쳐 결국 네트워크에 이르는 여정이 될 것이다.

공간을
아세요?

공간에 대해 개념적으로 열거하자면 기하학적 공간, 물리적 공간, 도시 공간, 기호 공간, 문화 공간 등 수많은 종류의 공간이 존재한다. 그리고 철학, 수학, 지리학 등 무수히 많은 학문에서 이론이 제안되어왔다. 도대체 공간이란 무엇인가?

공간을 우주와 같이 이미 주어진 절대적인 단위로 보는 시각(뉴턴)부터, '우리가 경험을 통해 습득하는 것들을 구조화하기 위한 틀'로 보는 관점(칸트)까지 다양한 정의가 이어져왔다. 예를 들어 칸트는 공간을 주어진 대상이 아니라 우리가 인지하고 사고하고 커뮤니케이션을 하는 데 필요한 방법이자 구조라고 보았다. 그리고 근대 이후부터는 현존 présence과 원격현존téléprésence 등의 개념이 더해졌고, 최근에는 사이버

공간을 공간으로 볼 것인가에 대한 논의로까지 연결되기도 했다.[1]

에드워드 홀Edward Hall 같은 인류학자는 공간을 '성Sex'에 비유하면서 명백한 정의가 불가능함을 밝힌 바 있다.[2] '성'은 당연히 존재하지만 모두가 쉽게 언급하지도 않고 또 막상 정의를 내려야 할 때는 난처해질 수밖에 없듯이, 공간도 당연히 존재하는 것이지만 하나로 정의하기는 어려운 주제라는 것이다.

하나의 답은 없다. 공간에 대한 다양한 해석이 존재할 뿐 하나의 정의는 불가능하다. 어차피 사회가 진화하는 동안 계속될 질문이기도 하다. 다만 '공간이란 무엇인가?'라는 질문에 대한 여러 답들이 가진 공통점이 있다. 공간의 문제는 결국 '어떤 관점perspective으로 사물을, 세상을, 현상을, 구조를 인지할 것'이냐는 문제라는 것이다. 즉 주어진 것이든 만드는 것이든 공간은 관점이다. 공간을 보는 관점이고, 공간이 보는 관점이다.

관계가
공간을 만든다

인터넷 시장은 순수물질세계와는 다르다. 인터넷 시장 초기에는 순수물질세계를 형상화한 인터넷 서비스들도 많았다. 예를 들면 디지털 영

---

1. 권오혁 등, 〈공간의 개념정의에 관한 온라인 토론〉, 《공간과 사회 N° 36》, 2011.
2. Nigel Thrift, "Space: The Fundamental Stuff of Human Geography," Nicholas Clifford, et al., eds., *Key Concepts in Geography*, Sage Publication, 2008.

화관 같은 사이트들이 있었다. 지금은 모두 없어졌지만 초기에 디지털 영화관은 객석에서 바라보는 붉은색 커튼 같은 형상을 하고 있었다. 극장보다 저렴한 가격으로 집에서 영화를 보는 체험을 하게 하면 수익이 발생할 것이라고 믿었던 시절이다. 그러나 시장은 그렇게 움직이지 않았다.

인터넷 시장은 물리적 공간의 확장으로 발전하기는커녕 오히려 사회적 공간으로 진화했다. 페이스북은 담벼락이기 이전에 소셜 네트워크다. 블로그는 '홈'이기 이전에 사회 활동을 가능케 하는 매개체다. 사람들이 공유하고 관심을 받기 위해 올린 포스트, 동영상 등이 제외된 검색 결과는 이제 상상할 수도 없다. 사람들의 직간접적인 관계들이 이미 인터넷의 지도를 바꾸어놓고 있다.

그런데 이 지도에는 사람들과 콘텐츠의 연결 관계만 있을 뿐 물리적 실체는 없다. 순수하게 사용자들의 활동을 통해서만 만들어지는 '관계적 공간'이다. 오직 인간의 사회적 활동을 통해서만 형성되는 공간이다. 관계적 공간은 근본적으로 물질 공간에 기반을 두고 있지만 실제로 물리적 실체를 갖지는 않는다. 구성원들이 '공통으로 인지하고 있는 환경'인 동시에 사회 활동을 통해 발전시켜가는 환경일 뿐이다.

내가 핀터레스트(http://www.pinterest.com)를 가장 처음 활용한 것은 새로운 레시피를 찾기 위해서였다. 2009년 출범한 이후 2012년 5월 1000만 명이 넘는 가입자를 모았고, 2012년 9월에는 방문자 수 2500만을 기록한 핀터레스트는 관계적 공간을 형성하는 대표적인 서비스다.[3] 사람들이 주제별로 콘텐츠를 모아 놓은 '보드board' 는 내게 필요한 콘텐츠를 한눈에 보여준다.

나와 비슷한 취향의 '피너pinner'(핀을 꽂는 사람)를 구독할 수도 있지만 (사람의 관계를 만든다), 비슷한 콘텐츠를 나란히 연결해서 볼 수 있다는 장점이 있다(콘텐츠의 관계가 있다). 이러한 서비스 구조 덕분에 검색 한 번에 오랫동안 모아온 레시피 상자를 만나는 기쁨을 누리기도 한다. 그리고 '더보기'를 누를 때마다 그 규모는 책상 서랍에서, 방 한가득, 바다 한가득 펼쳐진다. 다음 이미지(211쪽)는 이렇게 순수하게 콘텐츠, 그리고 이 콘텐츠에 매개된 사람들의 관계로만 형성되는 공간의 모습 이다.

관계적 공간은 당연히 오가닉 미디어에서 시작된 개념이 아니다. 인 간을 비롯한 모든 개체가 서로의 '관계'를 통해 존재한다는 의미로, 이 는 라이프니츠, 푸코, 스피노자, 르페브르 등에 의해 다양하게 형성되 고 보완되어왔다. 예컨대, 푸코가 지적했듯이 우리는 실제로 진공상태 에 살고 있지 않다. 개인과 사물들은 서로 위치를 규정하는 일련의 관 계를 통해서만 설명할 수 있다.[4] '여기'라는 곳은 상대적으로 '저기'가 있기 때문에 인지할 수 있다. 멀다, 가깝다, 공간이 크다, 작다, 어디에 있다 등은 모두 상대적인 관계를 통해서만 설명할 수 있다.

일반적으로 우리가 인지하는 사회적 관계 또한 이러한 공간 인식에 서 구조화된다. 쉽게 연락이 닿고 자주 커뮤니케이션할 수 있는 환경 에 놓인 사람들은 더 가깝게 느껴진다. 동호회나 강의실에서 주기적

3. Dara Kerr, "Pinterest pierces Top 50 most-visited sites list," *Cnet*, Oct 24, 2012, http://news.cnet.com/8301-1023_3-57539742-93/pinterest-pierces-top-50-most-visited-sites-list/.
4. Michel Foucault, "Des espaces autres," *Architecture/Mouvement/Continuité*, Oct 1984.

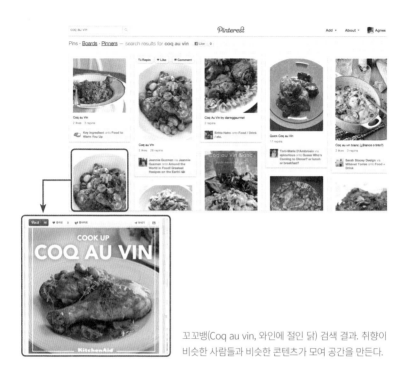

꼬꼬뱅(Coq au vin, 와인에 절인 닭) 검색 결과. 취향이
비슷한 사람들과 비슷한 콘텐츠가 모여 공간을 만든다.

으로 만나는 사람들이 모임을 갖는다면 그곳이 어디든 관계없다. 그들
이 한자리에 모이는 것 자체가 소속감을 느끼는 사회적 공간을 만들
기 때문이다.

물론 관계적 공간에 대한 다양한 관점을 한마디로 요약하기는 어
렵다. 다만, 모든 개체는 관계를 통해서만 존재한다는 것은 분명하며,
그렇다면 공간은 비어 있거나 채워야 하는 대상이 아니라 우리의 체
험과 삶을 통해 '생산'해가는 산물로 풀이될 수 있다.[5] 공간은 '이렇다',
'저렇다' 하는 해석의 대상이 아니라 우리의 체험(즉 사회적 상호작용)을

통해 만들어내는 것이라는 뜻이다.

핀보드든 꼬꼬뱅 검색 결과든, 사회적 상호작용을 통해 만들어진 결과물들이며 이러한 연결 관계가 지금의 인터넷 시장을 장악해가고 있다고 해도 과언이 아니다. 페이스북이 그렇고 트위터가 그렇고 아마존의 구매자 리뷰와 신뢰 관계가 구축한 플랫폼이 그렇다. 결과적으로 오가닉 미디어에서는 상호작용을 통해 얻어지는 산물, 즉 '연결의 결과'가 바로 공간이 되는 셈이다.

연결이 공간을 발전시킨다

핀터레스트 콘텐츠의 80퍼센트는 누군가 최초로 '핀 꽂기pinning'(외부에서 링크 또는 이미지를 가져와서 콘텐츠를 수집하는 행위)한 것이 아니라 '리핀Repin'(다른 사람이 핀터레스트에 생성한 콘텐츠를 복사하는 행위)된 것들이다.[6] 누군가 꼬꼬뱅의 조리법을 가져와서 자신의 보드에 수집했다고 하자. 이 하나의 콘텐츠 단위를 '핀'이라고 부른다. 이 '핀'이 인기가 있어서 계속 '리핀'되면, 관심이 비슷한 사람들과의 연결도 늘어나고 그 핀이 또 새로운 사람에게 노출될 기회도 훨씬 많아진다. 이렇게 핀들과 취

---

5. Remi Hess and Gabriele Weigand, "Henri Lefebvre et son Oeuvre," *Le Journal des Chercheurs*, 2007.
6. Jordan Crook, "This Is Everything You Need To Know About Pinterest (Infographic)," *TechCrunch*, Mar 14, 2012, http://techcrunch.com/2012/03/14/this-is-everything-you-need-to-know-about-pinterest-infographic/.

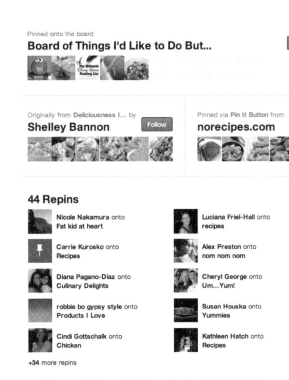

비슷한 관심 사항을 가진 사람들과의 연결(Repin)이 공간을 발전시킨다.

향이 비슷한 사람들의 연결이 만드는 결과가 바로 핀터레스트의 공간을 만들고 미디어의 힘을 만든다.[7] 지금의 핀터레스트가 불과 3, 4년 만에 SNS로서의 영향력을 지닐 수 있게 한 것은 바로 이 '리핀'된 콘텐츠, 한마디로 '연결의 결과'라고 할 수 있다.

7 Neil Patel, "How You Should Spend Your Marketing Budget: Facebook vs Twitter vs Pinterest," *Quick Sprout*, Dec 17, 2012.

그런데 이 레서피들을 잡지사나 식당 주인이 100개 정도 모아서 정리해놓았다면 이만큼 사람들의 흥미를 끌고 발견하는 재미를 느꼈을까? '와, 공감해요!'라고 감탄하고, '어? 이 사람 나랑 취향이 비슷하네?' 하고 공감했을까? 아니다. 이 레서피들은 제각각 취향이 다른 개개인들이 각자의 웹서핑 과정에서 발견해낸 것이고, 그 소중한 체험을 공유했기 때문에 공감을 낳는다.

즉 연결은 단순한 데이터의 연결이나 내비게이션이 아니다. 고객과 고객, 콘텐츠를 만나게 하고 공감하게 하고 기억에 남는 체험을 하게 하는, 즉 공간을 함께 만들고 공유해가는 과정인 것이다.

그렇다면 무엇을 어떻게 '연결'해야 관계를, 공간을, 영향력을 확산시키고 또 지속시킬 수 있는가?

컨텍스트가
곧 공간이다

우리는 앞서 인터넷 시장을 이해하기 위해 점, 선, 면, 거리, 위치 등 눈에 보이는 물리적 요소들을 해체해야 한다고 했다. 그리고 공간은 구성원들이 '공통으로 인지하고' 또 사회 활동을 통해 함께 '만들어가는' 산물이라고도 했다. 이제 이 두 가지를 결합해보자.

오가닉 미디어에서 구성원들이 공통으로 인지하는 환경은 거대한 단위나 시스템이 아니다. 공간을 구성하는 물리적 요소들을 제외하고 남는 최소한의 단위, 바로 상호작용을 위한 '컨텍스트'가 최소한의 필요 요소이며, 또 이것 하나만으로도 상호작용을 위한 환경을 충분히

‘공유하기(Share This)’ 버튼은 콘텐츠와 사람들을 매개하는 컨텍스트이자 상호작용을 가능케 하는 환경이다.

제공한다.

인터넷 공간에는 우리의 반응을 기다리는 수많은 컨텍스트들이 존재한다. 이제는 거의 모든 페이지마다 붙어 있는 공유 버튼들이 대표적인 컨텍스트다. 이 글이 공유할 만한 가치가 있다고 판단하는 독자는 웹에서든 전자책에서든 공유 버튼을 누를 것이다(종이책에서는 이런 컨텍스트를 제공하지 못하는 것이 안타까울 따름이다). 그것은 여러분과 내가, 그리고 이 글과 다른 사람들, 다른 콘텐츠들이 연결되고 확장될 수 있도록 도와주는 컨텍스트가 된다.

또 우리의 생각이나 기사 링크, 동영상, 이미지를 공유하려고 할 때 제공되는 ‘입력 상자input box’도 상호작용을 유도하는 환경이다. 그 입력 상자에 콘텐츠를 적어서 엔터 키를 누르는 순간 여러분의 글을 받아 보는 사람들과 상호작용이 시작된다. 그리고 글에 반응할 수 있도록 함께 제공된 ‘댓글’, ‘공유’, ‘이모티콘’ 등의 버튼을 타고 다시 어떻게 누구와 어떤 콘텐츠와 얼마나 연결될지는 아무도 모른다.

지금까지 공간을 ‘상호작용을 가능하게 하는 환경이자 상호작용을 통해 진화하는 환경’으로 이해했다면, 이쯤에서 컨텍스트가 얼마나 중요한지 알아차렸을 것이다. 오가닉 미디어 환경에서는 이 컨텍스트의 연결이 바로 공간의 확장을 가져오며, 컨텍스트가 공간을 구성하는 최소 단위인 동시에 그 자체로 공간의 역할을 수행한다. 그래서 오가닉 미디어의 공간은 유연하고 가변적이다.

예컨대 트위터는 가장 유연하고 가변적인 공간의 대표적 사례다. 하이퍼링크와 리트윗RT, Retweet, @+트위터 아이디로 구성된 140자는 온전히 하나의 공간이다. 그리고 그 낱낱의 트윗의 연결은 무엇보다 유연하고 강력한 네트워크를 만들고 있다.

끊김 없는 컨텍스트의 제공은 서비스의 기본이다. 예를 들어 SNS를 스마트폰에 내려받았다면 고객이 반응을 해야 한다. 사용자가 맨 먼저 직관적으로 할 수 있는 행위는 무엇일까? 연결이다. 지인이 있는지 찾아보든, 첫 글을 쓰고 반응을 기다리든 마찬가지다. 그렇다면 사업자는 누가 이 서비스를 쓰고 있는지 알려주고 쉽게 초대하게 도와주고, 쉽게 반응할 수 있는 컨텍스트를 제공해야 할 것이다. 거기서부터 끊김이 없이 사용자들의 반응과 반응이 지속되고 연결될 수 있도록 해야 할 것이다.

상거래도 다르지 않다. 컨텍스트가 공간의 역할을 한다는 관점에서 보면, 고객에게서 이끌어내야 하는 행위는 구매가 아니다. 구매 이전에 최대한 많은 데이터(다른 구매자, 리뷰, 정보 등)에 연결될 수 있도록 하고, 구매 이후에도 고객의 매개 행위가 끊기지 않고 지속되게 해야 한다. 이 제품을 구매한 다른 사람들이 본 것, 구매한 다른 상품 등으로 사용자 행위가 끊임없이 연결되도록 해야 한다.

중요한 것은 이 컨텍스트의 연결 주체가 바로 사용자라는 점이다.

고객이 관계를 맺고 상호작용을 하는 결과가 바로 연결이다. 사업자가 손수 컨텍스트를 연결할 수 없다면, 그것은 곧 혼자서 공간을 만들 수도 없다는 뜻이다. 연결의 결과가 공간의 확장이라면, 그 확장 또한 사업자 혼자 할 수 없다. 사업자는 사용자가 매개자가 되도록 컨텍스트를 제공할 뿐이다. 물론 컨텍스트는 인터페이스를 제공한다고 해결되는 것이 아니다. 사용자 경험이 반복될수록 컨텍스트는 계속 활용되고 살아 있어야만 의미가 있다.

결국 인터넷 시장에서 공간이란 인위적으로 만들어지는 것이 아니라 사용자의 연결 행위가 만드는 네트워크의 결과물이다. 즉 연결이 많아지면 많아질수록 네트워크는 확장되고 견고해질 것이고, 그 결과 공간도 확장될 것이다. 그렇다면 어떻게 공간을 만들 것이냐가 출발점이 아니다. 어떻게 컨텍스트를 만들고 계속 살아 있도록, 그리고 계속 진화하도록 할 것이냐가 문제의 핵심이다.

04

안과 밖의 경계가 없는
시장에서 사업자는 누구인가?

What Should Business Do When There Are
No Boundaries?

물리적 공간의 테두리가 있던 시장에서는 사업자의 역할이 명확했다. 각자의 사업 공간 안에서 고객을 확보하고, 각자가 소유한 콘텐츠(서비스)에 가격을 매기고, 각자의 유통 채널을 통해 판매하면 되는 일이었다. 이에 따라 생산, 유통, 소비(IT 업계에서는 제품을 플랫폼, 네트워크, 단말기를 통해 고객에게 전달하는 선형적 프로세스)의 가치 사슬도 명확할 수밖에 없었다. 경계가 확실한 선형적 비즈니스였다.

그런데 공간이 네트워크가 되는 지금의 인터넷 시장에서는 어떤 일이 발생하는가? 유료 콘텐츠 기반의 전통적 미디어가 사용자 네트워크 기반의 오가닉 미디어로 변모하는 시장에서는 어떤 일이 발생하는가? 여기서는 안쪽과 바깥쪽의 구분이 없다. 내 것과 네 것의 구분이 모호하다. 여기서는 공유되면 가치가 커진다고 하고, 유통은 온전히 사용자 차지가 되어버렸다.

그럼 안과 밖의 경계가 사라진 곳에서 사업자의 역할은 무엇인가? 사업자가 제공할 수 있는 가치는 무엇인가? 이 단락에서는 '안'과 '밖'의 경계 대신 '연결'이 가져오는 시장의 질서와 사업자의 역할을 재정의하고자 한다.

처음에는 물리적 공간을 기획했다

앞에서 잠시 언급했지만, 기존에는 물리적인 공간, 즉 사람들이 모여 있는 공간을 기반으로 인터넷 시장을 정의했고, 실제로 서비스 기획도 그렇게 했다. 언론사들은 오프라인의 신문 콘텐츠를 PC의 모니터 안으로 복제하여 가져왔다. 지면(공간)을 확장하는 개념으로 인터넷 시장을 본 것이다.

싸이월드의 미니홈피도 물리적인 공간에서 시작한 대표적인 서비스다. 사용자가 자신의 집을 방문하여 인테리어에 신경 쓴 미니룸을 구경하고 사진첩을 함께 본다. 유료 스킨과 미니룸 꾸미기로 돈을 버는 싸이월드는 세계의 수많은 서비스들의 벤치마킹 대상이 되었으니, SNS의 시초라고 해도 손색이 없다(물론 성공 경험을 가진 모든 서비스가 그렇듯이 싸이월드도 처음부터 미니홈피의 모습은 아니었다[1]).

---

1. 곽아람, 〈'도토리' 산골 소년의 성공기〉, 《조선일보》, 2004년 7월 22일, http://www.chosun.com/economy/news/200407/200407220108.html.

이를테면 가상의 공간에 땅을 사고 분양하는 비즈니스(세컨드 라이프)가 인터넷의 미래를 약속한 때도 있었고,[2] 오프라인에서 제품을 진열하는 마켓을 그대로 가져온 상거래 서비스들, '집'의 개념에서 출발한 홈페이지들도 있었다. 블로그가 주소 체계, 트랙백, 핑백 등으로 네트워크를 만드는 단위라고 한다면 기존의 홈페이지들은 섬처럼 존재하던 공간 단위라고 하겠다. 그리고 방문자 수와 페이지뷰는 이러한 공간에 가치를 매기는 데 가장 중요한 지표가 되어왔다. 트래픽을 기반으로 한 광고가 주된 수익 모델이었기 때문이다.

그러나 자신들이 만들어놓은 공간으로 사람들을 끌어 모아 많은 페이지를 보여주는 데 집중한 서비스들은 모두 도태되거나 뒷전으로 밀려났다. 2008년 페이스북에 추월당한 마이스페이스가 그러했다.[3] 제품 홍보를 원하는 기업이든 인터넷 서비스를 제공하는 사업자든, 물리적인 공간 개념을 기반으로 하는 시장의 패러다임은 끝났다.

안과 밖의 구분을
과감히 허물다

인터넷 시장에서 안과 밖의 경계가 없어지는 프로세스를 플랫폼 관점과 개발자 관점으로 각각 나누어 살펴볼 수 있다. 연결 현상은 다양한 각도에서 언급할 수 있지만, 여기에서는 응용 프로그래밍 인터페이스

---

2. "Second Life," *Wikipedia*, http://en.wikipedia.org/wiki/Second_life.
3. "Myspace," *Wikipedia*, http://en.wikipedia.org/wiki/Myspace.

API, Application Programming Interface 공개를 기반으로 안과 밖의 구분을 없앤 사례를 알아본다. 핵심은 상생 문화가 아니라 사용자의 동선에 따른 자원(가치)의 흐름이다.

1. 플랫폼 관점: 페이스북

페이스북도 처음부터 지금의 모습은 아니었다. 오히려 전형적인 공간 중심 서비스로 시작했다. 대학교라는 공간에서 폐쇄적인 형태로 시작했지만 2006년부터 매우 빠른 속도로 네트워크화되었다. 즉 사용자를 페이스북이라는 공간으로 모이게 하는 전략보다(물론 궁극적으로는 이런 결과를 가져왔지만) 오히려 페이스북 데이터가 외부로 유통되고 확산되게 하는 전략을 취했다.

2006년부터 개발자(독립 개발자, 3rd party)들에게 페이스북의 API를 무료로 개방했고, 2007년 페이스북 커넥트Facebook Connect, 2010년 소셜 플러그인Social Plugin 등에서 공간의 안과 밖을 구분하던 벽을 과감히 허물었다. 이러한 조치들이 당시 SNS의 1위 사업자였던 마이스페이스와 자리가 뒤바뀌고 명암이 엇갈리는 결정적 계기가 되었다. 폐쇄적인 전략을 취해오던 마이스페이스는 결국 뒷전으로 밀려났다(페이스북의 역사에 대해서는 수많은 자료가 존재한다. 특히 KTH 개발자 블로그 포스트,[4] KT 경제경영연구소 발표자료[5]를 참고하기 바란다).

---

4. 주용범, 〈페이스북 플랫폼 업그레이드에 따른 프로필 변경사〉, KTH 개발자 블로그, 2011년 10월 19일, http://dev.kthcorp.com/2011/10/19/facebook-platform-upgrade-and-profile-change-history/.
5. KT 경제경영연구소, 《Facebook에 관한 거의 모든 것: 현재와 미래》, 2012년 2월 28일, http://

2006년 나는 SK 커뮤니케이션즈에 근무하고 있었는데, 연구소에서 싸이월드의 오픈 전략 프로젝트를 진행했다. 당시 페이스북의 과감한 전략을 잊을 수 없는 것도 이런 이유에서다. 벽을 허물고 가지고 있던 것들을 개방하고 공유하도록 하는 것은 쉬운 결정이 아니었을 것이다. 그러나 그 시의적절한 결정 이후 페이스북은 급격히 성장하기 시작했고, 해마다 경계 없는 서비스의 진화가 더해지면서 2013년 9월 기준 12억 명이 사용하는 미디어가 되었다.[6] 같은 시기에 우리는 2000만 명의 회원을 손에 들고 언제 어떻게 어디까지 개방할 것인가, 싸이월드가 가진 이 엄청난 자산을 경쟁사들도 사용하게 될 텐데 개방밖에 방법이 없는가를 고민하며 각종 회의를 진행하고 보고서를 쌓아가고 있었다.

지금은 신규 서비스가 나올 때마다 복잡하게 회원 가입을 하는 일도 없어졌다. 페이스북과 트위터의 계정으로 인증하고 쉽게 서비스에 접근한다. 신규 서비스에서 혼자 길을 잃고 낯설어할 일도 없어졌다. 친구 리스트가 나보다 먼저 도착해 있으니 지인 중에서 누가 이 서비스를 사용하는지도 바로 알 수 있다.

사용자 인증 과정에서 이미 길이 열렸으니(그래프 API) 각종 서비스에서의 사용자 활동은 모두 페이스북의 타임라인으로 보내질 수 있다. 내가 듣는 음악, 지금 산 티셔츠, 즐겨 찾는 레스토랑에서의 내 모습은 모두 페이스북의 콘텐츠가 된다. 그리고 '액션링크Action link'를 통해

www.slideshare.net/girujang/kt20120305.
6. http://newsroom.fb.com/Key-Facts.

사용자의 활동은 더욱 다양하게 양방향으로 보내지고 읽히게 되었다.[7] 이 모든 활동은 인터넷 공간을 네트워크로 연결해서 자원으로 활용하도록 하는 것이다. 2013년 2월 기준 오픈 그래프 프로토콜Open Graph Protocol을 사용하고 있는 서비스는 300만 개가 넘는다.[8]

페이스북의 개방은 서비스 간의 경계를 허물고 연결을 만들었고, 이 연결의 범위는 도처에서 서비스를 사용하는 사람들의 활동 거리만큼이나 무한대로 확장 가능해졌다. 페이스북은 경계를 허물었고 사용자는 그 대가로 페이스북에게 네트워크를 만들어 주었다.

2. 개발자 관점: 랩 서비스

안쪽과 바깥쪽의 구분이 없어지는 현상은 페이스북 외부 사업자 관점에서도 살펴볼 수 있다. 다음 이미지(224쪽)는 페이스북 친구에게 간편하게 유·무료로 기프트 카드를 선물할 수 있는 서비스 '랩Wrapp'의 사례다(https://www.wrapp.com/us). 이 사이트는 가입과 동시에 페이스북 친구들의 생일 스케줄을 보여줌으로써 사용자의 즉각적인 반응을 유도한다. 협력 업체가 제공하는 무료 또는 유료 쿠폰을 쉽게 친구들에게 보낼 수 있다. 친구들 중 누가 여기에서 무슨 선물을 했는지 활동 소식도 뉴스처럼 제공된다. 다음 이미지(224쪽)는 랩과 같은 애플리케

---

7. Alex Wyler, "Action Links: A New Way to Interact with Apps," *Facebook Developer Blog*, May 3, 2012, https://developers.facebook.com/blog/post/2012/05/02/action-links--a-new-way-to-interact-with-apps/.

8. BuiltWith, *Open Graph Protocol Usage Statistics*, http://trends.builtwith.com/docinfo/Open-Graph-Protocol.

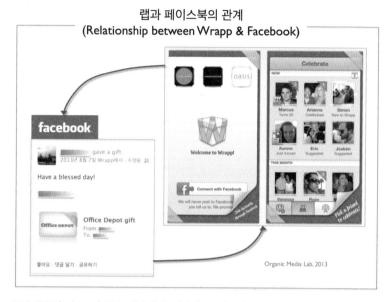

랩과 페이스북의 관계
(Relationship between Wrapp & Facebook)

Organic Media Lab, 2013

독립 개발자(3rd party) 서비스에서 페이스북의 친구들에게 선물을 보내면 페이스북의 뉴스피드에
활동이 게재된다. 독립 개발자는 쉽게 회원을 확보하고 확장할 수 있고 협력 업체들은 직접광고보다
훨씬 효과적으로 브랜드를 알릴 수 있다.

이션과 페이스북 타임라인의 관계를 보여주고 있다.[9]

랩에서의 활동은 페이스북 타임라인에 그대로 게재된다. 오늘 생일
인 친구가 무슨 선물을 받았는지 타임라인에서 바로 알 수 있고, 나도
그 친구에게 내 몫을 더해서 동일한 할인 쿠폰이나 다른 선물을 할
수 있다. 페이스북의 타임라인에서 해당 링크를 클릭하면 랩으로 돌아

9. Sarah Kessler, "Gap, Sephora, H&M Are Giving Away Gift Certificates on Facebook,"
Mashable, Apr 30, 2012, http://mashable.com/2012/04/30/wrapp-us-launch/.

와서 '선물'을 매개로 이야기를 나누고 쇼핑을 할 수 있다.

페이스북이 공개한 친구 데이터가 없다면 사업자는 회원과 협력 업체를 모으는 데 많은 시간과 노력을 들여야 했을 것이고, 협력 업체는 브랜드 홍보를 위해 어차피 어딘가에 광고비를 지불했어야 한다. 여기서는 사용자들의 실제 활동을 기반으로 타깃을 분석하고 '선물'이라는 기분 좋은 컨텍스트를 통해 간접광고를 할 수 있는 기회도 얻는다.

다만 여기서 핵심은 랩과 페이스북 간의 핑크빛 상생 관계가 아니다. 인터넷 공간에서의 사업자 간 연결은 '거래trade'다. 페이스북의 기프트 모델이 진화하면서 랩은 언제든지 대체될 수 있다. 랩은 아직은 페이스북이 제공하지 못한 사용자 경험을 제공하고 있고, 페이스북의 타임라인은 랩 덕택에 좀 더 '쿨한' 공간이 되었다. 가치가 흐르는 한 거래 관계는 계속될 것이다. 그러나 서로 연결될 만한 가치를 유지하지 못하면 연결은 끊어지고 서로는 대체될 수밖에 없다. (2016년 6월 현재 랩 서비스는 신용카드와 연동하여 개인화된 페이백 서비스를 제공하는 비즈니스로 전환pivot한 상태다. 서비스 기획이 훌륭하더라도 서비스가 비즈니스로 성공하는 데에는 복합적 요소가 작용하며 모든 사례는 유일unique하다. 이 글에서는 안과 밖의 구분을 허무는 사례를 보여주는 서비스 구조로 랩을 소개했다. 랩서비스의 비즈니스적 성패와 관계없이 이와 같은 시도는 다양한 분야에서 계속되고 있다.)

이제 모든 사업자가
매개사고 통신원이다

안과 밖의 구분이 없다면, 사업자들은 어떻게 사람들을 모으고 메시지를 전파한다는 말인가? 고객을 가둬둘 수도, 콘텐츠(서비스)를 소유할 수도 없다. 여기서 사용자에게 줄 수 있는 가치는 희소한 정보도 아니고 값비싼 제품도 아니다. 사업자가 소유할 수 있는 공간이나 콘텐츠가 없다면, 사업자는 어떤 역할을 해야 한다는 말인가?

연결된 시장에서 사업자가 할 일은 기꺼이 '통신원'이 되는 것이다. 자신의 메시지를 전파하는 통신원이 아니라 고객의 통신원이 되어야 한다. 사람들이 활동하는 장소라면 어디든 찾아가서 그 이야기를 듣고 연결하고 지인들에게 공유해주는 역할을 해야 한다. 이미 주인공은 사업자가 아니라 사용자가 되었고, 사용자의 활동이 사업자의 공간을 결정하게 되었다. 위의 소셜 기프트 서비스, 선물할 거리를 제공하는 사업자가 그 사례다. 판매에 주력하기보다는 고객이 친구의 생일을 챙겨줄 수 있게 도와주고 더 친해질 수 있게 해주는 메신저 역할을 한다.

우리는 흔히 사용자 네트워크에 허브가 있다고 말한다. 예컨대 사람들이 공유하고 연결하고 수집하는 과정에서 콘텐츠가 많이 흘러 다니는 지점이 있고 사람들이 많이 연결된 노드가 있다. 인기 블로거, 파워 트위터리안, 유명 페이스북 친구들이 그 예인데, 하지만 안과 밖의 경계가 없는 곳에서는 관점이 좀 다르다. 네트워크의 허브로 모여드는 것은 중간 과정일 뿐이다. 일시적으로 모인 후에 그 콘텐츠들은 사람들을 통해 도처로 분산·확산되어야 한다.

그래서 안과 밖이 없는 곳에서 사람들이 '모이는 지점spot'이란 한 곳이 아니다. 사용자 네트워크, 콘텐츠 네트워크의 링크만큼 도처에 존재할 것이다. 그 지점은 사용자의 활동에 따라 지극히 유동적으로 바뀔 것이다. 안과 밖의 경계가 무색해질 수밖에 없다.

광고도 이렇게 콘텐츠가 연결되고 흘러 다니는 길을 따라다닐 수밖에 없다. 사람들을 모아놓고 광고를 할 수도 없고(흩어진 점은 모아지지 않는다), 사람들이 모여 있는 곳에 가서 무턱대고 떠들 수도 없다(눈치 없다고 욕을 먹는다. 이에 대한 자세한 사례는 1부의 '컨텍스트에 답이 있다'를 참고하기 바란다). 이제는 사람들이 소통할 수 있도록 매개자가 되면서 은근슬쩍 사용자 네트워크의 구성원이 되는 것이 광고다.

여기서 사업자의 체험을 데이터로 얻는다면 측정을 기반으로 하는 '타깃 광고'가 될 수 있다. 물론 사업자가 목표로 정한 고객의 친구를 통해 간접적으로, 하지만 직관적으로 메시지가 전해진다면 금상첨화일 것이다. 친구가 지인에게 선물한 생일 쿠폰이 어느 브랜드였는지 실시간으로 확인하는 과정에서 사용자는 페이스북, 랩 서비스, 협력 업체(제품의 브랜드)를 만났다. 여기에서 사용자에게 어디가 '안'이고 어디가 '밖'인가?

앞으로 고객의 프로필은 구매력, 취향 등을 벗어난다. 고객이 (안팎의 구분 없이) 공유하고 좋아하고 평가한 흔적, 즉 고객의 모든 연결 활동의 기록이 고객의 프로필이 될 것이다.

지금까지 안과 밖의 경계가 없어지는 환경에서 연결이 만드는 새로운 질서, 이에 따른 사업자의 새로운 역할에 대해 알아보았다. 벽, 안과 밖, 내 홈페이지, 이제 이런 개념은 필요 없다. 그 대신 연결된 서비스와 콘텐츠, 연결되지 않고 고립된 서비스와 콘텐츠가 존재할 뿐이다.

안과 밖의 구분이 없어지는 현상은 인터넷 서비스에만 국한되지 않는다. 책이나 방송, 신문 등 안과 밖의 경계에 가장 민감한 콘텐츠 사업자를 비롯하여 대부분의 비즈니스가 이에 해당된다. 콘텐츠를 지켜주던 벽이 허물어졌다면 비즈니스는 그에 따라 진화할 수밖에 없다(콘텐츠 사업자 관점은 1부의 '콘텐츠의 재정의와 새로운 비즈니스의 기회'를 참고하기 바란다).

매개는
미디어를
진화시킨다

01. 출판은 곧 매개다
02. 매개의 4가지 유형: 창조, 재창조, 복제, 그리고 소비
03. 16세기 SNS에서 오가닉 미디어를 배운다
04. 끝이 곧 시작이다

네트워크의 성장과 진화를 만드는 것은 무엇인가? 지금까지 미디어의 진화를 구조적 관점에서 살펴봤다면 제4부에서는 '매개' 개념을 중심으로 네트워크의 진화를 만드는 핵심 요인을 짚어본다. 이를 위해 1장에서는 출판 개념을 매개의 관점에서 재정의한다. 2장에서는 매개를 창조·재창조·복제·소비라는 4가지 유형으로 분류하여 사용자의 역할을 분석한다. 3장에서는 16세기 서신공화국을 SNS의 사례로 해석하고 네트워크를 만드는 기획자, 개발자, 마케터, 사업자 등을 위한 시사점을 정리한다. 마지막으로는 '전달 또는 도달'이 '매개' 개념으로 전환됨에 따라 어떻게 미디어의 질서가 재구성되고 있는지 정리한다.

01 출판은 곧 매개다
Publication is Mediation

요즘은 글을 쓰는 사람도 읽는 사람도 시간이 없다. 다윈은 《종의 기원》을 출판하기까지 13년이 넘는 세월을 보냈다는데, 지금은 13개월은커녕 1분 30초 만에도 글이 쏟아져 나온다.[1] 페이스북에 올리는 글 하나, 트위터에 쓰는 140자의 글, 친구가 추천한 블로그, 친구가 카카오톡으로 보내준 링크들이다. 모두 따라가서 읽다 보면 하루가 모자란다. 어차피 내일 읽을거리는 또 쏟아질 것이다.

혹시 소셜 미디어의 시시콜콜한 잡담까지 고귀한 출판과 비교해서 기분 나쁜 독자가 있을지도 모르겠다. 수업 중에 학생들에게 질문을

1. John van Wyhe, "Alfred Russel Wallace. A biographical sketch," *Wallace Online*, 2012, http://wallace-online.org/Wallace-Bio-Sketch_John_van_Wyhe.html.

해도 대부분 출판이란 책, 저널 등을 발표하는 것이라고 답한다. 당연하다. 출판의 개념은 지금까지 (신문, 잡지, 책 등의) 전통적인 미디어와 함께 해오면서 역사적으로 정립된 것이다. 공중에게 전달하기 전에 출판사, 논문집, 신문사에서 내용을 검열·편집하고 충분히 다듬어서 '출판할 가치가 있다'고 판단한 후에 독자에게 공개했다. 출판은 태생적으로 '공개할 만한'이라는 의미를 함축해왔다.

그런데 이제 블로그에서 글 하나를 공개할 때도 '퍼블리시publish' 버튼만 누르면 끝이다. 사전적으로도 출판은 '공중에게 콘텐츠를 공개하는 모든 행위'로 정의되어 있다.[2] 사진을 찍어서 누구에게 공개할 것인지 선택하고 실시간으로 전달하기도 한다. 이것은 왜 출판이 아닌가?

미디어 시장이 진화하면서 출판의 쟁점도 변화하고 있다. 이 단락에서는 출판을 재정의하고 진화하는 출판의 가치를 논의할 것이다. 우리는 누군가에게 일생일대의 이벤트였던 출판이 일상화되고 습관화되는 세상을 경험하고 있다. 여기서 출판의 역할과 가치는 달라질 수밖에 없다. 다만 그것을 인지할 시간이 필요할 뿐이다.

출판의 고정관념을
깨기 위한 몇 가지 질문

다음 이미지는 '플립보드Flipboard' 서비스가 제공한 1면 기사의 제목들

---

2. "Publication," *Wikipedia*, http://en.wikipedia.org/wiki/Publication.

소셜 매거진 서비스 '플립보드'에서
신문 기사, 소셜 미디어 등의 콘텐츠를
큐레이션하여 잡지처럼 볼 수 있다.
사용자의 소셜 네트워크와 사용자 활동을 기
반으로 커버스토리를 추천한다.

이다.[3] 플립보드는 전문적인 언론사가 제공하는 기사와 소셜 미디어에
공유된 지인의 콘텐츠를 조합하여 공적·사적 메시지의 구분 없이 보
여주는 소셜 매거진이다. 각자가 설정해놓은 내용을 하나의 채널을 통
해 매거진으로 받아 본다.

　플립보드에서는 사용자의 네트워크와 활동 등을 기반으로 쏟아지
는 출판물 중에서 무엇을 먼저 보여주고, 무엇을 중요하게 전달해야
할지 구성한다. 상단의 커버스토리를 차지한 지인의 사진 한 장과 하

---

3. 김광현, 〈플립보드에서 한국 뉴스를 매거진 형태로 본다〉, 한경닷컴 블로그, 2013년 7월 23일,
http://kwang82.hankyung.com/2013/07/blog-post_23.html.

ORGANIC MEDIA

윤지영 (Dr. Agnes Yun)

구글, 아마존, 페이스북은 왜 오가닉 미디어인가? 미디어가
사회, 경제, 문화의 경계를 허문다!

이 책은 관계에 의해 만들어지는 미디어, 그래서 살아서 진화하는 네트워크에
대한 이야기다. 우리는 살아서 성장하는 유기적인 미디어를 '오가닉 미디어
(organic media)'로 명명했다. 등잔 밑에서 발견한 미디어의, 시장의, 사회의
새로운 질서에 대한 스토리이며, 결국 여러분이 만드는 미디어에 대한 스토리
텔링이다.

📖 READ　　**🛒 BUY**

누구나 쉽게 웹북을 출판할 수 있게 되었다. 화면은 《오가닉 미디어》의 웹북 초기 화면이다. (출처: organicmedia.pressbooks.com)

단에 있는 뉴스 콘텐츠는 이렇게 배달된 콘텐츠들이다. 이 중 어느 것이 출판물이고 어느 것이 출판물이 아니라고 할 것인가?

물론 전통적 출판 시장에서도 변화가 나타나기 시작했다. 1인 출판시대에는 스스로가 편집자고 검열자다. 아마존에서 전자책을 출판하는 데는 채 5분도 걸리지 않는다. 그것도 저자가 직접 올리면 된다. 웹북은 더 큰 변화를 가져왔다. 위의 이미지는 여러분이 지금 읽고 있는 책《오가닉 미디어》의 웹북 표지다. 저자가 직접 웹 서비스를 이용해 만든 것이다. 종이책이 출판되기 전에 수업 시간에 활용하기 위해 웹북을 만들고, 일부를 학생들에게 공개했다. 여러분이 책을 읽고 있는 이 시간에도 내용은 계속 수정되고 있다. 이 웹북은 출판인가 아닌가?

만약 책 전체를 웹에 올리지 않고 한 장章만 공개했다면, 이것은 또

윤지영 (Dr. Agnes Yun)

🏠
Home

☰
Table of
Contents

책의 종말인가, 진화인가?

EVOLUTION OF BOOKS

책은 경이롭다. 수천 년 이상 인류의 모든 기록을 담아왔다. 책과 마주하는 시간은 경이롭다. 때로는 위로와 기쁨을, 때로는 지식과 설레임을 준다. 책은 여행이고 동반자이고 스승이며 나 자신이다. 우리와 각별한 관계를 만들어온 책은 객관화하기가 어려운 '감성적' 미디어다. 그러나 이 글에서는 미안하게도 이 아늑한 미디어의 해체 현상에 대해 이야기 하려고 한다.

책의 해체는 책에 대한 부정이 아니다. 책의 진화이다. 다만 그 진화가 계속 이어져 지금 우리가 알고 있는 책의 형태를

이 책의 1부 1장 '책의 종말인가, 진화인가?'의 웹북 이미지를 캡처한 것이다.

출판인가 아닌가? 1부의 '책의 진화인가, 종말인가?'에서도 언급했듯이, 전통적으로 책이 되려면 어느 정도 두께의 페이지가 필요했고(유네스코에서는 49쪽으로 규정했다), 책이란 홍보물을 제외하고 서점 등의 채널을 통해 배포되는 것을 일컬어왔다. 하지만 이미 2쪽짜리 전자책도 출판되고 있을 뿐 아니라 다음 이미지와 같은 웹북 형태에서는 아예 페이지 개념이 없다. 심지어 장章 하나만 무료로 웹에서 공개한다면, 그것은 출판이 아니라고 할 것인가?

일상적 커뮤니케이션이
된 출판

자신의 콘텐츠를 각종 미디어를 통해 공개하는 행위가 출판이라면 종이책이든 전자책이든 상관이 없고 심지어 소셜 미디어에서도 출판은 이루어질 수 있다. 무슨 내용인지도, 얼마나 깊이 있고 길이가 긴 스토리인지도 상관이 없다. 콘텐츠를 공개할 만한 미디어가 희귀할 때는 '공개할 가치가 있는지' 판단하는 프로세스도 엄격하고 복잡할 수밖에 없었다. 그러나 콘텐츠도 많고 공개할 미디어도 수없이 많아졌으며 무엇보다 누구든지 접근 가능해졌다. 출판사와 편집자를 통하지 않고도, 나의 이야기를 공개하는 것이 가능하다.

실제로 우리는 매 순간 자신의 생각을, 일상을 기록하고 공개하면서 살아가고 있다. 하루하루가 출판의 연속이다. 지금 무엇을 보는지, 먹는지, 생각하는지, 이 모든 것이 공개할 거리가 되었다. 즉 출판은 대단한 인지적 행위가 아니라 직관적이고 충동적인 콘텐츠까지 포괄하게 되었다. 이제 나의 체험과 생각을 공개하는 행위가 내가 누구인지 알리고 사회적으로 나를 존재하게 하는 수단이다.

여기서 출판은 반드시 여러분이 혼자서 창조적으로 작성한 콘텐츠에만 국한되지 않는다. 다른 사람의 글을 리트윗하고 공유하고 싶은 글에 '좋아요' 버튼을 누르는 행위 등이 여러분의 네트워크에 공개된다면, 이것도 모두 출판의 범주에 속한다. 작성하고 인용하고 좋아하고 댓글을 다는 모든 행위가 반복되고 연결된다면, 그것은 여러분의 일대기를 적은 장편소설이 될 것이다. 한 번에 출판한 자서전이 아닐 뿐

박혜웅
우연히 눈에 띈 영화의 명대사.

Voir la traduction

때론 목숨을 건
일생일대의 모험이 필요하다

J'aime · Commenter · Partager · il y a 12 heures · 🐾

페이스북에 지인이 올린 사진 한 장과 한 줄의 콘텐츠도 출판의 일종이다.

이다.

한 가지 주제에 대해 여러 콘텐츠를 모으는 '큐레이션Curation'도 출판이다. 남이 생성한 글을 여러 개 모아서 보여주는 것은 최초 창작물과 '글쓰기 방법'만 다를 뿐이지 출판에서 제외될 이유가 없다. 그뿐만이 아니다. 여러분의 검색 기록을 구글이 콘텐츠 필터링에 사용하고 있다면(그래서 검색 결과에 영향을 미친다면), 여러분의 검색 기록을 담은 단 한 줄의 메타 데이터도 결국 간접적으로 출판의 일부가 된다(글을 쓰고 그림을 그리는 것만이 출판이 아닐 수도 있다).

그리고 보면 출판이란 더 이상 전문적인 지식을 가졌거나 특정 직업을 가진 사람들의 전유물이 아니라, 우리 모두의 일상적인 커뮤니케이션이다. 필수가 되어버린 소통 수단이고 존재 방식이다. 문득 페이스북의 뉴스피드에서 한 장의 사진과 지인의 생각 한 줄이 여러분의 시선을 붙들었다면 그것으로 족하다. 성공한 출판물이고 성공한 커뮤니케이션이다.

출판의 미션은
매개다

모두가 출판하고 무엇이든 출판되는 환경이 되었다면 앞으로 출판의 역할은 무엇이며 어떤 가치를 지니게 되는 것인가? 앞으로 오가닉 미디어 시장에서 출판의 역할과 가치는 '전달'이 아니라 '매개'가 될 것이다(매개에 대한 상세한 정의는 4부의 '매개의 4가지 유형: 창조, 재창조, 복제, 그리고 소비'를 참고하기 바란다).

매개의 방식은 다양하다. 세상에 존재하지 않던 콘텐츠를 공개하든 이미 공개된 콘텐츠를 추천하든 상관이 없다. 독자와 지식을 연결해줄 수도 있고 사람과 사람을 연결할 수도 있다. 여기서 핵심은 오가닉 미디어에서 우리의 모든 행위가 출판 행위가 된다는 점, 그리고 모든 출판 행위는 다시 무언가를 '매개'하는 행위가 된다는 점이다.

출판이 매개가 되고 매개가 곧 출판이 되는 과정은 전에 없던 결과물을 만들었다. 출판은 저자, 독자, 콘텐츠 등이 다양하게 연결된 '관계'를 만들며, 이 관계가 만드는 네트워크가 결과적으로 출판의 가치가 된다. 사업자 관점에서 보면 출판도 더 이상 콘텐츠 비즈니스가 아니라 네트워크 비즈니스로 진화한다는 뜻이다.

매개는
네트워크를 만든다

매개 행위가 무엇이든 여러분의 활동 기록은 고스란히 지인들에게 공개되고 배달되어 하나의 출판 기록으로 남을 것이다. 그리고 그 기록은 예외 없이 콘텐츠와 지인들을 연결해주는 매개체가 될 것이고, 이 과정은 네트워크를 만들게 될 것이다.

아래 이미지는 이러한 출판, 즉 매개 행위로 형성된 네트워크를 도식화한 것이다. 블로그에 어떤 글이 게재되었다고 생각해보자. 이렇게 생성된 콘텐츠를 C1이라고 하자. 이 글을 읽은 사람이 자신의 페이스

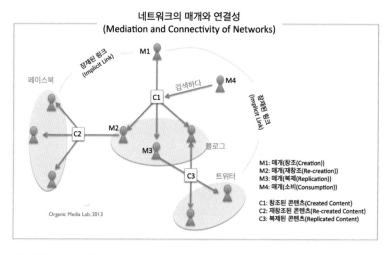

사용자의 모든 종류의(댓글을 달고, 좋아하고, 공유하고, 검색하는 등의) 출판 행위는 연결을 만들고 네트워크를 만든다. 이 연결은 사용자와 콘텐츠(메시지)를 매개하고 이종의 네트워크(트위터, 페이스북, 블로그 등)를 매개하는 결과를 낳는다.

북으로 글을 링크시키고 코멘트를 단다. C1을 기반으로 하는 새로운 콘텐츠 C2가 생성된 것이다. 또 다른 사람은 클릭 한 번으로 링크를 자신의 트위터로 보낸다. C3 콘텐츠가 생성된다. 이 모든 행위는 서로 다른 네트워크(페이스북과 트위터 등)의 사람들과 최초의 콘텐츠 생성자를 간접적으로 연결하는 결과를 가져온다.

이 행위들(링크)을 관통하는 하나의 공통점은 모두가 사람 또는 콘텐츠를 매개하는 역할을 양방향으로 하고 있다는 점이다. 연결을 하는 순간 스스로도 연결된다. 결과적으로는 C1, C2, C3의 콘텐츠를 게재한 이들이 모두 스스로 노드가 되었고 서로를 연결하는 매개자가 되었음을 읽을 수 있다. 이는 출판이 그 내용과 형식에 관계없이 모두 매개 행위라고 새롭게 정의될 수 있는 이유이며, 그 결과 출판 행위가 수많은 '관계'를 생성하고 있음을 볼 수 있다.

매개가
공간을 확장한다

매개는 하나의 서비스 공간에 국한되지 않고 여러 서비스와 연결되면서 거대한 관계 네트워크로 확장될 수 있다. 콘텐츠와 사람, 사람과 사람 간의 네트워크가 유기적으로 변모하게 되고 다양한 노드들이 생성·진화·소멸하게 된다. 그 과정에서 콘텐츠(출판물)는 진화하기도 하고, 사용자의 매개가 멈춰진 곳에서 바로 사망하기도 한다. 각각의 현상들은 독자적인 네트워크 안에 갇혀 있지 않고 서로 연계되어 확산된다.

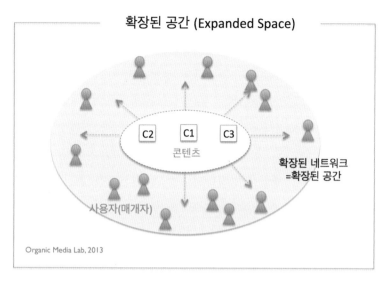

확장된 공간 (Expanded Space)

C2 C1 C3
콘텐츠

확장된 네트워크
=확장된 공간

사용자(매개자)

Organic Media Lab, 2013

사용자의 활동을 통해 콘텐츠들이 서로 매개되고 사용자들이 서로 연결된다. 사용자가 활동한(매개한) 거리만큼 공간은 확장되어 있다.

　　사용자의 매개 행위로 이어진 네트워크를 공간적으로 다시 표현하면 위와 같은 이미지를 얻을 수 있다. 사용자는 서비스 영역에 관계없이 트위터, 페이스북, 블로그, 뉴스 등을 옮겨 다닌다. 콘텐츠들로 매개된 사용자들이 연결되고 사용자의 활동 영역만큼 공간은 확장된다. 사용자가 자유롭게 서비스를 여행하면서 활동하는(흔적을 남기는) 거리만큼 출판물이 유통되는 공간도 확장된다는 뜻이다. 여기서 필요한 것은 소셜 미디어에 게재된 한 줄의 링크든 신문 기사든, 어떤 콘텐츠든 사용자가 자유롭게 넘나들며 쉽게 매개할 수 있는 환경뿐이다.
　　네트워크를 공간 형태로 바꾸어 살펴보면 최초로 생성된 콘텐츠(메시지 C1)를 매개하는 행위를 통해 C1과 연관된 새로운 콘텐츠들이 생겨나는 것을 볼 수 있다(C2, C3, …… Cn). 여기서 C2, C3의 콘텐츠 생성자들은 단순히 자신의 지인들과 의사소통하기 위해 글도 올리고 링크도 내보냈을 것이다. 그러나 이 행위는 서로 다른 네트워크와 소셜 그룹들을 간접적으로 연결하는 결과까지 가져온다. 곧 콘텐츠(노드)에 매개된 소셜 네트워크의 확장이며, 궁극에는 콘텐츠와 사람의 연결이 '공간의 확장'으로 이어질 수 있다.

이렇게 거대한 공간을 만드는 것은 결국 보잘것없고 시시한 출판물의 조각들이다. 모든 흔적이 기록되고 연결되는 세상에서 우리 모두의 출판 행위가 지금까지 오가닉 미디어를 진화시키고 공간을 확장하는 원동력이 되어온 것이다.

지금까지 매개 관점에서 진화하는 출판의 역할에 대해 살펴보았다. 출판 즉 콘텐츠(메시지)를 공개하는 행위가 결국 일방적인 '전달'에서 양방향 '매개'로 페이지를 넘겼다는 것은 미디어 시장 전체에 시사점을 던진다.

첫째, 사용자의 매개 활동을 중심으로 미디어의 질서가 재편된다는 점, 둘째, 출판(방송, 음악 등 콘텐츠를 공개하는 모든 행위로 읽어도 무방하다)이 고귀했던 시절보다 출판의 가치 범위가 훨씬 넓어졌다는 점이다. 예전의 출판이 한 사람의 전유물이고 고립된 섬이었다면 지금은 무언가를 연결하고 새로운 것을 발견하게 하는 매개체로 확장되었다. 이것은 오랫동안 시장을 주도해왔으면서도 벼랑 끝에 몰리게 된 콘텐츠 사업자들에게 주어진 시작점이다. 새로운 기회다. 모두가 1인 미디어가 되고 1인 출판사가 되는 시대에 출판(콘텐츠) 시장의 범위는 훨씬 넓어질 것이고 사업자의 역할은 진화할 것이다. 다만 '책으로(미디어로) 공개

할 만한 콘텐츠를 판단하고 생산하는' 것에 사업자의 역할을 국한하지
않는다면 말이다.

02 매개의 4가지 유형: 창조, 재창조, 복제, 그리고 소비
4 Types of Mediation

요즘은 입소문 마케팅의 세상이라고 한다.[1] 이제 사용자를 통하지 않고는 아무것도 팔 수 없게 되었다.[2] '사세요'라고 외치기보다 '좋아요' 소리를 들어야 한다. 사실 입소문 마케팅이 새로운 것은 아니다. 친구 따라 강남 간다는 말도 있지 않은가. 친구 따라 PC방도 가고 영화도 보러 가고 선생님이 추천한 책도 읽는다. 이들은 모두 입소문을 통해 내 의사 결정에 영향을 미치는 사람들, 즉 매개자들mediators이다(매개의 개념에 대해서는 곧 자세히 설명하겠다).

1. Adam L. Penenberg, *Viral Loop: From Facebook to Twitter, How Today's Smartest Businesses Grow Themselves*, Hyperion, 2009.
2. Gary Vaynerchuk, *The Thank You Economy*, Harper Business, 2011.

그런데 온라인에서는 매개자의 범위가 훨씬 넓어졌다. 그러면서 문제의 핵심이 '전달'에서 '매개'로 옮겨 갔다. 소셜 미디어가 중요해진 이유는 입소문을 낼 수 있는 미디어라서가 아니라 소셜 미디어가 만드는 네트워크 때문이다. 네트워크가 있기에 플랫폼도 나오고 데이터도 나오고 입소문도 나온다. 매개는 바로 이 네트워크의 작동 원리다. 이 단락에서는 매개의 정의와 유형을 살펴보고 아마존 사례를 중심으로 매개가 이루어지는 프로세스를 이해하는 데 집중하기로 한다.

매개란
무엇인가?

'매개mediation'는 '직접적인immediate 것'의 반대말이다. 어원을 보면 13세기에 '~의 중간에in the middle'를 뜻하는 라틴어 'medius'에서 차용되었다. 이에 따르면 개념적으로는 중재(자)를 통해 어떤 '새로운 결과'가 발생하도록 하는 것이 매개다. 예를 들면 결혼을 중매하거나, 싸운 사람들을 화해시키는 것도 이에 속한다. 두 대상과 이를 이어주는 중재자가 반드시 필요한 작용이다. 사람과 사람을 잇는 경우(이를 사회적 매개라 한다) 외에도 음악이나 영화와 같은 콘텐츠와 사람을 연결하는 것(이를 문화적 매개라 한다)도 매개다. 예를 들어, 친구에게 영화를 추천한다거나 싸이의 '강남스타일'을 패러디하는 것이 모두 매개에 속한다. 크건 작건 간에 매개는 필연적으로 기존에 없었던 새로운 가치를 창조하는 역할을 한다는 것이 핵심이다(어떻게 새로운 가치를 만드는지는 잠시 후 자세히 다룰 것이다).

매개자에
대한 편견

그럼 매개자는 누구인가? 오피니언 리더, 소셜 네트워크의 허브 그룹을 떠올리거나 그냥 매개자라는 말 자체가 추상적으로 들릴 수도 있을 것 같다. 매개자에 대한 이해를 좀 구체화해보자.

나는 1990년대를 프랑스에서 보냈다. 좌충우돌하면서 인생의 결정적 매개자들을 만났다. 한 분은 서점에서 우연히 만났다. 소르본 근처 '테크네'라는 서점에서 열린 신간 발표회에서 피에르 뮈소Pierre Musso라는 학자를 만나게 되었는데, 이 만남은 나와 네트워크를 연결시켜준 계기가 되었다(이 작은 서점은 시대의 요구에 따라 불행히도 문을 닫았다[3]). 물론 이런 관점에서 보면 매개자로 꼽힐 사람은 서넛을 넘지 않을 것이다.

그런데 좀 다른 각도에서 보면 숨겨진 매개자들이 수없이 발견된다. 프랑스로 가게 된 이유, 전공을 선택한 계기, 지도교수와의 만남, 인터넷과의 만남, 연구 중에 만난 많은 사람들 등 열거하자면 끝이 없을 것이다. 그 모든 스토리에 수많은 인물들이 등장할 것이고, 그들이 모두 내 의사 결정에 영향을 끼친 매개자들이라면 수십, 수백은 될 것 같다. 무슨 뜻일까?

우리는 삶에서 많은 사람들과 사건을 경험한다. 태어나는 순간부

---

3. "Disparition de la librairie Tekhné," *Veille et Analyse TICE*, Apr 10, 2012, http://www.brunodevauchelle.com/blog/?asides=disparition-de-la-libraire-tekhne.

터 수많은 매개자들에 노출되어 있다. 부모님, 친구들, TV, 학원, 학교 등 체험하는 모든 곳에서 매개는 연속적으로 일어난다. 다만 이들과의 만남은 기록되거나 분석되는 것이 아니어서 우리의 기억 속에서 지워지고 막연하게 몇몇만이 각인될 뿐이다. 내가 유학 생활에서 떠올릴 수 있는 결정적인 매개자들이 그렇다.

그렇다면 인터넷에 연결된 공간에서는 어떤가? 인터넷에 접속하는 순간부터 사람과 콘텐츠를 동시다발적으로 만난다. 모든 만남은 히스토리로 기록되고 분석되며 내게 다시 개인화된 정보로 되돌아온다. 이 끊임없는 매개 과정이 우리의 의사 결정에 녹아 있다. 인터넷 공간은 모두가 모두의 매개자로 연결되어 있는 공간이다.

인터넷 공간에서는 매개 작용이 한꺼번에, 그리고 연쇄적으로 이어지면서 거대하게 진화하는 네트워크를 만들어낸다. 우리가 살아오면서 오프라인에서 경험해온 매개와 다른 점이다. 그렇다면 구체적으로 오가닉 미디어에서 매개 활동은 어떤 유형으로 조직화되어 나타나는지 살펴보자.

매개의
4가지 유형

인터넷 공간에서는 네 유형의 매개가 역동성을 만들고 있다. 크게 창조, 재창조, 복제, 소비 유형으로 나눌 수 있다.

커머스에서 신규 아이템을 등록하는 것 또한 새로운 콘텐츠를 생산하는 것으로, '창조형' 매개에 해당한다.

1. 창조

콘텐츠를 처음 생산함으로써 네트워크에 씨앗을 뿌리는 역할을 하는 매개의 유형이다. 인터넷 공간에 새로운 화두를 던지는 것과도 같다. 새로운 생각거리나 들을거리, 볼거리를 던지면서 새로운 관계(링크)가 만들어질 수 있는 씨앗을 뿌린다. 블로그에 글을 작성하거나 사진을 찍어서 올리는 등의 많은 활동이 이에 속한다. '나 이거 먹었어요'라는 타임라인 글을 포함해서 우리의 모든 퍼블리케이션이 매개 행위이며 곧 창조다. 물론 이 세상에 진정한 창조는 없다. 다윈의 《종의 기원》, 에디슨의 전기, 주커버그의 페이스북 등도 예외는 아니다. 기존에 존재하던 것을, 하지만 아무도 눈치채지 못했던 것들을 연결하는 것이 발견이고 발명이며 곧 창조다.[4] 얼마나 새로운 발견이고 연결인지, 그리고 어떤 결과(가치)를 초래(생산)하는지에 따라 창의적인 것이 되거나 뻔한 것이 된다.

아마존에서 상품 하나가 등록되는 사소한 사건도 마찬가지다. 위의 이미지(249쪽)는 2012년 10월 아마존에서 출시한 전자책 리더인 '킨들 페이퍼 화이트'가 상품으로 등록된 모습이다. 이것 하나로 바로 구매가 결정된다면 매개의 다양한 유형을 고민할 필요도 없다. 하지만 모두 알다시피 상품 등록은 자동으로 구매를 부르지 않는다. 구매가 일어날 수 있는 씨앗만이 던져진 상태다. '아 오늘 춥네'라는 트윗을 날렸다고 해서 자동으로 팔로워가 생기지는 않는다.

2. 재창조

새로 등록된 상품이 구매로 이어지기 위해서는 구매자의 의사 결정을 돕는 여러 정보가 더 필요하다. 대표적인 것이 사용자 리뷰다. 사용자가 직접 올린 상품 후기와 의견은 신규 등록된 상품에 정보를 더하는 매개 행위, 즉 '재창조'에 해당한다. 다음 이미지(251쪽)는 기존의 킨들과 신규 출시된 상품의 밝기를 비교하여 사용자가 올린 자료다. 어두운 공간에서 얼마나 밝기를 조절할 수 있는지 직접 실험해서 사진을 찍어 올린 것이다. 사용자들의 이런 노력은 구매에 결정적 단서를 제공한다.

재창조 유형의 매개는 무궁무진하다. 스토리파이(http://storify.com)의 '큐레이션' 활동도 이에 속한다. 이미 창조된 콘텐츠들을 적절한 주제와 컨텍스트를 기반으로 묶어주고 요약하는 과정에서 새로운 가치가

4. 데이비드 건틀릿, 《커넥팅: 창조하고 연결하고 소통하라》, 이수영 옮김, 삼천리, 2011.

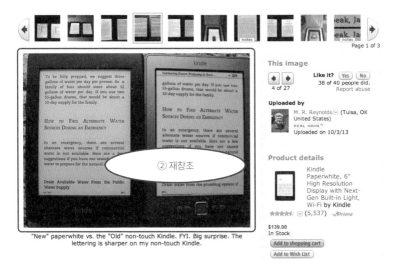

재창조형 매개는 이미 생산된 콘텐츠에 적극적 방식으로 가치를 더하는 역할을 한다. 아마존의 사용자 리뷰는 재창조형 매개의 대표적 사례다.

창출된다. 큐레이션 서비스는 사용자가 정보를 찾아 헤매는 시간을 줄여줄 뿐 아니라 새로운 기사 편집 방법 등 다양한 형식으로 글을 쓰고 지식화하는 방법을 제안한다. 매개의 정의에서 언급했듯이 매개가 단순한 연결이나 전달이 아니라 새로운 가치를 생산하는 과정이라는 말이다. 다음 이미지(252쪽)는 스토리파이에 실린 《월스트리트저널》의 기사다.[5] 사진기자가 트위터로 내보낸 사진을 《월스트리트저널》이 스토리파이로 가져와 '큐레이션' 함으로써 다시 기사화했다. 똑같은 사진을

---

5. Wall Street Journal, "Social Media Photos of the Boston Marathon Explosions," *Storify by Wall Street Journal*, 2013, http://storify.com/wsj/boston.

언론사에서도 큐레이션 서비스를 적극적으로 활용하여 콘텐츠의 다각적 매개를 시도하고 있다.

기반으로 하지만 새로운 콘텐츠가 되었다. 바로 재창조형 매개다.

또한 페이스북에서 단순히 '좋아요'만 누르지 않고 '공유'를 통해 자신의 의견을 전달하고 새로운 갈래를 만들어 화두를 던진다면 이 또한 재창조 유형에 속한다. 드라마 대본처럼 지속적으로 독자들의 반응에 따라 방향을 잡아가는 책 출판도 가능해졌고, 이때 독자들의 피드백이 그 자체로 콘텐츠가 되기도 한다. 원작을 다양하게 패러디한 영상들도 빼놓을 수 없다. 이 모든 사례는 이미 창조된 것에 가치를 더하여 새로운 창조를 덧붙이는 매개 행위라고 하겠다. 이는 결과적으로 콘텐츠를 적극적으로 유통시키는 행위가 된다.

여기서는 콘텐츠 또는 서비스가 얼마나 많은 사용자들의 참여를 유도하느냐가 관건이다. 참여를 북돋는 콘텐츠의 제공과 재창조를 쉽게 할 수 있게 하는 인터페이스의 제공이 중요해진다. 또한 각각의 재창조형 매개는 언제든지 서로 연결될 수 있다. 상품 리뷰가 큐레이션 서비스에 올라가고, 그 내용이 SNS에 공유되고, 다시 댓글에서 토론되면서 이 적극적 매개는 유기적으로 성장하게 된다.

3. 복제

그런데 창조와 재창조만으로 거대하고 역동적인 네트워크를 논하기는 어렵다. 콘텐츠를 생산하고 리뷰하고 토론하고 패러디하는 사용자는 실제로 많지 않기 때문이다. 여기에 양적인 확산을 가져오는 역할을 하는 것이 필요하다. 바로 복제형 매개다. 이미 매개된 콘텐츠의 내용을 변화시키지는 않지만 '가시성'을 높이고 양적으로 확산하는 역할을 한다. 클릭 한 번으로 콘텐츠를 복제하고 퍼뜨릴 수 있다. 이 경우는 '숫자'가 콘텐츠가 된다. 얼마나 많은 사람들이 공감하고 관심을 갖는지가 내 의사 결정에 영향을 준다. 이처럼 가시성을 높이는 방법에는 크게 두 가지가 있다.

첫째, '좋아요'를 누르고 리트윗을 하는 등 내가 공감했음을 알리는 것만으로 콘텐츠가 퍼지는 경우다. 나는 버튼 하나를 눌렀을 뿐이지만, 그 내용이 내 담벼락에 복제되고 해당 콘텐츠를 친구들에게 소개하는 결과를 가져온다. 책을 다 읽고 별점을 주는 것도 마찬가지다. 별점은 구매자에게도 영향을 주지만, '○○○ 님이 ~에 별점 5개를 주었습니다'라는 형식으로 담벼락에 표시되면서 내 SNS 지인들에게도 소문이 난다. 이렇듯 복제형 매개는 '무단 복제'와 다르다. 콘텐츠를 복

'복제'는 창조되고 재창조된 콘텐츠를 양적으로 확장하고 가시성을 높이는 매개 활동이다.

사해서 내 것인 양 가져가는 것이 아니라 '좋다', '싫다' 표현하는 행위가 콘텐츠를 복제해서 퍼 나르는 역할을 한다는 뜻이다.

둘째, 위의 이미지에서 볼 수 있듯이 나의 투표와 별점은 유익한 리뷰를 가려내어 가시성을 높여주는 역할을 한다. 3402명 중에서 3200명이 해당 리뷰를 '유익하다'고 평가했기 때문에 나는 수백 개의 리뷰를 일일이 읽지 않아도 제일 위에 올라온 글을 먼저 읽을 수 있다. 이 경우도 직접 콘텐츠를 복제하는 것은 아니다. 하지만 개개인이 모여 3200번의 평가라는 압도적인 숫자를 만들었고, 이 숫자가 더 많은 사람들이 해당 콘텐츠를 보게 하는 매개 역할을 하는 것이다. 복제형 매개는 하나하나는 힘이 없지만 개별적 활동이 양적으로 모였을 때 힘을 갖게 된다.

4. 소비

그렇다면 "나는 한 번도 '좋아요'를 누르거나 투표한 적이 없는데?"라

소비는 가장 일반적인 매개 행위다. 전자책에서 밑줄을 치는 것도 다른 사람의 독서와 구매에 영향을 미치는 매개 행위로 볼 수 있다.

고 생각하는 사람이 있을지도 모르겠다. 그래도 여러분은 항상 매개에 참여하고 있다. 예를 들어, 검색은 단순한 소비 행위이지만 그 자체로 대표적인 매개 행위다. 내 소비가 실시간 검색 순위를 만들고 검색엔진의 정확도를 높이는 역할을 한다. 스마트폰에서 애플리케이션을 내려받는 것, 서비스를 더 편리하게 사용하려고 주소록을 연동하거나 에버노트Evernote를 다른 사람과 공유해서 쓰는 것 등이 다 마찬가지다.

내가 필요해서 사용하고 읽고 구경하고 구매한 것일 뿐이지만 이 모든 것은 사람들을 콘텐츠 또는 다른 사람들과 직간접적으로 매개한다. 2부의 '아마존은 왜 오가닉 미디어인가'에서 설명했듯이 아마존의 추천 알고리즘은 그 대표적인 사례이며, '소비'라는 가장 소극적인 매개 행위의 가치를 극대화해 활용한 사례다.[6]

위의 이미지(255쪽)에서 위쪽은 내가 킨들 페이퍼 화이트의 상품 페이지를 구경한 다음에 만나게 된 아이템들이다. 다른 구매자들이 리더기 커버 등 관련된 제품들을 함께 찾아봤다는 걸 알 수 있다. 내가 이 중에서 어댑터를 자세히 보기 위해 클릭을 한다면 아마도 다음 사람들, 즉 나와 동일한 제품에 관심을 가진 사람들에게 어댑터가 더 추천되는, 즉 매개되는 역할을 하게 될 것이다. 도움이 되려고 했든 안 했든 말이다.

아래쪽은 킨들로 읽은 책 《프리Free》에서 내가 친 밑줄과 다른 독자들이 가장 많이 밑줄 친 문장들을 리스트로 볼 수 있는 페이지다.[7] 다른 사람과 공유하기 위해 시간을 할애한 것이 아니다. 그저 본인들이 기억하고 싶은 문장에 밑줄을 친 것이지만 다른 독자들, 그리고 이 책을 구매할까 망설이는 잠재 고객의 의사 결정에 도움이 될 것이다. 우리의 모든 소비 행위는 가장 일반적인 매개다.

6. Greg Linden et al., "Amazon.com Recommendations: Item-to-Item Collaborative Filtering," *IEEE Internet Computing*, 2003, pp. 76-80.
7. https://kindle.amazon.com/work/free-future-radical-price-ebook/B001NDFNQY/B002DYJR4G.

매개가 인터넷의
진화를 만든다

지금까지 매개의 네 유형에 대해 살펴보았다. 결국 우리가 인터넷에 접속해서 하는 모든 행위가 매개라는 사실을 인식하는 순간 인터넷 공간은 다르게 보인다. 미디어를 움직이는 게임의 법칙 자체가 달라졌기 때문이다. 그래도 전통적 입소문 마케팅처럼 여전히 미디어가 '메시지를 전달하는 도구'라는 관점에 머물러 있는가?

지금까지 살펴보았듯이, 매개는 단순한 전달을 넘어선다. 매개 과정에서 사용자들의 변화무쌍한 움직임에 따라 수많은 스토리가 탄생한다. 창조와 재창조, 복제와 소비의 매개 과정이 동시다발적으로, 그리고 연쇄적으로 일어나기 때문이다. 즉 매개는 무엇보다 생산적인 활동이며, 이것이 인터넷을 진화시키는 힘이다. 수많은 인연의 연결이 우리의 인생을 결정하는 것처럼 끊임없이 이어지고 기록되고 상호작용하는 매개가 모여 인터넷의 미래를 만든다. 연결이 지배하는 미디어 세상을 만들고 진화시킨다.

03

16세기 SNS에서
오가닉 미디어를 배운다

Learning Organic Media from the Republic of Letters

대학원 수업 중에 오가닉 미디어를 설명하니 한 학생이 이런 질문을 한다. "그럼 농약 미디어에는 어떤 것이 있나요?"(모두 웃음) 오가닉 미디어는 사용자 활동을 통해 '유기적'으로 성장하는 미디어를 말한다. 사용자가 찾고 보고 사고 연결하고 대화할수록 네트워크가 성장하고 그것이 서비스의 가치가 된다. 자발적 활동이 이어지지 않으면 서비스는 성장을 멈추고 곧 도태된다. 이런 상황에 필요한 것이 농약이랄까. 지금 여러분 머릿속에 낚시글로 트래픽 올리고 사용자를 (외부 서비스로 빠져나가지 않도록) 가둬놓고 장사하는 서비스들이 떠오른다면 바로 그들이 농약 미디어에 해당하겠다. 유기적인 성장을 이루어내지 못하는 경우다.

기획자든 마케터든, 건강하게 자라는 네트워크를 만드는 것은 SNS

15세기말에 시작된 서신공화국은 에라스뮈스, 코페르니쿠스, 갈릴레이, 뉴턴 등 많은 참여자들의 참여를 통해 300년 이상 유지되었다. (그림 출처: Republic of Letters Project. http://republicofletters.stanford.edu/)

시대 모든 사업자들의 고민이다. 그런데 SNS가 (농약 없이) 무려 300년 이상 지속된 사례가 있다. 이 단락에서는 르네상스 시대부터 근대까지 이어진 '서신공화국Republic of letters'을 오가닉 미디어의 관점에서 살펴본다. 특히 네트워크의 특성, 사용자 인터페이스, 매개 유형, 핵심 기능을 해부하고 오가닉 미디어의 진화 방향에 대한 시사점을 얻는다.

SNS의 원조,
서신공화국

서신공화국은 편지를 기반으로 형성된 지식 공유 네트워크다. 15세기말 이탈리아, 프랑스에서 출발하여 18세기에는 북아메리카까지 이어지는 거대한 네트워크를 형성했다. 기록에 따르면 종교개혁과 1735년 사이에 6700명의 개인이 3만 5000통의 학술 서신을 교환했다고 한다.[1] 서신공화국의 메커니즘을 오가닉 미디어의 관점에서 살펴보면 다음과 같은 특징이 드러난다.

◆ 가입과 인증 절차가 없는 개방형 네트워크였다.

◆ 소셜 네트워크를 만드는 사용자 인터페이스가 존재했다.

◆ 매개 과정을 통해 콘텐츠가 생산·재생산·복제·소비되었다.

◆ 지식의 저장과 공유, 배포에 적합한 도구를 활용했다.

1. 개방형 소셜 네트워크

서신공화국은 무엇보다 국경과 소속, 종교, 세대를 초월한 개방형 편지 네트워크다. 종교개혁과 정치 분쟁으로 국가 간 왕래가 침체된 시기에 서신공화국은 '보편적universal' 가치를 지향하는 이라면 누구나 참여할 수 있는 네트워크였고, 문학·예술·과학·의학 등 콘텐츠의 범위도 제한이 없었다. 신분과 직업, 남녀의 차별이 심하고 국가 간 분쟁이 심각하던 상황을 고려하면 파격적인 소셜 네트워크가 아닐 수 없다.

회원 가입을 위한 검증 절차도 없고 소유자나 관리자도 없었으며, 규칙과 관습은 시민(참여자)들이 정했다. 참여자에 대한 신뢰도는 편지 왕래 과정에서 자연스럽게 검증되었다. 모두 필명 대신 실명을 사용한 것도 신뢰 네트워크를 구축하는 데 일조한 것으로 전해진다.

2. 편지 기반의 사용자 인터페이스

콘텐츠는 모두 필사본 편지로 생성되어 우편으로 전달되었다. 누구에게 보내야 할지 모르거나 주소를 모르는 경우에는 매개자가 적절한

---

1. 이언 F. 맥닐리·리사 울버턴, 《지식의 재탄생: 공간으로 보는 지식의 역사》, 살림출판사, 2009년 8월 27일, p. 129.

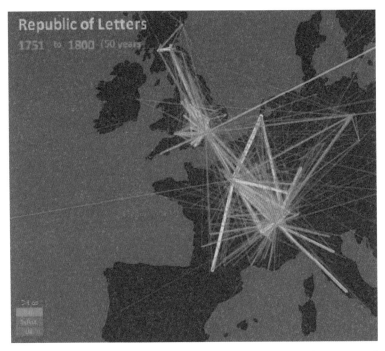

스탠퍼드 대학에서 18세기 서신공화국의 소셜 네트워크를 분석한 예시 화면이다.(그림 출처: http://mappingbooks.blogspot.kr/2013/07/expanding-republic-of-letters-india-and.html)

수신자를 찾아주기도 했고, 여행 중인 상인이 중개인 역할을 하기도 했다. 지식을 책이 아닌 편지로 개인(노드)을 통해 전달하는 프로세스는 서신공화국이 SNS로 발전하는 데 핵심적인 역할을 했다. 다음 세 가지 측면에서 그렇다.

저자의 메타 정보

첫째, 불특정 다수가 아닌 특정 인물에게 대화 형식으로 콘텐츠를 작성함에 따라 편지에는 작성자의 성격과 인성 등 다양한 메타 정보가 녹아들게 된다. 우리가 책을 읽는다고 저자와 친근감을 느끼지는 않는다. 하지만 편지에서는 한 번도 만나본 적이 없는 사람과 감성적으로 교감할 수도 있고 가깝게 느낄 수도 있다. 다양한 편지 쓰기 관례, 관습이 발전하고 네트워크에 대한 소속감에도 영향을 미치게 된다. 참여자의 교신이 빈번할수록 함께 성장하는 것은 편지 송수신자와 매개자의 노드들로 구성된 소셜 네트워크다. 위의 이미지(261쪽)는 18세기 서신공화국의 소셜 네트워크[2]를 분석한 스탠퍼드 대학의 연구 결과다.[3] (그림은 유튜브 동영상으로 소개된 내용의 한 장면이다.[4])

콘텐츠에 대한 신뢰

둘째, 당시 사람들은 인쇄된 책보다 필사본을 더 신뢰했다. 책이 출판되는 과정에서 종교적 검열이나 출판사의 마케팅 전략 때문에 콘텐츠가 훼손되고 왜곡되는 사례도 있었고, 잘못된 정보가 한꺼번에 확산될 위험도 존재했다.[5] 따라서 오히려 개인이 손으로 작성하고 서명

---

2. Mitch Fraas, "Expanding the Republic of Letters: India and the Circulation of Ideas in the Late Eighteenth Century," *Mapping Books*, Jul 20, 2013, http://mappingbooks.blogspot.kr/2013/07/expanding-republic-of-letters-india-and.html.
3. Cynthia Haven, "Stanford technology helps scholars get 'big picture' of the Enlightenment," *Stanford Report*, Dec 17, 2009, http://news.stanford.edu/news/2009/december14/republic-of-letters-121809.html.
4. Stanford University, *Tracking 18th-century "social network" through letters*, Dec 14, 2009, http://www.youtube.com/watch?v=nw0oS-AOIPE.
5. 피터 버크, 《지식: 그 탄생과 유통에 대한 모든 지식》, 박광식 옮김, 현실문화연구, 2006, pp.137-141.

262 · 오가닉 미디어

한 편지가 더 신뢰할 만한 콘텐츠였다는 것이다. 서신공화국의 서신은 책으로 출판되기도 했는데, 이때 서문과 후기에 아예 편지를 인쇄해서 넣기도 했다.[6] 오늘날 소셜 미디어에서 하이퍼링크를 추가하여 출처를 밝히고 컨텍스트를 확장하는 것과 같은 맥락이라고 하겠다.

생산적 공유 프로세스

셋째, 당시 사회가 받아들이기 어려운 지식과 놀라운 발견은 먼저 서신공화국에서 편지를 통해 공유되었다. 코페르니쿠스의 지동설이 대표적인 사례다.[7] 오랜 기간의 연구 결과를 편지로 공유하고 많은 사람들이 동참하는 과정에서 지동설은 이론적으로 검증되고 완성되었다. 이런 프로세스를 만들 수 있었던 것이 바로 편지와 우편이라는 인터페이스다. 오늘날 카카오톡과 같은 SNS를 통해 언론이 공식화하기 어려운 소문이 유포되기도 하지만, SNS는 단순히 정보를 유포하는 것을 넘어 훨씬 생산적인 방향으로 이용될 수도 있다. 참여자들의 매개 역할이 가능한 구조이기 때문이다.

3. 매개의 4가지 유형

앞선 글에서 매개의 네 유형에 대해 정리했는데, 그것은 서신공화국에서도 고스란히 나타난다. 창조, 재창조, 복제, 소비가 소셜 네트워크와

6. 이언 F. 맥닐리·리사 울버턴, 《지식의 재탄생: 공간으로 보는 지식의 역사》, 살림출판사, 2009년 8월 27일, p.139.
7. 상동, p. 140.

콘텐츠의 성장과 확산에 어떤 역할을 했는지 하나씩 알아보자.

창조

매개 유형에서 창조란 세상에 존재하지 않던 화두를 던지는 것과도 같다. 서신공화국에서 지식의 창조는 에라스뮈스, 코페르니쿠스, 갈릴레이, 뉴턴 등의 유명한 학자들을 비롯해 많은 참여자를 통해 이루어졌다. 예를 들어 코페르니쿠스가 '지구가 돈다'는 사실을 발견하고 편지로 전달한 것은 창조 유형에 해당한다. 계몽주의 시대의 실험 정신과 탐험 일지 등 새롭고 놀라운 발견들이 무수한 창조 사례로 들어 있다.

재창조

그런데 SNS에서 모든 사람이 기사, 사진, 블로그 게시 글 등을 통해 새로운 화두를 던지는 역할만 한다면 과연 네트워크가 만들어질까? 코페르니쿠스의 주장은 수많은 수학자와 과학자들이 함께 증명하고 실험하는 과정에서 완성되었다. 이미 생산된 콘텐츠(편지)에 대해 사례를 추가하고 토론하고 댓글(답장)로 '재생산'하는 과정이 있었다는 것이다. 갈릴레이는 코페르니쿠스의 이론에서 재생산 역할을 한 대표적인 매개자다.[8]

모든 편지가 트랙백으로 연결된 블로그 네트워크를 상상해보면 된

8. 상동, p. 141.

다.[9] 서신공화국의 편지는 모두 생산과 재생산의 상호작용이 서로 묶인 거대한 (소셜) 트랙백 네트워크라고 할 수 있다.

그 밖에도 큐레이터 역할을 한 매개자들도 있었다. 그들은 여러 편지 내용을 묶어 하나의 편지에 요약해서 정리하고 많은 사람들에게 공유될 수 있도록 편집했다. 그것은 편지로 전달되기도 했고, 정기간행물로 엮이기도 했다. 다음 이미지(266쪽)는 서신공화국의 편지 내용을 최초로 묶어서 발행한 정기간행물 《학자들의 저널Le journal des Sçavans》(1665년 창간)이다.[10] 이는 최초의 학회지로도 꼽힌다.

복제

편지에는 항상 특정한 수신자가 있지만 송신자는 그 편지의 공적인 쓰임(공개)을 염두에 두고 편지를 썼고, 실제로 여러 사람들에게 회람되었다고 한다.[11] 원본을 여러 사람들이 볼 수 있도록 매개하는 역할을 하는 사람도 있었을 것이고 수기로 복사해서 전달하는 경우도 있었을 것이다. 그런가 하면 책으로 인쇄되어 대량으로 서신공화국 외부의 사람들에게까지 배포되기도 했다. 콘텐츠에 대한 대규모 소비를 만드는 메커니즘이 존재했다는 뜻이다. 다만 지금의 SNS에서 이루어지는 복제 유형과 다른 점이 있다면 당시의 복제는 지속적인 기록 보관

---

9. 마이커피, 〈트랙백과 핑백에 대한 나름대로의 정리〉, 《언어 그 찬을수 없는 달콤함》, 2006년 12월 6일, http://heojea.tistory.com/entry/트랙백과-핑백의-대한-스크랩.
10. "Journal des savants," *Wikipedia*, http://fr.wikipedia.org/wiki/Journal_des_savants.
11. 이언 F. 맥닐리·리사 울버턴, 《지식의 재탄생: 공간으로 보는 지식의 역사》, 살림출판사, 2009년 8월 27일, p. 133.

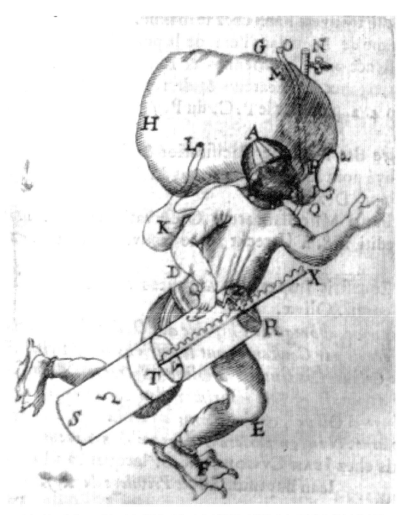

서신공화국에서 주고받은 편지 내용을 엮은 정기간행물들이 발행되기 시작했다.《학자들의 잡지》는 서신공화국 최초의 정기간행물로 전해진다. 그림은 최초의 잠수 기계 이미지다. (그림 출처: http://bibliophilie.blogspot.kr/2008/06/deux-journaux-du-17me-le-journal-des.html)

과 색인 작성indexing이 가능했다는 점이다. 반면 지금의 SNS 타임라인에서 콘텐츠의 가시성을 높이는 복제 현상은 대부분 내용이 쉽게 휘발되며 순간적인 복제와 확산에 집중되어 있다.

소비

콘텐츠의 소비는 중요한 매개 활동이다. 당시는 지금처럼 소비 패턴을 분석하여 검색 결과의 정확도를 높이고 기사를 추천할 수는 없었다. 그러나 서신공화국 콘텐츠에 대한 일반인들의 호기심이 고조되고 학문적·문학적 수요가 증가함에 따라 이를 반영한 정기간행물, 문학 서적들이 함께 발간되었다. 서신공화국은 지식 공유뿐 아니라 출판시장 등의 비즈니스 영역으로 확대되었다.[12] 또한 서신공화국이 학회 활동으로 제도화되고 대학으로 확장되면서 검증과 실험을 통한 지식 생산이 방법론으로 자리 잡게 되었다. 소비가 콘텐츠 진화에 영향을 미친 경우다.

4. 지식의 기록, 공유, 배포 메커니즘

정리해보면 서신공화국은 블로그, 트위터, 페이스북, 위키피디아의 메커니즘을 모두 담고 있다. 우선 개인이 개인의 공간(편지=블로그 포스트)에 글을 쓰고 포스팅(우편배달)을 하는 과정을 통해 콘텐츠를 공개했다. 대신 완전히 공개하지 않고 페이스북처럼 소셜 네트워크(지인 또는

---

12. 피터 버크,《지식: 그 탄생과 유통에 대한 모든 지식》, 박광식 옮김, 현실문화연구, 2006, pp. 251-282.

지인의 지인 등)를 통해 전달했다. 답장은 트위터의 리트윗처럼 저자에게 직접 논평하거나 해당 내용을 인용·복제하여 자신의 지인들에게 유포하는 방식으로 이루어졌다. 마지막으로 그 결과물은 (물론 저자의 신뢰도와 명성에도 직접적인 영향을 미쳤지만) 위키피디아처럼 결과적으로 모두가 함께 만들어낸 소셜 지식이 되었다.

SNS는 콘텐츠의 생산 도구(블로그 게시글, 140자 요약, 사진 편집, 위키 등)에 따라, 매개 방식(창조, 재창조, 복제, 소비)에 따라, 그리고 전달 구조(친구 네트워크, 팔로워 네트워크, 대량 출판 등)에 따라 완전히 다른 콘텐츠와 네트워크를 만든다. 편지와 소셜 네트워크를 기반으로 콘텐츠를 발전시키되, 다양한 매개 장치가 연계되어 콘텐츠가 지속적으로 성장·확장·확산될 수 있었다는 점은 단일 서비스 측면에서 볼 때 놀라운 사실이다.

서신공화국이 기획자에게 던지는 시사점

지금까지 서비스 기획 관점에서 서신공화국을 해부하여 살펴보았다. 서신공화국은 21세기 오가닉 미디어 세상에 많은 시사점을 던진다. 다양한 관점이 있겠지만 여기서는 생략하고 서비스 기획과 마케팅 측면에서만 시사점을 요약하면서 글을 마무리한다.

1. 사용자의 참여 동기를 찾아야 한다

서신공화국도 사교장이나 근원을 알 수 없는 '카더라' 네트워크로 도태될 수 있었다. 그러나 보편적 지식과 가치 생산이라는 참여 동기가 성장의 근원이 되었다. 서비스(제품, 콘텐츠)의 이용 동기는 사용 과정에서 계속 구체화되어야 하고 새로운 니즈를 지속적으로 이끌어내야 한다. 서신공화국의 참여 동기는 지적 호기심이 가득한 독자의 참여를 독려하고 협업할 수 있는 네트워크와 도구를 제공하면서 계속 구체화되고 발전했다. 위키피디아의 사회적 기여와 가치 공유,[13] 블로그의 기록과 공유(이를 통한 명성)[14] 등 오래 지속되는 서비스에는 변질되지 않는 참여 동기, 즉 사용자 가치가 있다.

2. 참여 동기에 맞는 도구를 선택해야 한다

서신공화국의 편지 형식은 지식 생산 이전에 참여자들이 서로 감성적으로 이해하고 교감할 수 있도록 했다. 편지가 각자의 개성과 성향을 드러내는 '개인화'된 도구로 작용했기에 협업과 신뢰, 공유도 가능했던 것으로 보인다. 미니홈피에 콘텐츠가 많이 쌓였다고 해도 사람들이 거기에서 검색을 하지는 않는다. 사용 목적이 다르기 때문이다. 사용자의 모든 니즈를 만족시키기보다는 핵심적인 참여 동기를 찾고 이에 적합한 핵심 도구를 선택해야 한다. 모든 진화가 이 핵심 가치에서 출발한다.

13. Oded Nov, "What Motivates Wikipedians?," *Communications of the ACM*, Vol. 50, No. 11, Nov 2007, pp. 60-64.
14. Bonnie A. Nardi et al., "Why We Blog," *Communications of the ACM*, Vol. 47, No. 12, Dec 2004, pp. 41-46.

3. 매개가 습관이 되도록 해야 한다

우리는 모두 매개자다. 서신공화국의 모든 참여자는 매개자였고 멀티 플레이어였다. SNS 시대에 모든 소비자, 이용자가 매개자가 되지 않으면 네트워크의 성장은 불가능하다. 심지어 매개가 일상이 되고 습관이 되도록 도와야 한다. 페이스북의 '좋아요'는 가장 편리한 방법으로 우리를 매개자로 만들었고 페이스북을 혁신시켰다. 아마존은 모든 소비자를 매개자로 만들었고, 매개 네트워크를 기반으로 연결 비즈니스를 하고 있다. 누구보다 사업자 자신이 매개자가 되면서 말이다.

4. 진화가 멈추지 않도록 해야 한다

서신공화국도 초기에는 국가 간 왕래가 어려워진 시절에 학자와 성직자들이 소통하기 위한 대안이었다. 하지만 점차 발전하여 유럽 전역, 북아메리카를 아우르는 네트워크 규모, 광범위한 결과물을 만들어내기에 이르렀다. 네트워크 기반의 오가닉 미디어는 성장이 멈추면 죽는다. 요즘 같은 시대에는 300년이나 기다릴 시간도 없다. 페이스북도 지속적인 성장을 통해 소셜 네트워크로 발전하고 지금은 뉴스 플랫폼, 마케팅 플랫폼으로 진화를 시도하고 있다. 그러나 여기가 끝은 아니다. 서비스가 정체되는 순간 도태가 시작되기 때문이다. 진화를 멈추지 않는 것만이 오가닉 미디어 시대의 기업이, 서비스가 생명을 유지할 수 있는 유일한 방법임을 잊지 말아야 한다.

04 끝이 곧 시작이다
The End is the Beginning

 이 책은 실험의 결과다. 실험은 연습이 아닌 실전에서 행해졌다. 살아서 진화하는 시장에 적합한 콘텐츠에 대한 실험이다. 글에 대한 독자의 반응과 피드백을 체크하면서 실시간으로 글을 완성했다. 완벽하다고 생각될 때까지 글을 붙들고 아무것도 공개하지 않았다면 아직 한 장도 완성하지 못했을 것이다.

 주제별로 하나씩 블로그에 공개하고 독자들의 피드백을 받았다. 미리 써두었던 내용과 공개된 후의 내용을 비교하면 천지 차이다. 많은 시행착오와 상호작용을 거쳐 다른 스토리텔링으로 진화할 수 있었다.

 사람들의 매개 활동이 중심이 되는 오가닉 미디어에서는 순서가 뒤바뀐다. 콘텐츠를 공개하는 것으로 마지막 산고가 끝나는 것이 아니다. 공개와 함께 콘텐츠의 생명이 시작된다. 바로 죽거나 서서히 죽거나 진화하거나. 이 단락에서는 살아 있는 콘텐츠가 오가닉 미디어 시장에 던지는 쟁점에 대해 논의한다. 구체적으로 콘텐츠를 살아 있게 하는 힘은 무엇이고, 그것이 어떻게 미디어의 질서를 재구성하는지 살펴보도록 하겠다.

실험의
결과

체험은 언제나 상상과 다르다. 글을 공개할 때마다 내 판단은 빗나갔다. 나 스스로 클라이막스라고 생각했던 글에서 독자의 반응은 냉랭했고, 스토리 전개를 위해 할 수 없이 삽입한 글에서는 폭발적인 반응이 있기도 했다. 글을 통해 인기를 얻고 블로그 트래픽을 올리는 것이 목적이 아니었으므로 한 가지에만 집중했다. 누가, 왜, 어떻게 공유하고 피드백을 주는가 하는 점이었다. 독자들의 피드백을 통해 타깃이 누구인지 알게 되었고, 스토리텔링 방식도 점차 개선하려고 애썼다.

오가닉미디어랩(http://organicmedialab.com)에 블로그 게시 글로 공개된 글들은 각자 운명을 달리했다. 어떤 글은 순식간에 1000회 이상 공유되면서 내 손이 닿지 않는 먼 곳까지 퍼져 갔고 다른 사람의 콘텐츠와 합쳐지기도 했으며, 어떤 글은 극소수의 사람들에게만 읽히고 피드백조차 받지 못했다. 어떤 글은 내용이 부족해서, 전달하는 방법이 서툴러서, 혼자 흥분해서(독자를 고려하지 못해서) 등 실패의 원인은 다양했다. 원인을 파악하고 새로운 방법을 적용해보는 과정은 오가닉 미디어에 대한 진정한 체험이었다.

나가 어떤 구조에서 작동하는지 인지하는 것은 당연히 중요하다. 작은 행위들이 모여서 만드는 것이 '네트워크'이기 때문이다. 그리고 이 네트워크는 그 미디어의 속을 보여주는 청사진이다. 아니, 그 미디어를 나타내는 모든 것이다.

CONTINUE READING →

Share this:

 Twitter 8   Facebook 311   Google
 LinkedIn   Pinterest   Press This
 Email   Print

Like this:

봤다. 특히 미디어의 형태가 콘텐츠 전달에 국한되지 않고 가변적 성격을 띠고 있다는 점과, 우리의 사고의 틀을 '물리적 형태'에 가두고 고정관념을 만드는 역할도 해왔음을 환기하였다. 이번 포스트에서는 오가닉 미디어 컨테이너의 '구조적 특성'을 인터넷 서비스의 '규칙'과 사용자 '문화' 측면에서 살펴보고자 한다.

CONTINUE READING →

Share this:

 Twitter   Facebook 11   Google
 LinkedIn   Pinterest   Press This
 Email   Print

오가닉미디어랩에서 블로그 포스트로 공개된 글들은 각자 운명을 달리했다. 어떤 글은 순식간에 퍼졌다가 사라지기도 하고 무관심 속에 잊혀지거나 지속적으로 공유되고 진화하기도 한다.

공유할 만한 가치가 있는지는 사용자가 정했다. 공유된 글은 많은 사람들에게 읽히고 피드백을 받았지만 공유되지 않은 글은 잠정적으로 사망했다. 위의 이미지는 블로그 포스트의 공유 숫자다. 무참히 참패한 오른쪽 글은 내 야심작이다. 이런 피드백이 피가 되어 책을 재구성하고 보완하는 데 중요한 자료가 되었다.

저자의 관점에서는 두 가지 시사점을 안겨주었다. 첫째, 독자들이 애써 집중하지 않아도 (내용의 깊이에 관계없이) 흥미를 유지하도록 해야 한다는 것이다. 거두절미하고, 재미없는 글은 읽히지 않는다. 깊이 있는 글을 포기하고 가벼운 글을 써야 한다는 것이 아니다. 글이 어렵다는 말은 독자가 무식해서가 아니라 필자가 무식해서 듣는 말이었다. 이제 글은 골방에서 혼자 쓰는 것이 아니라 독자와 함께 쓴다고 해도 과언이 아니다. 독자는 모두 매개자이고 협력자이기 때문이다.

둘째, 내가 많은 시간을 들일수록 독자의 시간을 벌어줄 수 있다는 것이다. 독자는 읽을 시간이 없고 생각할 시간도 없다. 그런 독자를 붙들어 세우고 심지어 글을 공유하기까지 하면서 소중한 시간을 쓰도록 만드는 것은 쉽지 않은 일이다. 내가 독자의 시간을 벌어주었을 때 독자들은 '공유'로 응답해주었다. 글을 읽어서 시간을 벌게 하려면 독자 대신 퍼즐을 미리 맞춰놓아야 한다. 체험하고 고민한 흔적을 날것 그대로 토해내지 않고 다시 많은 시간 정성을 들여 사무치게 고민하고 연결하고 검증하는 시간이 필요했다.

콘텐츠는
살아 있다

이 두 가지를 되새기고 노력할수록 내가 생산하는 콘텐츠의 생명력은 연장되고 커졌다. 이제 콘텐츠에 대한 가치판단은 독자를 통해서만 가능해졌다. 그것도 공개된 이후에 말이다. 하나하나의 글은 매번 출판되었지만, '공개publish' 버튼을 누르는 행위는 끝이 아니라 시작이었다. 그것은 내가 독자들과 이야기를 나누고 피드백을 받는 과정이었고, 독자들이 지인들과 소통할 수 있는 '거리things'를 제공하는 과정이었다.

1. 매개가 만드는 콘텐츠 본질의 변화

전통적으로 콘텐츠에서는 발행, 출판, 출시라는 이벤트가 가장 중요한 단계였다. 콘텐츠가 디지털화되면서 더해진 관점이 있다면 '원 소스 멀티 유스One Source Multi Use' 정도다. 다시 말해, 한번 만들어진 콘텐츠를 기반으로 어떻게 수입원을 다각화할 것이냐는 문제다. 캐릭터 상품은 만화로, 영화로, 소설로, 교재로 만들어서 출시하고 출판하는 것이 돈을 벌기 위한 최종 단계였다.

그러나 오가닉 미디어에서는 기존의 마지막 단계가 시작점에 해당한다. 사용자가 참여하는 과정이 가치를 만들고 돈이 되기 때문이다. 사용자가 참여해야 콘텐츠에 생명이 생기고 가치가 새롭게 부여된다. 사용자가 참여하지 않는 콘텐츠는 사망한다. 모든 콘텐츠의 기준가가 공짜가 되는 세상에서[1] 참여 없이 바로 사망한 콘텐츠에게 누가 돈을 지불하겠는가.

여기서 참여란 콘텐츠와 관련된 사용자의 모든 활동을 말한다. 무슨 음악을 듣고 있는지 지인들에게 플레이 리스트를 공개하고, 슬라이드셰어Slideshare(http://www.slideshare.net)에서 무슨 문서를 저장했는지 공유하고, 댓글을 달고 리뷰를 하는 이른바 모든 매개 행위다. 자신이 읽고 보고 듣고 사고 먹은 것과 지인들을 연결하고, 또는 그 콘텐츠들을 다른 콘텐츠들과 연결하는 행위다.

이것은 콘텐츠의 본질을 변화시킨다. 매개가 콘텐츠의 생산, 유통, 소비의 선형적 가치 사슬의 역할을 대체하게 되면서 문제의 핵심이 콘텐츠의 발달, 진화, 소멸 과정으로 옮겨 가게 된 것이다. 여기서 콘텐츠의 가치는 미리 정해지는 것이 아니라 매개 과정 즉 공유, 기록, 링크, 댓글 등을 통해 멀리 퍼지고 생명력을 부여받을수록 높아진다.

---

1. 노상규, 〈정보는 공짜가 되기를 바란다〉, 《오가닉 비즈니스》, 오가닉미디어랩, 2016년 2월 21일.

2. 매개가 가치를 결정하는 사례

'서치메트릭스Searchmetrics'의 2012년 자료에 따르면, 구글의 페이지랭크 알고리즘도 문서의 가치를 판단하는 데 사용자의 참여를 중요한 지표로 활용하고 있다.[2] 예를 들어, 이제 특정 페이지의 백링크보다 페이스북의 공유 숫자가 더 큰 비중을 차지하게 되었다.

지난 2011년 9월 블로터닷넷에서는 기사의 생명력이 얼마나 지속되는지를 리트윗 횟수 등을 통해 분석한 바 있다.[3] 조사에 따르면 블로터

'Four more Years.' 2014년 2월 현재까지 가장 많이 리트윗된 사례다.

닷넷 기사의 평균수명은 16.6일로, 경쟁 언론사들에 비해 높은 생명력을 지닌 것으로 나타났다. 사람들이 직접 인용하고 링크하고 리트윗하는 기사는 살아 있다. 제목만 바꿔가며 네이버 메인에 노출되기 위해 양적으로 반복되는 '낚시성' 기사와 상반된 운명일 수밖에 없다.

더 나아가 트위터의 리트윗 횟수가 어느 정도를 넘어서면 그 자체로도 이슈를 재생산하는 결과를 낳는다. 규모가 가치를 만드는 경우다. 리트윗한 사람들은 버튼 한 번 눌렀을 뿐이지만 그 참여가 연결을 낳고 그 연결이 네트워크 전체를 움직이는 힘이 된다. 2012년 한 해 동안 가장 많이 리트윗된 글은 '4년 더Four more years'라는 버락 오바마의 재선 자축 글이었다. 이 글은 80만 회 넘게 리트윗되었으며 함께 게재된 사진과 함께 그 자체로 이슈가 되었다.[4]

사업자와 사용자의 역할이 뒤바뀐다

이것이 유기적으로 진화하는 네트워크에 기반한 미디어 현상이다. 그동안 끝이었던 단계가 이제 시작점으로 이동함에 따라 사업자의 역할도, 가치가 생산되는 과정도 뒤바뀌게 되었다. 콘텐츠의 가치가 공급과 함께 결정되지 않고 진화, 발달, 성장, 소멸 과정을 통해 사후에 결

2. Searchmetrics, *Google Ranking Factors U.S. 2012*, http://www.searchmetrics.com/en/white-paper/google-ranking-factors-us-2012/.
3. 이지영, 〈[블로터5th] 트위터 '1등 언론' 조사해보니〉, 블로터닷넷, 2011년 9월 5일, http://www.bloter.net/archives/74497.
4. Stan Schroeder, "Obama's 'Four More Years' Tweet is Most Popular of All Time [REPORT]," *Mashable*, Nov 7, 2012, http://mashable.com/2012/11/07/obama-four-more-years-tweet/.

정된다면 그 누구도 혼자서는 콘텐츠의 가치를 단정 지을 수도, 그 성장 과정을 통제할 수도 없다. 콘텐츠를 확산하고 진화시키는 라이프 사이클은 사업자, 유통사, 콘텐츠 제공자가 독립적으로 만들 수 없다. 텍스트 기반 콘텐츠라고 한다면 '읽기Readership'에서 '매개할 만한mediatable'으로 중심축이 이동된 것이다. 사업자와 사용자의 역할이 뒤바뀌게 되는 대목이다.

이제 사업자(콘텐츠 제공자, 유통사, 광고주 등)는 공급자가 아니라 조력자다. 사용자가 쉽고 편리하게 콘텐츠를 매개하고 진화시키도록 해야 한다. 원래는 공급자인데 조금은 조력자 역할도 해야 한다는 말이 아니다. 철저하게 조력자가 되어야 한다. 사용자를 돕기 위해서는 사용자를 직접 만나야 하고 체험해야 하며 무엇을 도울지 알아야 한다. 단순 공급자에서 멀티 플레이를 하는 매개자로 변화해야 한다. 이 과정이 콘텐츠를 공급하기까지의 과정보다 더 지루하고 어려울 것이다. 체험과 배움과 관리가 끝도 없이 지속되어야만 하기 때문이다.

우리는 수많은 인터넷 서비스들이 한때 돌풍을 일으켰다가 소멸되는 것을 보았고, 수많은 이슈와 약속들이 쉽게 일어났다가 쉽게 부서지는 것을 목격해왔다. 오가닉 미디어 세상에서는 끝이 곧 시작이라는 말이 모든 영역에 적용된다. 모든 서비스, 모든 콘텐츠, 모든 관계는 매개되지 않으면 도태된다. 매개만이 지속적인 성장을 만든다고 하겠다.

이 책은 얼마나 오랫동안 살아 있을 수 있을까? 어떻게 독자가 계속 참고하고 공유하고 되새기는 책이 될 수 있을까? 이 책의 출판이 끝이 아니라 시작이 되어야만 가능할 것이다. 종이책 출판마저 과정의 끝이 아니라 여러 종류의 매개 활동 중 하나라는 인식이 필요하다. 독자와의 상호작용, 독자들의 매개 행위, 그것을 바탕으로 콘텐츠는 지속적으로 진화해야만 한다. 진화만이 죽지 않는 방법이다.

지금까지 콘텐츠의 생명력 관점에서 사용자의 매개 활동이 콘텐츠의 본질을 어떻게 바꾸는지, 그것이 미디어 질서에 어떤 변화를 가져오는지 살펴보았다. 매개는 여러 글에서 다양하게 다루어졌다. '관계'가 이 책을 관통하는 하나의 키워드라면, '매개'는 관계를 만드는 프로세스이자 체험이다. 여기서는 다음 세 가지를 환기하면서 글을 마무리한다.

◆ 첫째, 오가닉 미디어에서 콘텐츠는 성장한다.
◆ 둘째, 성장은 사용자의 매개 행위가 만든다.
◆ 셋째, 매개 행위는 미디어 질서를 재구성한다(끝이 곧 시작이다).

사용자는
누구이며
왜 매개하는가?

01. 소셜 네트워크 서비스와 '나'의 정체성
02. 사적 영역과 공적 영역의 '소셜 게임'
03. 청중이 나를 정의한다
04. 어디까지 보여줄 것인가?

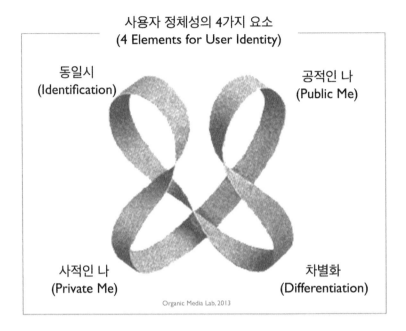

사용자 정체성의 4가지 요소
(4 Elements for User Identity)

동일시
(Identification)

공적인 나
(Public Me)

사적인 나
(Private Me)

차별화
(Differentiation)

Organic Media Lab, 2013

매개의 주체는 사용자다. 그렇다면 사용자는(우리는) 왜 매개하는가? 개인이, 우리가 매개자로서 시장의 질서를 바꾸고 미디어의 진화를 주도하고 있다면 사용자에 대한 이해는 선택이 아니라 필수다. 우리는 매개의 근본적인 동기로서 '정체성'을 짚어볼 것이다. 1장과 2장에서는 동일시, 차별화, 사적인 나, 공적인 나가 상호작용하는 정체성의 형성과정을 정리한다. 이를 통해 결국 사용자가 매개를 통해 만든 (청중) 네트워크가 그의 정체성임을 확인하게 될 것이다. 마지막으로 투명성의 관점에서 정체성을 조망해본다.

01

소셜 네트워크 서비스와
'나'의 정체성

User Identity in Social Network Service

SNS에서 여러분의 '정체성'은 무엇인가? 우리는 모두 알게 모르게 나름대로 정체성을 만들려고 노력한다. 프로필 사진을 자주 바꾸기도 하고, 지금 있는 멋진 곳의 사진을 올리기도 한다. 얼심히 친구를 맺고, 다양한 사람들을 팔로우한다. 어쩌면 정체성에 대한 욕구가 지금의 SNS의 확산 속도를 만들었다고 해도 과언은 아니다. 그렇다면 어떻게 하면 정체성을 만들 수 있을까? 정체성을 만드는 비법이 존재하기는 하는 걸까?

이 단락에서는 우리 각자의 정체성이 어떤 레시피로 만들어지는지, 기본 재료와 만들어가는 과정에 대해 알아보도록 하겠다. 어떻게 하면 빠르고 똑똑하게 정체성을 만들 수 있는지 답을 내리려는 것이 아니다. 그보다는 사용자 정체성의 형성 과정을 정확히 짚어보고, 이번에는 사용자 관점에서 오가닉 미디어를 이해하는 시간을 갖고자 한다.

사용자 정체성을 만드는
비밀의 레시피

SNS의 진화 속도와 영향력은 놀랍다. 끊임없이 콘텐츠가 공유되고 소통이 멈추지 않는다. 아니 걷잡을 수 없는 가속도로 성장하고 있다. SNS가 영향을 미치는 범위도 단순히 인터넷 서비스 공간만이 아니다. 사회관계, 시장구조, 교육 영역, 정치 판도 등 소셜 미디어와 연계된 모든 영역이 함께 들썩이고 있다. SNS의 힘은 어디에서 오는가?

물어볼 것도 없이 이 모든 현상을 만드는 주인공은 '사용자', 바로 우리 자신이다. 사용자 활동이 없으면 이 모든 현상은 있을 수 없다. 반대로 사용자 입장에서 보면 SNS 없이는 살아가기 어렵게 되었다. 좋든 싫든 이제 인터넷 공간에 자신을 드러내지 않으면 '존재'하기가 어려워진 것이다. 물론 SNS 없이 사는 사람들도 아직 많다. 하지만 이 글을 읽게 될 다음 세대, 그다음 세대들을 떠올리면 얘기가 좀 다르다. SNS가 없이는 살 수 없게 된 것은 인터넷이나 마크 주커버그, 트위터 때문이 아니다. 인간은 사회 활동 없이 존재할 수 없고, 그 대표적인 수단이 SNS가 되었을 뿐이다.

1. 주재료: 동일시와 차별화

인간의 모든 사회 활동은 한마디로 '정체성'을 만들어가는 여정이다. 그런데 이 사회 활동이 인터넷 공간에서는 오프라인에서보다 훨씬 더 빈번하고 동시다발적이며 중독적이다. 여기서 정체성을 만드는 두 가지 요소가 있다. 서로 상반되지만 끊임없이 상호작용하는 두 가지 욕구, 바로 동일시identification와 차별화differentiation다. 이 두 요소는 서로 대립되지만 각각 독립적으로 존재할 수 없고 서로를 통해서만 존재한다. 이 메커니즘이 사용자 '정체성'을 만드는 비밀의 레시피가 된다.

우선 동일시란 개념은 말 그대로 상대방과 나를 동일화하려는 욕구다. 우리는 누구를 닮고 싶어 하거나, 어떤 그룹에 소속되고 싶어 하거나, 누구처럼 되고 싶어 한다. 연예인이 입고 나온 옷이나 가방을 메고, 그녀처럼 보이고 싶어 한다. 보수적 성향의 정당이나 지구를 구하는 녹색당에 소속되고 싶어 한다. 스티브 잡스처럼 혁신하고 싶어 하고, 자기 삶의 멘토처럼 살고 싶어 한다. 자신과 비슷한 사람들과 자주 스치고 대화하고 안정감도 얻는다. 이렇게 '닮고' 싶고 특정 네트워크에 '소속되고' 싶은 욕구가 동일시다. 페이스북의 '좋아요'는 동일시의 대표 격이라고 할 수 있다.

반대로 차별화란 특정 집단이나 사람으로부터 구별되고 싶은 욕구를 말한다. 정체성에 필요한 두 번째 재료로, 이를테면 유행 지난 옷이 아니라 좀 더 차별화된 옷을 입고 싶은 욕구, 보수 성향의 신문 구독자와 차별화되고 싶은 욕구, SNS에서 다른 사람과는 '다른' 나를 만들고 싶은 욕구다. 단순하게는 유튜브 동영상이나 댓글에서 '싫어요'를 누르는 것도 차별화지만, 모두 '좋아요'를 누를 때 아무 반응 없이 침묵하는 것도 차별화의 방법이다.

처음부터 차별화를 의도하지 않았을 수 있다. 하지만 다수 속에 존재하기 위한 '포지셔닝'은 누구에게나 고민이다. 차별화는 무의식중에

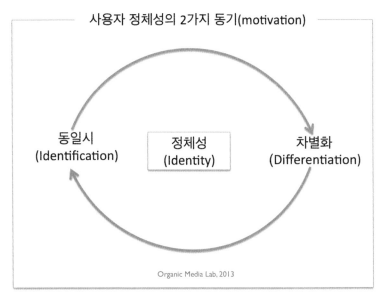

사용자 정체성의 2가지 동기(motivation)

동일시
(Identification)

정체성
(Identity)

차별화
(Differentiation)

Organic Media Lab, 2013

사용자 정체성은 크게 동일시와 차별화 욕구를 기반으로 하며, 이 대립된 요소는 상호 의존적 관계에 놓여 있다.

일어나는 본능과도 같은 것이고, 결국 정체성을 추구하는 본능이며 평생 연습이다.

그런데 문제의 핵심은 동일시도 차별화도 서로가 없이는 성립하지 않는 개념이라는 것이다. 내가 다른 집단과 차별화된다는 것은 곧 어떤 집단에 동일시된다는 것을 뜻한다. 마찬가지로 동일시는 어떤 네트워크와 차별화된다는 것을 뜻한다. 이 두 가지는 동시에 일어난다. 페이스북의 사용 패턴을 기반으로 다양한 사용자 유형에 대한 자료들이 쏟아져 나오고 있다.[1] 언제나 맨 먼저 '좋아요'를 누르는 '신속형First-Timer', 의견이나 논쟁거리를 주로 제시하는 '행동형Activist' 등 모두 동일시와 차별화 메커니즘이 만들어낸 결과다. 위의 도식은 이와 같은 동일시와 차별화의 상호 의존적 관계를 나타내고 있다. 결국 동일시는 차별화를 의미하며, 차별화는 동일시를 의미한다는 말이다. 두 가지가 동시에 일어나지 않으면 정체성은 성립되지 않는다.

더 중요한 것은 두 요소의 쫓고 쫓기는 관계가 어떻게 생생한 정체성을 만드는지, 그 과정을 이해하는 데 있다. 여러 사회 현상 중 '유행'은 동일시와 차별화의 팽팽한 긴장 관계를 가장 잘 설명하는 사례다.

2. 동일시와 차별화의 팽팽한 긴장 관계

유행은 계속 반복되고 수정되고 변화하는 사이클이 있다. 새로운 사이클이 나타나지 않으면 유행이라는 개념 자체가 성립하지 않는다. 이때 사이클은 동일시와 차별화 간의 상호작용, 그 팽팽한 긴장 관계가 유지될 때 만들어지고 지속된다. 뭔가 새로운 것이 유행하려면 그것을 새롭게 선도하는 집단이 필요하고, 또 추종하는 집단이 있어야 한다. 유행을 선도하는 그룹은 '차별화'를 시도하는 그룹이고, 이 선도 그룹을 추종하는 그룹은 '동일시'를 시도하는 그룹이다. 그리고 한번 유행했다고 해서 그것이 영원하기는 어렵다. '유행을 타지 않는다'라는 말은 '유행이 아니다'라는 말이나 다름없다. 모든 사람들이 너 나 할 것 없이 이 유행을 따라 하게 될 때쯤이면 유행은 또 바뀌게 된다.

학문, 종교, 예술 등 여러 영역에 유행이 있지만 특히 패션은 일상생

---

1. Red Rock Media Group, *What Kind of Facebook User are You?*, http://www.redrocket media.co.uk/wp-content/uploads/2013/04/Facebook-users-Final2.jpg.

활에서 눈에 보이는 기호들을 통해 전달되므로 사례가 더욱 두드러진다. 귀족 신분은 아니지만 돈이 많아 귀족처럼 되고 싶었던 18세기의 '부르주아'라는 집단을 떠올려 보자.[2] 이들은 과장된 복장과 화려한 패션으로 부르주아라는 정체성을 표현했다. 부르주아 정체성을 선도하는 그룹과 이를 따라 하는 그룹이 있었기에 가능해진 것이다. 하지만 부르주아 패션이 너무 대중화되어 그들의 가정부들까지 그들을 따라 하는 순간, 즉 더 이상 그들의 화려한 모자가 차별화 요소로 기능하지 못하게 되는 순간, 그들은 그 모자를 버렸다.[3] 모자가 촌스러움의 상징이 되고 새로운 유행이 필요한 순간이 온다. 동일시와 차별화의 게임을 통해 새로운 사이클이 이어지고 '커뮤니케이션'은 계속된다.

정체성이란 동일시와 차별화의 이중 작용을 통해 형성되며, 한번 정해지면 영원히 가는 것이 아니라 끊임없이 집단 속에서 동일시와 차별화가 실천되는 과정 속에서 형성된다.

결국 동일시와 차별화를 다른 말로 하면 나를 타인에게 표현하고 소통하는 방법이다. 어빙 고프먼Erving Goffman도 우리가 타인과의 소통을 통해 '관계'를 형성하고, 관계를 통해 '나'를 인식한다고 지적한 바 있다.[4] 고프먼은 그것을 '체면face' 개념으로 설명한다.[5] 자신의 이미지를 만들고 싶고 그것을 타인으로부터 확인받고 싶은 욕망이 있다는 것이다. 고프먼에 따르면, 내가 추구하는 이미지를 타인에게서 확인받지

2. "Bourgeoisie," *Wikipedia*, https://en.wikipedia.org/wiki/Bourgeoisie.
3. André Akoun, *La mode*, unpublished manuscript, 1989.
4. Erving Goffman, *On Face-work: An Analysis of Ritual Elements of Social Interaction*, 1967.
5. Erving Goffman, *Interaction Ritual: Essays in Face-to-Face Behavior*, Pantheon, 1982.

못하면 불안감이 생기고, 자기 자신에 대한 확신을 잃게 되기도 한다. 지인의 반응이 전혀 없는 게시 글을 상상해보면 쉽게 이해할 수 있다.

SNS에서 발견되는
동일시와 차별화

동일시와 차별화 개념과 이 둘의 의존적 관계가 이해되었다면 이제 SNS에서 일어나는 현상을 대입해 몇 가지 시사점을 짚어보자. 혹시 '나는 단순히 생각을 적는 것뿐이고 동일시도 차별화도 아니다'라고 생각되는가? 표면적으로는 그렇다. 하지만 동일시와 차별화의 핵심은 '내'가 '관계' 속에 존재한다는 데 있다. 소통을 통해 나를 만들어가는 과정에 있어 타인들은 나를 동일시와 차별화를 통해 구분하고 기억 한다.

1. 정체성과 네트워크의 확산

우선 사용자 네트워크를 보자. 나의 친구 리스트와 팔로잉 리스트는 동일시와 차별화의 결과다. 트위터에서 내가 팔로우하는 사람들을 보면 내 관심사가 무엇이고 어떤 네트워크에 속해 있는지를 한눈에 알 수 있다. 페이스북의 친구 리스트를 보면 그가 누구인지 바로 알아차 린다. 그 사람의 정체성을 알리는 대표적 상징이라는 말이다. 맨 처음 프로필 페이지를 개설하고 친구를 만들 때는 나와 가장 가까운 주변 사람들로 네트워크가 만들어진다. 가족, 친한 친구 등은 나와 가장 동 일시되는 집단이다. 그 후의 확장은 기본 리스트의 연장이다. 아는 사람, 친해지고 싶은 사람, 나의 관심 정보를 주로 발행하는 사람들이 대상이 되기 때문이다.

이렇게 동일시 작용을 통해 만들어진 나의 네트워크는 결과적으로 나를 다른 네트워크와 '차별화'하는 요인이 된다. 동일시와 차별화의 이중적 작용이 지금의 사용자 네트워크 규모를 만든 것이다.

둘째, 콘텐츠 네트워크의 확산에서 나타나는 동일시와 차별화 작용을 보자. 개별적으로는 정보와 생각을 올리고, 공유하고, 좋아하는 등의 평범하고 일상적인 행위들이다. 하지만 기사 링크 하나에도 그 내용과 저자의 의견에 동의한다는 암묵적인 동일시가 내포되어 있다. 그것을 다시 공유하고 좋아하는 것 또한 역시 동일시의 사례다. 여기에 '저는 다르게 생각합니다'라고 댓글을 단다면 차별화가 시도되는 순간이다. 침묵도 마찬가지다. 이렇게 동일시와 차별화는 습관적으로, 매 순간 부지불식간에 일어난다.

이것을 네트워크 관점에서 보면 콘텐츠를 생산하고 주도하는 그룹과 이에 반응하고 확산하고 재생산하는 다수의 그룹 간의 동일시와 차별화 과정이라고 하겠다. 동일시와 차별화는 거창한 결심이나 전략이 아니다. 하루에도 수십 번씩 매 찰나 동일시와 차별화의 끝없는 줄다리기가 콘텐츠를 연결하고 확산하며, 그 결과가 '나'의 정체성으로 돌아오는 것이다.

2. 동일시와 차별화의 긴장감이 무너질 때

하지만 동일시와 차별화의 긴장감은 자동으로 지속되는 것이 아니다. 지속적인 노력과 선택과 실천으로 유지되는 것이다. 이 긴장감이 유지되지 못할 때는 문제가 발생한다. SNS에서 발견되는 다음 두 가지 현상이 대표적인 사례다.

첫째, 흔한 말로 SNS '허세' 현상이다.[6] 동일시와 차별화를 위해 가장 손쉬운 방법을 택하기 때문에 발생한다. 어렵고 지루한 노력이나 중대한 의사 결정을 통한 동일시와 차별화가 아니다. 그보다는 말로써 '보여지고' '드러나는' 것 중심으로 동일시와 차별화를 꾀한다. 대부분의 소셜 서비스는 사용자가 생각과 생활을 먼저 노출하고 그에 대해 지인이 반응하는 방식으로 이루어져 있다. 이 구조도 SNS가 허세로 흐르는 현상과 무관하지 않다. 말이나 사진 같은 것들이 나를 대변하는 상징이자 기호인 동시에 가장 손쉬운 방법이다 보니 이것이 포화되어 '허세' 현상으로까지 이어지는 것은 자연스러운 수순이다. 일명 허세지만 결국은 '가시적인 나'에 편중된 정체성을 말한다.

둘째, 동일시에 편중되는 현상이다.[7] 수많은 SNS를 통해 수없이 많은 그룹이 생겨나지만 모두 '유유상종'이라는 것이다. 동일시와 차별화의 긴장 관계가 깨지는 순간이다. 동일시되는 그룹, 즉 자신과 유사한 사람들만 모여 있는 집단을 만들고 찾다 보니 '사회적 안정감'을 얻고자 하는 현상이 지배하게 된다. 두 요소의 긴장 관계를 이루지 못하고 한쪽으로 쏠리는 현상은 마치 줄다리기에서 한쪽이 줄을 놓아버리는 것과도 같다. 닮은 생각을 하는 사람들끼리만 소통하는 현상이 반복

6. 이사야, 〈[SNS의 두 얼굴] 있는 척… '허세'의 전시장〉, 쿠키뉴스, 2013년 4월 9일, http://news.kukinews.com/article/view.asp?page=1&gCode=soc&arcid=0007066874&code=11131100.
7. André Akoun, *La communication démocratique et son destin*, PUF, Paris, 1994.

되고 지속되면 사회적 파편화 현상으로 이어질 위험도 있다. 이미 사회 전반에서 감지되는 현상이기도 하지만, SNS에서는 사용자들의 상호작용 방식이 더 급진적이고 반복적으로 발현되기 때문에 그 영향도 훨씬 크다.

정체성 문제는 평생 노력하고 풀어야 할 모두의 숙제와도 같다. SNS가 인터넷 공간의 근간으로 자리 잡게 된 (당연한) 이유는 바로 여기에서 출발한다. 정체성과 그것을 기반으로 하는 네트워크는 지금의 소셜 현상을 이해하는 출발점이자 도착점이다.

이번 단락에서는 동일시와 차별화에만 국한하여 정체성을 살펴보았다. 사용자 정체성에서 동일시와 차별화가 X축을 형성한다면 Y축이 되는 요소가 한 쌍 더 있다. 이 또한 두 개의 대립된 요소지만 상호작용을 하고 서로 의존적 관계에 있다. 바로 공적 영역과 사적 영역인데, 이에 대한 설명은 다음 장에서 다루기로 한다.

일러두기 동일시와 차별화는 오래된 레시피다. 헤겔의 정신현상학이나 프로이드의 정신분석학, 지멜의 사회적 상호작용 등 일찍이 많은 철학자, 심리학자, 사회학자들이 논의했던 재료다.[8] 다만, 이해를 돕기 위해 여정을 단순화·구조화하고 '동일시–차별화'로 통칭하여 해석한 것이다. 그리고 본문에서 언급한 부르주아에 대한 이야기는 작고한 프랑스의 사회학자 앙드레 아쿤(André Akoun) 교수의 필사본[9]에 근거했음을 밝혀둔다.

8. Georg Simmel, "The Problem of Sociology," *American Journal of Sociology*, Vol 15, No 3, Nov 1909, pp. 289-320.
9. André Akoun, *La mode*, unpublished manuscript, 1989.

02 사적 영역과 공적 영역의 '소셜 게임'

Social Play between Private and Public Space

우리 안에는 공적인 '나'와 사적인 '나'가 공존한다. 사회적으로 참여하고 타인으로부터 인정받고 싶은 '나'와 은밀한 개인 공간에서 아늑한 생활을 하고 싶은 '나'다. 일과 가정에도 균형이 필요하다. 한쪽이 부족하면 결핍을 느낀다. 이 균형을 이루기 위해 필요한 것이 공적 공간과 사적 공간이다. 두 영역은 계속 진화해왔지만 지금 소셜 미디어에서는 그 변화가 매우 극적인 방식으로 일어나고 있다. 이 글에서는 두 영역의 특성과 변화를 살펴본 후 새로운 현상을 어떻게 읽고 대응해야 할지를 '사용자 정체성' 관점에서 논의하고자 한다.

두 공간의 분리를
기반으로 한 기존의 질서

소셜 미디어가 공적 영역이냐 사적 영역이냐는 논쟁은 소모적이다. 다음의 정의에 따르자면 소셜 미디어는 당연히 공적 영역과 사적 영역을 포괄하는 공간이고 노드다. 지금 문제는 공사의 경계가 어디인지를 구분하는 것이 아니다. 둘의 경계는 이미 오래전에 사라졌다. 대신 기존과는 다른 방식으로 '공생'한다는 것이 문제의 핵심이다. 그 공생의 방식을 정확히 이해함으로써 결핍이 아니라 균형으로 가기 위한 답을 얻어야 한다. 이를 위해 우선 사적 영역과 공적 영역의 정확한 정의부터 알아보는 것이 좋겠다.

1. 사적 영역은 '아래'에 있는 분리된 공간이었다

두 공간의 개념을 짧은 글로 간추리는 것은 당연히 무모하다. 하지만 임마누엘 칸트,[1] 한나 아렌트,[2] 위르겐 하버머스,[3] 어빙 고프먼,[4] 앙드레 아쿤,[5] 리처드 세넷[6]에게 용서를 구하면서 살신성인의 마음으로 몇

---

1. "Publicity," *Stanford Encyclopedia of Philosophy*, Jan 12, 2005, http://plato.stanford.edu/entries/publicity/.
2. "Hannah Arendt," *Stanford Encyclopedia of Philosophy*, Jul 27, 2006, http://plato.stanford.edu/entries/arendt/.
3. "Jürgen Habermas," *Stanford Encyclopedia of Philosophy*, May 17, 2007, http://plato.stanford.edu/entries/habermas/.
4. "Erving Goffman," *Wikipedia*, http://en.wikipedia.org/wiki/Erving_Goffman.
5. André Akoun, *La communication démocratique et son destin*, PUF, Paris, 1994.
6. "Richard Sennett," http://www.richardsennett.com/.

줄 요약을 시도하도록 하겠다.

사적 공간은 우선 라틴어 '프리바투스privatus'[7]가 의미하는 '~로부터의 단절'[8] 또는 분리를 전제로 한다. 사적 공간이 존재하기(성립하기) 위해서는 공적 공간으로부터의 분리가 필요하다. 가정생활은 '폴리스polis'라는 공적 무대의 활동과 분리되었다. 사적 공간은 공적 공간보다 아래에 있었다. 공인으로 정치적 활동을 하기 위해서는 경제적 여건 등의 사적 공간에 문제가 없어야 했다.[9] 우리말로 가화만사성이다.

하지만 지금 사적 공간의 분리란 외부로부터 단절될 수 있는 '권리'로 해석된다. 직장에서 돌아와 집에서 가족들과 함께 밥을 먹고 웃고 휴식하는 시간은 업무로부터의 단절이 전제되어야 한다. 여기서는 타인으로부터 간섭받지 않는 나의 '익명성anonymity'이 허락된다.

이 관점에서 보면 익명성은 공적으로 보장되어야 할 가치가 되었다. 개인적인 정보와 삶을 보호받고 외부에 노출되지 않을 때 사적인 공간에서 심리적 안정을 찾을 수 있다. 이웃이 내 집에 무단 침입할 수도 없지만 힐끔거리는 것도 예의가 아니다. 서로 간의 암묵적인 약속이다. 최근 SNS에서 프라이버시 문제가 커지는 이유는 이 같은 사적 공간을 더 이상 보장받기 어려워졌기 때문이다.[10] 가족, 친구 등 여러 종

7. "Vie privée," *Wikipedia*, http://fr.wikipedia.org/wiki/Vie_priv%C3%A9e.
8. 상동.
9. Hanna Arendt, *The Human Condition*, University of Chicago Press, 1958.
10. Victor Luckerson, "Teens Tire of Facebook — but Not Enough to Log Off," *Time*, May 25, 2013, http://business.time.com/2013/05/25/teens-tire-of-facebook-but-not-enough-to-log-off/.

류의 사적인 네트워크들이 페이스북이라는 하나의 네트워크를 공유하기 때문에 발생하는 문제가 그중 하나다. 개인의 정보가 상업적 용도로 쓰이면서 생기는 문제점도 있다. 히스토리가 쌓여 정체성이 점차 드러나고 사적 네트워크 간의 접목과 융합이 확대되면서 생기는 당연한 불협화음이자 현상이라고 하겠다.

기존에 사적 영역에 국한되었던 가치들은 역사적으로 시간이 지나면서 점차 경계를 넘어서고 범람해왔다. 기존의 두 구역 안에 정리·정돈되었던 것들이 혼돈과 새로운 질서 속에서 공존하게 되는 것이다. 예컨대 익명성도 그중 하나다. 또한 개인의 경제 활동도 같은 맥락에서 볼 수 있다. 과거에는 생계를 위한 노동이 사적 공간에 국한되고 가치 없는 것으로 치부되었다면 지금은 반대다. 부와 권력을 영위하기 위해 사람들은 밤샘 야근을 하고 주말을 반납한다. 노동이 사적 영역에만 국한되는 것이 아니라 모든 삶의 기반이 되어버렸다.

이처럼 사적 공간에서 생산된 가치가 공적 공간으로 넘나들면서 공사의 경계가 흐려지기 시작한다. 여기에 '도시urban'의 출현[11]과 '가시성visibility'[12] 개념이 추가되면서 공적 영역에 대한 이해도 진화하게 된다. 지금 오가닉 미디어에서 감지되는 사회적 현상들이 바로 여기에서 출발했음을 다음에 이어지는 내용에서 알게 될 것이다.

---

11. Jürgen Habermas, *The Structural Transformation of the Public Sphere: An Inquiry into a Category of Bourgeois Society*, The MIT Press, 1991(Original work published in 1962).
12. Richard Sennett, *The Fall of Public Man*, Norton &Company, 1992(Original work published in 1977).

2. 공적 영역은 정치적·사회적·가시적 공간으로 확장되었다

공적 공간은 크게 세 관점을 통해 개념적으로 진화해왔다. 하나씩 살펴보자.

첫째는 정치적 공간scène politique이다. 정치인들이 활동하는 무대뿐 아니라 여론과 참여, 사회적 인정이 일어나는 무대를 통칭한다고 하겠다. 국회처럼 제도화된 공간이든 아니든 토론과 합의를 통해 의사 결정이 이뤄지는 '공론의 장'이 여기에 해당한다.[13] 여기서 우리의 정체성은 '시민citizen'이다. 인터넷으로 연결된 공간에서는 도처가 공론의 장이다. 다음 아고라, 개인 블로그, SNS 등 저마다 규칙과 제도를 기반으로 참여할 수 있다. 다만 전통적 개념의 공론의 장보다 훨씬 파편화되고 다양해졌으며 (관료적 방식이 아닌) 유기적 방식으로 존재할 뿐이다.

둘째는 사회화가 이루어지는 공간이다. 학교, 직장, 교회 등 타인과 내가 사회적 관계를 형성하고 사회적으로 행동하는 방법을 배우는 공간이다. 서로가 서로를 하나의 '주체'로 인정하고 관계 안에서 정체성을 찾아간다. 규범과 규칙을 통해 구성원들이 공동체에서 함께 살아가는 법을 습득한다. 여기서 우리의 정체성은 '구성원social components'이다. 페이스북, 트위터, 역할 수행 게임RPG 등 사용자 참여를 기반으로 유지되는 모든 서비스는 사회화의 공간이다.

인간에게는 본성적으로 참여하고 기여하고 인정받고 싶은 심리적 욕구가 있다. 공동체의 목표에 동참함으로써 살아 있다는 느낌을 받

---

13. Jürgen Habermas, *The Structural Transformation of the Public Sphere: An Inquiry into a Category of Bourgeois Society*, The MIT Press, 1991(Original work published in 1962).

는다. 마라톤에서는 각자가 홀로 뛰지만 집단적인 참여 과정에서 암묵적인 규범과 규칙을 따른다. 참여가 곧 존재가 된다. 여행지에서 호텔을 이용하지 않고 개인의 아파트를 빌리는 것, 물건을 새로 사지 않고 있는 물건을 함께 나눠 쓰는 것도 같은 맥락이다. 공유 서비스를 이용하는 동기에는 가격이 싸다는 것도 있지만 '착한' 경제 활동에 기여하면서 자존감을 키울 수 있다는 점도 있다.[14] 이러한 사례들은 사적인 '나'가 아니라 공적인 '나'가 활동하는 과정이다. 공적인 나를 향한 본능적 욕구는 사회화 과정을 통해 다듬어지고 진화한다.

셋째는 공적인 장소scène publique, 즉 무대다. 도시 공간, 카페, 광장, 공원 등 가시적으로 내가 '노출되고' 드러나는 물리적인 공간을 말한다.[15] 공적 장소에서 서로가 익명성을 존중해준다. 이때 익명성은 더 이상 사적 공간에 국한되지 않는다. 바로 여기서부터 본격적인 공적 공간의 개념적 진화가 시작되었다고 하겠다.

기존의 공적 영역이 다분히 '전체주의', '민주주의' 등의 관점에서 출발했다면 여기서는 사회적 상호작용과 인간의 감정, 타인의 시선과 암묵적 커뮤니케이션이 중심이 된다. 거리를 지나가는 사람들의 외모나 스타일, 행동들은 모두 무대의 한 장면이다.[16] 서로가 서로를 관찰하는 공간이며 눈빛과 몸짓으로 직간접적인 상호작용이 이루어지는 공

---

14. Rachel Botsman, "The Case for Collaborative Consumption," *TED*, Dec, 2010, http://www.ted.com/talks/rachel_botsman_the_case_for_collaborative_consumption.html.
15. Richard Sennett, *The Fall of Public Man*, Norton &Company, 1992(Original work published in 1977).
16. Guy Debord, *La société du spectacle*, Buchet-Chastel, 1967.

귀스타브 카유보트(Gustave Caillebotte)의 <비 오는 날 파리의 거리(Paris Street: Rainy Day)>(1877). 파리의 생라자르 역을 배경으로 한 작품으로 19세기 말의 패션과 도시의 모습을 읽을 수 있다. 도시의 출현, 그리고 카페, 기차역, 공연장 등은 공적 영역의 개념화에 중요한 역할을 했다.

간이다.[17] 여기서 서로의 정체성을 결정짓는 것은 '관중audience'이다. 온라인에서는 더욱 그렇다. 인터넷에 접속하는 순간 공적 무대에서의 상호작용은 디지털 족적footprint이 남는 '모든' 곳에서 시작된다.

우리가 사적 공간으로 알고 있는 개인의 홈페이지는 공적 영역의 세 요소를 모두 포함한다. 사적인 공간인 동시에 모두에게 노출된 공적인 무대다(그렇지 않으면 사진을 올리고 글을 쓸 때 망설일 이유가 없다). 사

---

17. Erving Goffman, *Interaction Ritual: Essays in Face-to-Face Behavior*, Pantheon, 1982.

회화도 일어난다. 아무리 개인 공간이라도 서로 공존하기 위해 지켜야 할 에티켓이 있다. 커뮤니케이션을 통해 서로를 배우고 함께 성장한다. 공적인 이슈에 반응하고 참여하는 제도적 공간의 역할도 수행한다. 그런 의미에서 각자의 홈페이지는 사적·공적 공간이 공존하는 융합된 노드이며, 사람들의 사회적 상호작용이 일어나는 공간이자 관계를 매개하는 매개체라고 하겠다.

3. 두 공간의 경계는 상대적이다

공적·사적 영역의 정확한 경계를 구하는 것은 어렵다. 스타벅스라는 공적인 장소에서 책을 읽고 있는 내 테이블은 사적인 공간인가, 공적인 공간인가? 여기서 타인으로부터의 '단절'과 '익명성' 그리고 '사생활'은 어디까지 보장받고 요구할 수 있을까? 각자의 자리에서 각자의 스토리를 만들고 있는 지금 여기는 사적인 영역의 모자이크이며, 그 스토리들의 합이 카페라는 공적 공간의 정체성을 규정한다. 두 공간의 융합이 일어나는 순간이다.

집이라는 사적 공간도 마찬가지다. 회사에서 돌아온 내 집은 사적인 공간이지만, 이 공간에서 거실은 다시 가족들의 공적 공간이고 서재는 나만의 공간이다. 가족 구성원들이 서로의 사적 공간을 침범하고 보장해주지 않으면 갈등이 일어난다. 사생활에서도 서로 예의가 필요하다. 아이들이라고 예외가 되지는 않는다. 이처럼 두 공간의 경계는 개념적으로 한번 그어지면 영원히 존속되는 것이 아니라 우리의 다양한 삶의 국면 속에서 유연하게 구분되는 본질을 갖고 있다.

확실한 것은 두 영역은 서로 분리될 때만 성립한다는 것이다. 공적 영역으로부터 분리되어야 사적 생활이 가능하다. 사적 이슈로부터 완전히 벗어나야만 공적인 것으로 인정될 수 있다. 하지만 두 공간의 관계는 변해왔고 이제는 높낮음의 관계가 아니라 '공생' 관계로 바뀌고 있다. 특히 소셜 미디어에 들어서는 이들의 융합과 공생이 완전히 새로운 질서를 만들고 있다는 점에 주목할 필요가 있다. '가시성'의 역할이 극대화되고 소셜 미디어라는 무대와 결합하면서 폭발하게 된 것이다.

두 공간의 공생이
만드는 새로운 질서

예전에는 집을 떠나는 것이 영웅이 되기 위한 조건이었고 상징이었다. 그러나 이제 집을 떠나는 사람은 '무책임한' 가장이다. 돈키호테도 영웅이 되기 위해 집을 떠났다.[18] 공적인 영역에서 존재하고 인정받기 위해서는 사적인 영역과의 단절이 필요했다. 그러나 지금은 한 사람의 업적이나 사회적 소속만큼 중요해진 것이 그 사람의 취향이고 가족이고 일상생활이다. '일상everyday life'[19]의 파편들의 합이 한 사람의 정체성을 형성한다. 이 과정에서 두 영역은 분리되지 않고 '함께' 존재할 수밖에 없다. 그리고 현상은 언제나 미디어에서 먼저 발견되고 극대화된다.

---

18. "Don Quixote," *Wikipedia*, http://en.wikipedia.org/wiki/Don_Quijote.
19. Michel Maffesoli, *La connissance ordinaire: Précis de sociologie compréhensive*, Klincksieck, 2007.

미겔 드 세르반테스,《라만차의 천재적인 귀족 돈키호테(L'Ingénieux Hidalgo Don Quichotte de la Manche)》. 돈키호테는 영웅이 되기 위해 '집'을 떠나는 과거 소설의 전형적 플롯에서 출발한다. 처음에는 중세의 가치를 따르지만 길을 떠난 뒤에야 비로소 주인공은 자신의 정체성에 질문을 던진다. (이미지 출처: http://www.lessignets.com/signetsdiane/calendrier/janvier/17.htm)

1. 더 이상 '단절'이 영웅을 만들지 않는다

기존의 출판 개념은 대표적인 공적 영역과 사적 영역의 구분이었다. 책 한 권을 출판하기 위해서는 오랜 기간 사적 공간에서 습작을 해야 했다. 그리고 모든 스토리가 '완성'되었을 때 출판 과정을 거쳐 '공식적으로' 공적 공간으로 내보내겠다. 그러나 지금은 다르다. 마지막에 공적 공간에 '대작'을 남기고 죽는 것이 아니라, 수시로 다양한 방식으로 공적 공간에서 회자되고 넘나들 수 있다. 콘텐츠도 진화하고 컨테이너도 진화하는 오가닉 미디어 공간에서는 콘텐츠가 씨앗으로 생성되면 그 이후부터가 새로운 시작이기 때문이다. 공적 영역에 한번 나가면 끝이 아니라 영역을 넘나들면서 지속적으로 진화하기 때문이다.

2. 공적 공간은 사적 스토리가 지배한다

공적인 담론과 사적인 스토리도 더 이상 대립되지 않는다. 사람들은 공인에게서 숨겨진 스토리를 찾고 기업의 스토리에서도 공감과 동일시를 찾는다. TV에서 주인공은 연예인이나 정치인 같은 공인들의 전유물이었다. 하지만 못생기고 평범한 옆집 아저씨 캐릭터를 TV 프로그램에서 만나게 되었다. '리얼리티'와 '서바이벌' 등을 표방하는 프로그램이 쏟아져 나오면서 일반인들을 텔레비전에서 볼 수 있게 되었다. 일반인들의 사적 공간에서 발생하는 사생활이 TV 프로그램이라는 공적 공간을 통해 전달되기 시작했고, 사람들은 열광했다. 배우보다 일반인들의 스토리가 동일시하기에 훨씬 쉽기 때문이다. 오디션 프로그램에서 가수 지망생들은 노래만 부르지 않는다. 그들의 사적인 사연이 시청자들의 공감을 사고 가슴을 울리고 프로그램을 더 극적으로 이끄는 요소로 작용한다. 정치인들이 〈힐링 캠프〉에 출연하는 것도 같은 양상이다.

사적 영역과 공적 영역을 물리적으로 구분하는 것은 의미가 없어졌다. 그 대신 이 두 영역이 공생 관계로 진화하면서 '감출수록 드러나고 보일수록 가려지는' 소셜 게임이 시작되었다.

3. 감출수록 드러나고 보일수록 가려지는 것

기업이든 개인이든 정도의 차이가 있을 뿐 게임의 룰은 모두에게 적용된다. 프랑스 정보기관 DCRIDirection Centrale du Renseignement Intérieur가 2013년 위키피디아에서 당한 망신은 공사 영역의 공생 관계를 이해하지 못한 탓이다.[20] 그들은 감출수록 모든 것이 드러나는 악몽을 겪었다. 더구나 페이스북 같은 소셜 미디어에서는 공사 콘텐츠의 공생 관계가 일상적이다. 사적 이야기와 공적 이야기가 구분될 공간이 따로 없다. 이때 공간을 규정하는 규칙은 사람들 간의 상호작용 속에서 체험적으로 만들어진다. 오가닉 미디어에서의 규칙은 공부한다고 해서 알 수 있는 것이 아니라 체험을 통해서만 학습할 수 있기 때문이다.

그래서 개인과 조직은 체득을 통해 공생하는 법을 익히고 있다. 타임라인에 게재되는 맛집 사진과 신문기사는 나란히 올라온다. 기업들도 구성원들의 야유회 사진을 공유하고 경찰청 페이스북은 그날 있었던 에피소드를 시민들에게 재미나게 들려준다.[21] 기관과 기업들이 사적인 부분을 감추지 않고 드러냄으로써 일반 사용자들과 같이 울고 웃고 대화하는 친구 같은 노드로 자리매김한다.[22]

개인도 마찬가지다. 연예인들에게 파파라치는 필요악이 되었다. 사

20. T.C, "What is the Streisand effect?," *Economist*, Apr 15, 2013, http://www.economist.com/blogs/economist-explains/2013/04/economist-explains-what-streisand-effect/.
21. https://www.facebook.com/BusanPolice.
22. 윤동빈, 〈경찰의 재치 넘치는 사건 전달, 부산지방경찰청 SNS 화제〉,《조선일보》, 2012년 12월 29일, http://news.zum.com/zum/view?id=025201212295007584&t=1&cm=newsbox.

생활을 침범하는 성가신 존재이지만 파파라치 덕분에(?) 공적 공간에 게재되는 사생활은 그들의 인기를 확인하고 더 많은 관심을 끌게 하는 콘텐츠로 탄생한다. 감출수록 드러나고 더 보고 싶어진다. 홈페이지에서는 개인화와 사회화가 동시에 일어난다. 헤어진 연인들에게 미니홈피는 서로를 훔쳐보고 집착하는 강렬한 마약 같은 존재였다. 지금은 카카오톡에서 일거수일투족을 드러내고 감시하고 숨기면서 소셜게임을 벌이고 있다. '보여지는 것'을 기반으로 하는 정체성이 극에 달하는 순간이다.

문제는 '가시visible'가 극단적으로 흐르면 '과시·가식'이 되고 정체성은 요원해진다는 점이다. 사람들은 감출수록 보고 싶어 하지만, 그래서 역설적으로 보일수록 가려지고 멀어지는 것이 정체성이다. 토론과 참여, 여론이 만드는 공적 활동이 이미지와 평판으로만 채워지면서 사회는 집단적 힘을 잃는다. '감출수록 드러나고 보일수록 가려지는' 것은 무엇인가? 다름 아닌 우리의 '정체성'이다.

4. 사적 공간 위에 공적 공간을 세우다

소셜 미디어에서 '공적인 나'의 정체성은 이제 사적인 구조물edifice에 기반하고 있다. 공적인 장소처럼 꾸미고 공적인 모습에 집중하던 '공식 홈페이지'는 낡은 것이 되었다. 고객에게 CEO의 인사말로 시작하는 공식 홈페이지가 아니라 사유 공간을 열어주고, 거기서 '이야기'를 시작한다. 사용자에게 말을 걸고 이야기를 들어주고 이해하는 방법을 익히는 것이 먼저가 되었다.[23] 기업의 공적인 정체성은 이제 '개방openness'에서 출발한다.

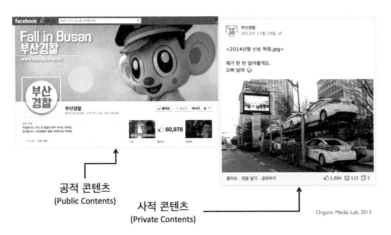

공적 콘텐츠
(Public Contents)

사적 콘텐츠
(Private Contents)

Organic Media Lab, 2013

부산 경찰청의 페이스북 페이지의 팬 수는 2016년 7월 현재 34만 명을 넘어섰다. 공적 스토리와 사적 스토리가 '공감'이라는 코드를 매개로 넘나드는 것이다.

   그럼 반대로 사적 공간을 보장받기 위해서는 어떻게 해야 할까? 이에 대한 환상은 버리는 것이 좋겠다. 소셜 미디어에서 사적 공간을 주장할 수 있는 방법은 노출 수위를 인위적으로 조절하는 것 말고는 없다. 소셜 미디어에서 나의 페이지는 사회적으로 존재하기 위한 수단으로 봐야 하며 그 자체로 사적 공간이 될 수 없다. 앞서 말한 것처럼 두 영역은 상대적이기 때문에 홈페이지를 '사적 공간'으로 충분히 명명할 수는 있다. 문제는 그 역할에 있다.

   사적 영역은 이제 공적 영역에 반드시 필요한 인프라가 되었다. 이에 따라 나를 드러내고 정의하는 방법도 더 이상 사회적 참여와 공적

23. 데이브 케펜, 《좋아요! 소셜 미디어》, 장세현 옮김, 레인메이커, 2012(원서 출판 2011년).

인 활동에만 국한되지 않는다. 내 취향과 일상 등 훨씬 더 감성적이고 개인적 영역이 융합되어 새로운 스토리텔링이 되는 것이다.

5. 도처에 있으면서 어디에도 없는 '나'

폐쇄된 공간이 아닌, 열려 있는 네트워크에서 나의 가시성은 나 혼자 만드는 것이 아니다. 다수의 사용자를 통해 콘텐츠가 공유되고 유통되면서 노드와 링크가 생성되고 유지되는 과정이 반복되어야 한다. 유기적 네트워크를 기반으로 하는 소셜 미디어에서는 영역 간의 경계 대신 사용자의 매개를 통해 '어디에나' 존재하는 '가시성'이 만들어진다. 즉 오가닉 미디어에서 공적 영역은 주어져 있는 것이 아니라 사용자 활동과 매개를 통해 확장되는 것이다.

나는 여기 있지만 도처에 존재하도록 하는 것, 이것이 오가닉 미디어에서 '공적인 나'를 만드는 방법이다. 이를 위해 사람들은 고갈되지 않는 이야기와 '공유될 만한 가치가 있는' 이야기를 끊임없이 찾고 있다.

다만 이 과정에서 콘텐츠가 범람하고 사생활이 노출되고 익명성은 보장되지 못할 것이다. 우리는 도처의 공적 장소에서 기꺼이 벌거벗겨짐으로써 가시성을 통해 사회적 인정을 받으려 할 것이다. 공적 공간을 최대한 확장하면서도 사적 공간을 보장받을 방법을 계속 찾게 될 것이다. '도처에 있으며 동시에 어디에도 없는 나'를 만드는 것이 가능한가? 그것은 연결이 지배하는 미디어 세상, 그래서 더 이상 사적 영역과 공적 영역을 분리할 수 없는 세상에서 우리가 맞닥뜨린 새로운 화두다.

공적 영역과 사적 영역의 구분이 명확하던 시대에는 이중적 정체성이 나를 형성했다. 공적인 나와 사적인 나가 달랐다. 기업의 겉과 속이 다르면서도 존속될 수 있었던 것은 이런 이유에서다.[24] 그러나 이제는 상황에 따라 유연하게 변모하는 나의 '다면적' 모습의 연결이 나를 규정하게 되었다. 이 다면성은 미리 만들어지는 것이 아니라 '커뮤니케이션 과정'에서 지속적이고 동시다발적으로 생성되고 변모하기 때문이다. 결국 우리 자신은 유기체이며, 이것이 오가닉 미디어가 우리에게 일깨워주는 우리의 본래 모습이다.

24. 뉴스속보부, 〈남양유업 사태 일파만파…불매운동으로 확산돼〉, MK 뉴스, 2013년 5월 6일, http://news.mk.co.kr/newsRead.php?no=349743&year=2013.

03 청중이 나를 정의한다

Audience Define Who I am

앞선 두 개의 글에서 사용자 정체성을 형성하는 네 요소에 대해 설명했다. 동일시와 차별화, 그리고 사적 영역과 공적 영역이다. 이 단락에서는 사용자 정체성을 청중 관점에서 논의하려고 한다.

소셜 미디어를 즐겨 사용하는 독자라면 '소셜 미디어에서 내 이야기를 듣는 사람이 누구인지,' '청중과 나의 관계는 어떻게 형성되는지,' '청중은 나에게 어떤 존재인지' 등을 궁금해했을 것이다. 이 글은 이런 의문에 대한 답을 찾는 시간이 될 것이다.

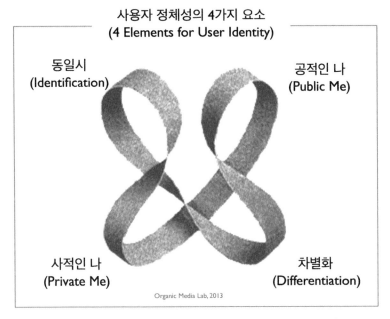

사용자 정체성의 4가지 요소
(4 Elements for User Identity)

동일시
(Identification)

공적인 나
(Public Me)

사적인 나
(Private Me)

차별화
(Differentiation)

Organic Media Lab, 2013

사용자 정체성에 필수적인 네 요소는 서로 연결되어 있으며 상호작용하는 관계에 있다. (테트라드 이미지 출처: http://www.lawsofmedia.com/lawsofmedia.html)

사용자 정체성의
4가지 요소

위의 도식은 매클루언이 '미디어의 법칙'에서 제시한 테트라드Tetrad를 응용한 것이다(매클루언의 작업에 대한 오마주이기도 하다).[1] 각 요소들은 서로 영향을 주고받지만 어느 한 요소가 원인이나 결과가 되지 않는다.

1. Marshall McLuhan & Eric McLuhan, *Laws of Media: The News Science*, University of Toronto Press, 1992(Original work published in 1988).

시작과 끝이 따로 없다. 그 대신 네 요소의 작용은 동시다발적이며 서로 연결되어 있다.

사적 영역과 공적 영역이 분리되어 있는 상황에서는 이러한 테트라드가 성립될 수 없었다. 앞서 언급했듯이 공적 영역과 분리되어야만 사적 영역이 가능했기 때문이다. 서로에 대한 단절이 서로를 존재하게 했다. 그러나 더 이상 공적 영역과 사적 영역을 구분하기가 어려워졌다. 사적인 나와 공적인 나가 공존한다. 구분이 없어졌을 뿐 아니라 '공생'이라는 새로운 관계가 시작된 것이다.

동일시와 차별화는 공적인 나와 사적인 나를 동시에 형성하는 요소다. 공적인 장소에서는 차별화만 일어나고 사적인 장소에서는 동일시만 일어나는 것이 아니다. 사회적으로 존재하는 우리 모두는 차별화와 동일시의 끊임없는 동시 작용으로 살아간다. 특히 사적인 것과 공적인 것이 공존하는 소셜 미디어에서는 더욱 그렇다. 동일시, 차별화, 공적인 나, 사적인 나의 작용은 끊임없는 화학작용이다. 그리고 우리는 이 일련의 과정을 날마다 오가닉 미디어를 통해 체험하고 있다.

페이스북에서
나의 정체성 찾기

나는 이 책을 집필하기 위해 페이스북을 이용했다. 오가닉미디어랩 블로그에 콘텐츠를 정리하기 시작하면서 글을 알리고 공유하는 채널로 페이스북을 활용했고, 그 과정에서 독자들과 연결되었다. 그 과정은 매우 흥미로운 스토리가 되었다. 정체성을 만드는 과정에서 네 요소가 어떻게 동시에 작용하는지, 그리고 그 과정에서 만난 청중에 대한 이야기다.

1. 나의 모습을 드러내다

제일 먼저 어디에서 무슨 일을 해왔고 현재 무엇을 하는 누구인지 프로필을 업데이트했다. 사적인 나를 공적인 공간에 드러냄으로써 정체성 만들기 과정이 시작된 것이다. 자주 드나들면서 글을 올리고 다른 글에도 반응하면서 소통을 시작했다.

내가 올린 글을 모두 합치면 관심사를 쉽게 추정할 수 있다. 특히 블로그에서 작성한 글을 주로 공유하고 있으니 더욱 그럴 것이다. 기존에 간과되었거나 사람들이 실행에 바쁘다는 이유로 멈춰 서서 보지 못했던 주요 과제들을 먼저 다루었다. 배우고 경험한 것을 나눈다는 사명감 뒤에는 내 자신의 정체성에 대한 요구도 컸을 것이다.

동일시 활동도 병행되었다. 뉴스피드에서 무릎을 탁 칠 만큼 좋은 글이 있으면 '좋아요'를 누른다. 혼자 읽기 아까운 글은 공유하기도 한다. 공유는 '좋아요' 버튼을 누르는 것보다 참여적인 행위로, 강력한 공감이다.[2] 가시적 공간에 모습을 드러내는 것은 내 자신을 타인의 판단에 맡기는 행위다.[3] 이때 타인이 나를 판단하려면 기준이 필요하다. 어떤 내용에 공감하고 누구와 동일시하는지 지속적으로 드러내다 보면

---

2. 김태현, 〈페이스북에서 내 콘텐츠를 더 많이 보게 하는 방법〉, 버섯돌이의 소셜웹인사이트, 2013년 5월 13일, http://mushman.co.kr/2691949.

3. Erving Goffman, *Interaction Ritual: Essays in Face-to-Face Behavior*, Pantheon, 1982.

기준이 만들어진다. 글을 올리면서 차별화와 동일시를 꾀하는 과정에서 사람들이 나를 판단할 때 근거로 삼을 기준이 하나씩 만들어졌다.

2. 친구들이 나를 판단하다

그렇게 미디어의 개념화 작업을 반복했는데, 차별화에 대한 노력은 사람들의 피드백으로 돌아왔다. 친구 신청을 하는 사람들은 대부분 오가닉미디어랩의 블로그를 보고 왔다고 했다. 그와 동시에 블로그에 올린 글에 대한 사람들의 피드백이 내게는 자신이 어디로 가고 있는지를 말해주는 지표가 되었다. 바로 블로그가 페이스북의 공간과 연결되는 과정이었다.

정체성을 만드는 과정이 서로에 대한 판단도, 상호 관계도 없이 온전히 개인적인 것으로 끝난다면, 세상에는 서로 완전히 분리된 개체만이 존재할 것이다. 그러나 실상은 그렇지 않다. 차별화를 통해 만들어진 이미지가 누적되면 기존에 존재하던(혹은 새롭게 생성되고 있는) 집단과 동일시가 일어난다. '이런 사람'으로 그룹화grouping되는 것이다.

주제나 스타일은 사용자별로 매우 다르겠지만 과정은 동일하다. 줄기차게 '먹방' 글을 올리는 사람, 유머를 공유하는 사람, 속보를 전하는 사람 등 다양하다. 이처럼 나도 어떤 유형에 소속되고 있을 것이다. 분명한 것은 내가 이런 글쓰기를 계속한다면 특정 집단과 더 분명한 동일시가 일어날 것이라는 점이다. 그래서 반대로 더욱 분명한 차별화가 나타날 것이다.

물론 나도 동시에 타인을 판단하는 입장이 되었다. 뉴스피드를 계속 받다 보니 저널리즘의 돌파구를 찾는 집단, 벤처 생태계를 만드는 집단, 데이터를 공유하는 집단 등 구분이 점차 명확해졌다. 처음에는 지인 몇몇에서 출발했다. 이들이 공유하는 콘텐츠를 찾아가서 읽다 보니 저자를 만나게 되고 친구도 맺었다. 그리고 그 분야의 다른 사람들도 동일한 방식으로 내게로 왔다. 이렇게 만난 사람들은 대부분 서로 아는 사람들이다. 공동 친구mutual friends의 수가 점차 늘어 30~40명씩 되는 경우도 많아졌다. 서로 차별화되면서도 유사한 집단들의 합이 현재 내 친구 리스트를 구성하고 있다.

이런 집단과의 차별화와 동일시는 동시에 일어난다. 특정 집단과의 동일시 과정은 다른 집단과의 차별화를 뜻한다. 시간이 흘러 특정 집단에 동일시가 뚜렷해지면 즉 '아무개는 A그룹에 속하는 사람'이라는 딱지가 붙으면 그때부터는 거꾸로 A그룹의 다른 사람들과 차별화를 시도할 수밖에 없다. 그렇지 않으면 도태되기 때문이다. 동일시와 차별화가 역동성을 잃으면 프로세스도 중단된다. 나의 성장과 도태는 동일시와 차별화 작용이 누적되면서 일어나는 것이다.

그리고 나와 소통하는 집단에는 사적인 관계도 있다. 프로필을 페이스북에 노출함으로써 사적인 나는 공적인 나와 공존을 선언했다. 또 전공 분야의 글을 올리면서 뜻밖에도 나의 사적 네트워크의 사람들과 더 친해지는 계기가 되었다. 모습을 자꾸 드러내다 보니 오랫동안 연락이 없었던 사람들과 대화하는 일도 많아졌다. 메신저 이용도 늘었다. 공적인 것과 사적인 것이 공존하는 네트워크이기에 가능한 일이다.

청중이
나를 정의한다

지금까지 페이스북에 나를 드러내는 활동과 그에 따른 피드백 프로세스를 설명했다. 결국 정체성을 위한 이 모든 과정에서 나를 정의하는 주체는 누구일까? 그렇다. 내가 아니다. 정체성은 임의로 정해지지 않는다. 오로지 '청중audience'을 통해서만 정의된다.[4] 프로필 페이지에 나를 드러낸다고 해서 청중이 생기지는 않는다. 아무도 듣는 사람이 없는데 글을 계속 올린다면 그것도 정체성으로 돌아오지 못한다. 이벤트 마케팅을 기반으로 상호작용이 일어나더라도 관계가 지속되지 못한다면 의미가 없다. 사람들이 내 얘기를 들어주고 반응하는 과정이 반복될 때 정체성이 형성된다. 비로소 청중이 생기기 때문이다. 청중으로 식별되는 특정한 집단이 형성되었기 때문이다.[5]

청중이 평가하는 나는 누구인가? 다시 말해, '누가' 나의 청중인가? 내 이야기를 듣고 있는 사람들이 누구인지, 그 한 사람 한 사람이, 그들이 모인 집단의 속성이 나를 결정한다.

여기서 우리의 관심사는 단순히 청중의 규모가 아니라 청중과 우리의 관계다. 청중으로 식별된 그룹에 속한 사람들이 누구이고, 나와 어떤 관계를 형성하는지가 나를 말해준다. 오가닉 미디어에서 청중이란

---

4. Michael S. Bernstein et al., "Quantifying the Invisible Audience in Social Networks," *Proceedings of the SIGCHI*, 2013.
5. Alice E. Marwick and Danah Boyd, "I Tweet Honestly, I Tweet Passionately: Twitter Users, Context Collapse, and the Imagined Audience," *New Media &Society*, Jul 7, 2011.

차별화와 동일시, 사적인 나와 공적인 나의 동시 작용의 결과이며, '가시적으로' 생산되고 측정이 가능한 집단이다.

그렇다면 정체성을 요리하는 과정에서 네 요소는 상호작용을 하지만 정체성은 직접 빚어지는 것이 아니라는 뜻이 된다. 내 정체성을 내가 직접 생산하는 것이 아니다. 그 대신 청중을 생산하고 이 청중이 모여 나를 정의하게 되는 것이다. 달리 말하면 내 청중도 미리 정해지거나 인위적으로 만들어지는 것이 아니라는 뜻이다. 청중은 나날의 '커뮤니케이션 활동'을 통해 만들어지는 한 명 한 명의 합이다. 이들을 통해 내가 정의되고 수정되고 진화한다.

내가 올린 글 하나하나, 그리고 상호작용 하나하나의 과정에 청중은 끝없이 구체화된다. 그들의 나에 대한 판단도 구체화되며, 나의 차별점과 유사점도 구체화된다. 타깃이 청중이 되고 네트워크로 자라나는 과정이다. 우리가 사용하는 소셜 미디어는 멋지고 거대해 보인다. 하지만 이 오가닉 미디어에서 청중이 만들어지는 과정은 어쩌면 시시하고 보잘것없는 소통의 반복이다. 하지만 그 성실하고 반복적인 과정이 결국 나를 정의하게 된다. 오가닉 미디어 세상에서 정체성을 구성하는 네 요소는 결국 청중을 구성하는 요소라는 것이다. 강의실에 100명이 앉아 있어도 여기서 내 얘기에 귀를 기울이고 나와 교감하는 청중은 그보다 훨씬 작은 규모일 것이다. 제품 구매자가 수십 명이라고 해도 그 모두가 청중은 아니다. 물론 오가닉 미디어 세상에서 청중이란 특정 직업과 브랜드에 국한된 얘기가 아니다. 인생의 스토리를 쓰고 있는 여러분 모두에게 청중이 있다. 지금 여러분의 청중은 누구인가?

04 어디까지
보여줄 것인가?
Traceability, Visibility, Privacy and Transparency

검색되지 않는 것은 존재하지 않는 세상이다.[1] 우리는 스스로를 기꺼이 공개한다. 페이스북, 트위터, 링크드인, 블로그를 통해 친구는 누구이고 직업은 무엇인지, 무슨 생각을 하는지, 무엇을 먹고 마시는지도 공개한다. 사회적으로 존재하고 싶은 나는 더 많이 보여지기를, 그래서 존재하기를 원한다. 반면 이로 말미암아 SNS에서 피로감을 호소하는 사람이 늘어나고, 더욱더 프라이버시를 외치고 있다. 진퇴양난이다. 어디까지 보여줄 것인가?

이 단락의 주제는 투명성transparency이다. 투명성 문제를 첫째, 추적

---

1. Steven Levy, *In the Plex: How Google Thinks, Works, and Shapes Our Lives*, Simon &Schuster, 2011.

가능성traceability, 둘째, 가시성visibility, 셋째, 프라이버시privacy 문제로
나눠 정리하는데, 이 과정에서 세상이 왜 투명해질 수밖에 없는지, 투
명성이 제기하는 진짜 문제가 무엇인지 논의할 것이다. 결론에서는 투
명성을 강요하는 사회에서 어떻게 대처할 것인지, 그 해법을 공유해보
려 한다.

모든 것이
추적 가능하다

우리가 인터넷에서 보고 듣고 쓰고 검색하고 구매하는 모든 행동은
고스란히 남는다. 내가 알게 모르게 남기는 디지털 흔적은 어떤 형태
로든 추적 가능하고, 이를 기반으로 보이고 싶지 않은 나의 모습도 드
러날 수밖에 없다. 투명성이 제기하는 첫번째 문제, 바로 추적 가능성
이다.

　이제는 학생이 교과서를 읽고 왔는지까지 교수가 정확히 알 수 있
다.[2] 최근에 문제가 된 미국 국가안보국NSA의 프리즘 프로젝트도 이를
여실히 보여준다. FBI는 보석상 강도의 차량 이동 경로와 시간이 일치
하는 휴대폰의 위치를 추적하여 강도를 검거했다.[3] 내가 과거에 저지

---

2. David Streitfeld, "Teacher Knows if You've Done the E-Reading," *The New York Times*, Apr 8, 2013, http://www.nytimes.com/2013/04/09/technology/coursesmart-e-textbooks-track-students-progress-for-teachers.html?pagewanted=1&_r=1&ref=business&.
3. Evant Perez and Siobhan Gorman, "Phones Leave a Telltale Trail," *The Wall Street Journal*, Jun 15, 2013, http://online.wsj.com/article/SB1000142412788732404950457854353 52803220058.html.

른 사소한 과오까지 모두 기록되고 누구든지 열람할 수 있다면 어떤
가? 그렇다 보니 이제는 자신의 과거를 지우기 위해 새로운(꾸며진) 콘
텐츠를 만들기도 한다. 이를 도와주는 서비스도 있다.[4] 이제 공개적으
로 심판대에 오르는 대상은 일국의 대통령이나 국무총리에 국한되지
않는 것 같다.

데이비드 브린David Brin은 기술의 발전으로 모든 것이 추적 가능해
진 세상에서는 투명한 사회를 만드는 것만이 우리의 자유를 지키는
가장 좋은 방법이라고 주장한다.[5] 페이스북도 더욱더 열려 있고 투명
한 세상을 만드는 것을 서비스의 핵심 가치로 삼고 있다.[6]

앞으로 우리는 새로운 시간의 질서를 경험하게 될 것 같다. 기술적
으로 추적 가능성의 범위는 더욱 넓어질 것이고, 막을 수도 없다. 이
제 과거는 잊히고 흘러가는 것으로 여길 수 없게 되었다. 내가 책임지
고 함께 가야 하는 '현재의 나'의 일부가 되었다.

보여줄수록
신뢰받는다

부정적인 데이터가 많이 추적되는 것도 문제겠지만 데이터가 아예 없

4. Graeme Wood, "Scrubbed," *New York Magazine*, Jun 16, 2013, http://nymag.com/news/
features/online-reputation-management-2013-6/.
5. David Brin, *The Transparent Society: Will Technology Force Us To Choose Between
Privacy And Freedom?*, Addison-Wesley, 1998.
6. David Kirkpatrick, *The Facebook Effect: The Inside Story of the Company That Is
Connecting the World*, Simon &Schuster, 2011.

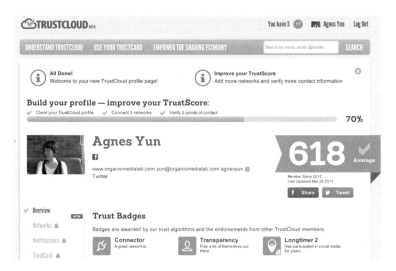

트러스트 클라우드(http://trustcloud.com)는 개인의 소셜 네트워크 활동을 기반으로 신뢰 점수를 산정하는 서비스다.

는 것도 문제다. SNS 어디에도 가입되어 있지 않고 기록이 없는 사람은 이상하게 본다. 조직도 예외는 아니다. 검색 결과가 나오지 않는 회사는 믿기 어렵다. 개인과 조직은 이제 신뢰받기 위해 최대한 자신을 공개하고 있다. 투명성이 제기하는 두 번째 문제, 바로 가시성이다.

사람들은 존재하기 위해 콘텐츠를 만든다. SNS에서 대부분은 실명을 사용하고 있고 많이 보여줄수록 신뢰도가 높아지는 현상도 존재한다.[7] 에어비엔비(http://airbnb.com) 등의 많은 공유 서비스에서 소셜 미

---

7. H. Colleen Stuart, et al., "Social Transparency in Networked Information Exchange: A Framework and Research Question," *Proceedings of the ACM 2012 Conference on Computer Supported Cooperative Work*, 2012. pp. 451-460.

디어는 신뢰 지수에 활용되고 있다.[8] 일명 소셜 크레딧이다.[9] 페이스북 홈페이지를 최근에 개설했다면 점수는 엉망일 것이다. 은행 거래를 오늘 시작한 사람의 신용과도 같다. 오랜 기간 자신을 드러내고 보여준 사람일수록 높은 점수를 받는다. 여러 서비스에서의 활동을 공개하면 할수록 점수는 높아진다.

가시성은 이제 새로운 존재 방식이다. 나를 지켜보는 사람들의 범위는 생각보다 훨씬 넓다. 단순히 내 지인들만이 아니라 그들의 친구, 더 나아가 친구의 친구로 연결된 인터넷의 모든 사용자가 나를 지켜볼 수 있다.

프라이버시는 없다

서로 신뢰받기 위해 최대한 공개하지만 그렇다고 사생활을 보호하고 싶은 욕구가 없는 것은 아니다. 오히려 가시성이 높아질수록, 모든 행동이 추적 가능해질수록 프라이버시에 대한 욕구는 커진다. 투명성이 제기하는 세번째 문제, 바로 프라이버시다.

지금까지 프라이버시 문제는 새로운 기술의 뒤를 따라왔다.[10] 하지

8. 조성문, 〈새로운 플랫폼 위에 지어진 비즈니스, Airbnb〉, 조성문의 실리콘밸리 이야기, 2011년 6월 22일, http://sungmooncho.com/2011/06/22/airbnb/.
9. Rachel Botsman, "The Case for Collaborative Consumption," *TED*, Dec, 2010, http://www.ted.com/talks/rachel_botsman_the_case_for_collaborative_consumption.html.
10. Jill Lepore, "THE PRISM: Privacy in an age of publicity," *The New Yorker*, Jun 24, 2013,

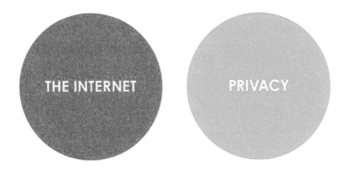

A HELPFUL VENN DIAGRAM

인터넷과 프라이버시는 공존할 수 없다.(Image by Dave Makes)

만 이미 앞에서 정리했듯이, 사적 영역과 공적 영역의 구분이 사라진 곳에서 누군가 여러분의 프라이버시를 보호해줘야 한다는 생각은 버리는 것이 좋다. 이제 모든 종류의 콘텐츠가 스트림으로 섞여 흐른다. 서로가 서로를 참조하고 공유하고 구경하면서 정신없이 네트워크가 만들어지고 자라난다. 이것이 오가닉 미디어다. 공간으로 정리·정돈되었던 구획이 이제 더는 없는 것이다. 대신 무한대의 네트워크에 노출된 내가 있다. 세상은 유리처럼 투명해졌고 여기서는 국가든 개인이든 조직이든, 강제적으로 서로의 영역을 지키게 하는 데 한계가 있다.[11]

http://www.newyorker.com/reporting/2013/06/24/130624fa_fact_lepore, [Accessed on Oct 1, 2013].
11. Harold Jarche, "Glass Houses," *Harold Jarche*, Mar 2, 2011, http://www.jarche.com/2011/03/glass-houses/.

프라이버시는 더 이상 남이 보장해야 하는 내 권리가 아니다. 여기서는 '소통'의 방법도 달라지고 상생하는 규칙도 우리가 정할 것이다. 식당에서 서로의 프라이버시를 지켜주는 것은 칸막이가 아니라 에티켓과 암묵적 약속이다. 프라이버시는 권리에서 참여로 페이지를 넘겼다.

물론 우리의 모든 개인 정보를 갖게 되는 수많은 사업자들의 의무도 있다. 빅토르 마이어 쇤버거Victor Mayer-Schonberger가 《빅 데이터가 만드는 세상Big Data: A Revolution That Will Transform How We Live, Work, and Think》[12]에서 지적했듯이 앞으로는 개인 정보 공유 방침에 사용자가 동의만 하는 것이 아니라 수집된 데이터의 사용 결과, 심지어 분석 결과도 확인할 수 있는 방법이 필요하다. 그러나 이것이 투명성의 근본적인 문제를 해결할 수는 없을 것이다.

투명성은
새로운 질서다

기업이 최소한의 사회적 책임을 진다고 하더라도 투명성은 이제 새로운 질서가 되었다. 거부할 수 없다면 '받아들이는' 방법밖에 없다. 더 부지런하게 스스로를 드러내고 서로 신상을 털자는 얘기가 아니다. 스스로 규칙을 만들고 주인이 되어야 한다는 말이다. 기존에 공적 영역과 사적 영역의 경계가 만들어온 규칙들이 더 이상 작동하지 못하게

---

12. 빅토르 마이어 쇤버거·케네스 쿠키어, 《빅 데이터가 만드는 세상》, 21세기북스, May 16, 2013년 5월 16일(원서 출판 2013년).

되면서 이를 대신해야 하는 '개인'의 역할 범위는 훨씬 커졌다. 내 정체성이 카오스가 되지 않으려면 나 스스로가 정리·정돈하고 길을 만들어가는 방법이 우선이다.

1. 고갈되는 투명성

오가닉 미디어에는 두 가지 종류의 투명성이 있다. 하나는 고갈되는 투명성이다. 이 경우는 '노출'에 가깝다. 고갈되는 투명성은 말 그대로 보여주다가 더 보여줄 것이 없을 때 이야기가 끝난다. 연예인의 노출이나 일반인의 사생활 공개나 마찬가지다. 겉과 속이 다른 (가짜) 투명성도 이에 속한다. 권력기관에서 무언가를 감추기 위해 다른 것을 드러내는 현상도 같은 범주에 있을 것이다. 이 경우는 언젠가 들통이 날지 모른다는 스트레스를 안고 가야 한다.

2. 스토리를 만드는 투명성

다른 하나는 스토리를 만드는 투명성이다. 있는 그대로의 나와 겉과 속이 같은 나를 만드는 것이다. 여기서 스토리는 단순한 글쓰기가 아니다. 사용자의 정체성을 포괄한다. 장황하고 비장한 스토리일 필요는 없다. 다양한 소재가 새로운 발견과 공감으로 연결되는 것이 중요하다. 진정성과 소통을 기반으로 한 개방은 스토리를 진화시킨다. 예를 들어 뉴스가 진실 공방에 정보의 유출과 노출로 흐른다면 진정한 투명성이 아니다. 반면 《가디언》의 '오프라인 뉴스 카페' 실험처럼 독자를 직접 만나고 뉴스가 만들어지는 과정에 참여하게 한다면 이야기가 달라진다.[13]

결국 투명성의 진짜 문제는 보여주는 데 있지 않다. 겉과 속이 같은 내 스토리를 '만들어가는' 데 있다. 치열한 체험과 부지런한 도전이 없으면 스토리도 없고 나도 없다. 기업도 다르지 않을 것이다.

나는 어떤 스토리를
만들고 있는가?

제대로 된 스토리를 만드는 데는 많은 시간과 노력이 필요하다는 것을 나 역시 절실히 느끼고 있다. 내가 나의 스토리를 만들어가면서 나침반으로 삼은 질문을 독자들과 공유하면서 이 글을 마무리한다.

1. 나만의 스토리를 만들고 있는가?

아직도 대기업 같은 조직에 '소속'되는 것을 목표로 하는 사람들도 있겠지만, 세상은 많이 변했다. 소속만큼 중요한 것이 무엇을 만들고 무슨 활동을 하느냐, 즉 나의 스토리다. 오가닉 미디어 세상에서는 누구든 자신만의 색깔을 가질 수 있다. 내가 진정으로 좋아하는 것, 사랑하는 것, 잘하는 것을 중심으로 이야기를 풀어간다면(삶을 살아간다면) 나만의 스토리를 쌓을 수 있다. 인생은 이러한 체험 스토리의 연결이다.

---

13. Mathew Ingram, "The Guardian has shown us the future of journalism, and it is — coffee shops!," *paidContent*, May 30, 2013, http://paidcontent.org/2013/05/30/the-guardian-has-shown-us-the-future-of-journalism-and-it-is-coffee-shops/.

2. 겉과 속이 같은 스토리를 만들고 있는가?

사람들은 페이스북, 트위터 같은 소셜 미디어를 통해 자신을 드러내고 이를 기반으로 청중을 만들어간다. 소셜 미디어는 개인의 가시성을 높여 누구나 연예인이 될 수 있는 세상을 만들었다. 하지만 많은 사람들은 겉과 속이 다르다. 따라서 자신이 보여주고 싶은 것만 보여줌으로써 사적인 영역을 최대한 지키려고 하고, 경우에 따라서는 두 개의 자신을 유지하려고 노력하기도 한다.

평소의 내 생각이나 행동과 다른 스토리를 만들다 보면 스토리는 바닥이 날 수밖에 없다. '~척'이 계속되면 피곤할 뿐이다. 겉과 속이 다른 것은 언젠가 곪아 터질 수밖에 없다. 내가 만드는 스토리가 내 평소의 생각이나 행동과 다르다는 것이 알려지는 순간 나에 대한 신뢰는 무너질 것이다. 무너진 신뢰를 다시 쌓는 것은 많은 고통과 시간과 노력이 필요한 일이다. 오가닉 미디어에서는 무너질 탑을 쌓지 않는 것이 정답이다.

3. 청중이 공감하는 스토리를 만들고 있는가?

아무도 들어주지 않는 스토리는 오래가기 어렵다. 청중이 공감할 수 있는, 참여할 수 있는 스토리를 만들어야 한다. 청중이 많을 필요도 없다. 나만의 청중을 만들고 그들과 소통하고 공감하고 함께하는 스토리면 충분하다. 다만 수많은 사람들이 만드는 스토리의 홍수 속에서 내 스토리에 공감하는 청중을 만드는 데는 생각보디 많은 시간과 노력, 그리고 꾸준함이 필요하다. 그렇게 만들어진 청중이 누구인지 들여다보면 나의 스토리(개인의 삶, 기업의 현재)가 객관적으로 보이지 않을까 한다.

지금까지 투명성 문제를 추적 가능성과 가시성, 프라이버시로 나누어 살펴보았다. 모든 것이 투명해지고 겉과 속이 같아져야만 살 수 있는 것은 이 사회의 새로운 질서다. 이것을 인정하고 '스토리를 만드는 투명성'에서 답을 찾자고 제안했다. 답을 우리 안에서 찾자는 말이니 쉽지 않게 느껴질 것 같다. 법으로 정하거나 권리를 주장해서 한 번에 해결될 일이 아니기 때문이다. 하지만 문제와 답이 지금 내 안에 있다. 미디어를 사용하는 습관이 내 삶을 규정할 것이고 그 반복이 내 정체성을 만드는 스토리가 될 것이다. 새로운 커뮤니케이션 환경에서 익숙함을 경계하고 지속적으로 진화하는 개체만이 자신만의 스토리를 이어갈 수 있다.

투명성 문제를 논의하기 위해 '어디까지 보여줄 것인가?'라는 질문으로 글을 시작했다. 그러나 이것은 잘못된 질문이다. '어떤 스토리를 만들 것인가?'가 바른 질문이다. 이 새로운 문제 정의가 '어디까지 보여줄 것인가'에 대한 답이다. 스토리의 주인이 됨으로써 투명성의 노예 상태에서 벗어날 수 있다. 당신의 스토리, 그리고 당신 조직의 스토리는 무엇인가?

Epilogue 연결이 지배하는 미디어 세상의 미래

나는 막연히 미디어를 공부하고 싶다고 떠난 유학길에서 인터넷을 만났다. 프랑스에서 보낸 10년은 내 인생을 크게 바꿔놓았다. 모든 사고의 시작은 '답'이 아니라 '문제'를 찾는 데서 비롯된다는 것을 알려주었고, 사회학에서 시작한 커뮤니케이션 공부가 인터넷과 네트워크 연구로 연결되었다. 그 후 텔레콤, 웹서비스, 벤처 등에서 10년여 간의 피 터지는 체험이 이어졌다. 이것은 하나의 스토리가 되어 돌아왔다. 오가닉 미디어는 20여 년간의 여행의 기록이자 그동안 만난 수많은 단서들을 퍼즐로 연결한 보고서다.

우리 자신이
오가닉 미디어다

인터넷이 출현하고 많은 디바이스와 서비스들이 우리의 일상을 파고 들자 세상은 온통 무질서하게 움직이는 것처럼 보였다. 실리콘밸리 벤처들의 시가총액이 하루아침에 수조에 이르기도 했고, 공짜 경제를 이해하지 못하고 망하는 기업들이 생겨났다. 이제 물질이 아니라 데이터가 자원이 된다고도 하고, 비트코인 같은 가상 화폐가 수백 년 이어져온 통화 체계를 바꿀지도 모른다고 한다. 무엇이 문제인가?

모든 문제는 우리 스스로 미디어가 되면서 시작되었다. 우리가 만드는 미디어가(우리 스스로가) 서로 연결되고 창발하고 진화하는 과정에 문제의 핵심이 있다. 세상의 질서는 우리가 매개체가 되고 미디어가 되고 네트워크로 진화하는 과정에서 생산된다. 바로 오가닉 미디어 현상이다. 우리가 휴대한 수많은 단말기들이 우리 삶을 바꾸었고, 우리가 매 순간 공유하는 한 줄짜리 일기가, 사소한 검색 하나가 시장을 뒤집고 사회관계를 바꾸었다.

그런데 여기에는 두 가지 문제가 있다. 도처에서 일어나는 시끄러운 변화들이 사실은 모두 연결되어 있다는 점, 그리고 우리가 '알고 있었던' 것들, 그것에 길들여진 아늑한 관성에서 벗어나지 않으면 이 시끄러운 변화를 좀처럼 알아듣기 어렵다는 점이다. 아니, 알고 있다는 착각에 빠지게 한다는 점이다.

1. '내'가 오가닉 미디어가 될 때

오가닉 미디어에서는 더 이상 물리적 컨테이너(콘텐츠를 담고 있는 용기) 가 미디어를 결정하는 요인이 아니라는 것을 우리는 알고 있다. 오가 닉 미디어는 오직 규칙과 참여를 통해서만 작동한다. 오가닉 미디어 시대에는 사용자의 활동과 요구에 따라 재빠르게, 그리고 지속적으로 형태 변이를 할 준비가 되어 있어야 한다. 지금 우리가 익숙하게 쓰고 있는 인터넷 서비스들은 모두 그렇게 살아남았다. 서비스 규칙(사용자 인터페이스, 서비스 기능 등)은 대부분 단순하지만 우리가 규칙을 반복해 서 사용하고 응용하는 과정에서 창발이 일어난다. 서비스들은 그 결 과에 반응하며 진화할 뿐이다.

그렇다면 우리의 참여가 없는 미디어는 껍데기에 불과하다. 소셜 네 트워크가 없는 소셜 미디어는 불가능하다. 사람들이 사용하지 않는 언어는 도태되듯이 사용자 없이 오가닉 미디어는 존재하지 않는다. 우 리는 미디어의 참여자인 동시에 매개자이며 미디어 자체다.

최근 우리 사회가 경험한 '안녕들 하십니까' 현상은 오가닉 미디어 현상을, 우리 스스로 미디어가 되는 현상을 설명하는 대표적인 사례 가 되었다. 이 현상의 주인공은 대자보도 SNS도, 신문도 방송도, 여당 도 야당도 아니었다. 그 주인공은 우리 자신이었으며, 우리는 항상 연 결된 잠재적 미디어였다. 우리는 낱낱이 떨어져 있는 개인이지만 우리 의 활동은 동시다발적이며 이야기는 속도감 있게 상호 전이될 수 있 다. 도처에 흩어져 있는 만큼 미디어의 규모도 커진다. 더 이상 한 지 점에 모인 숫자가 미디어의 영향력을 산정하는 기준이 아니다.

앞으로 미디어는 우리 모두가 참여하는 네트워크로 정의될 것이다.

신문, 방송, 블로그 등의 메시지 전달 도구는 더 이상 개별적으로 작동하지 않는다. '나'의 활동이 만드는 네트워크 지형 안에서 모든 메시지 전달 도구는 매개자의 역할을 할 뿐이다. 앞으로 이야기의 주인공은 팔로워가 많은 사람도, 방송사도 언론사도 아닌 '나' 자신이 될 것이다. 내가 주인공이며 내가 바로 미디어 자체이기 때문이다.

2. 시장과 비즈니스의 새로운 질서

나 스스로가 오가닉 미디어가 되는 현상은 미디어 영역에 국한된 얘기가 아니다. 비즈니스도 마찬가지다. 지금까지 산업 영역은 병렬적으로 존재해왔다. 수십 년 동안 비즈니스의 기준이 되어온 가치 사슬이 그것을 입증한다. 제조업은 콘텐츠 산업과는 다르다. 유통업과 지식 산업도 엄연히 다른 것이었다. 이들의 경계가 명확하고 역할이 분리되어 있었으므로 가치 사슬이라는 선형적 구조도 가능했다. 이른바 삼성과 애플, 페이스북, 구글, 아마존의 시장이 달라 보였다.

그러나 연결된 세상에서 단절된 방식의 사고는 자신을 가두는 결과를 초래했다. 세상은 진화하는 네트워크가 되었고 경쟁 구도 역시 바뀌었다. 단말기 제조사가 통신사를, 통신사가 콘텐츠 제공자를 통제할 수 없게 되었고, 비즈니스 구도는 선형적 가치 사슬에서 서로가 서로의 노드이자 매개자가 되는 네트워크 구조로 변화했다.

물론 사업자와 소비자 관계도 바뀌었다. 소비자는 이미 제품의 판매자, 매개자, 마케터가 되었다. 그래서 오가닉 미디어 시대에 사업자의 역할은 제품을 공급하고 수요를 창출하여 수익을 내는 것이 아니다. 사업자는 사용자들이 더 친해지고 더 편리하게 구매하고 더 빨리 찾을 수 있도록 도와주는 통신원이고 매개자일 뿐이다. 우리 스스로가 미디어가 됨에 따라 발생하는 당연한 관계다. 그래서 시장이 선형적이지 않고 네트워크로 진화한다면 조직도 유기적인 형태 변이가 가능하도록 진화해야 한다. 이에 따라 리더의 역할(관리자가 아니라 네트워크의 다리가 되는 것)도, 구성원의 역할(노드)도, 소통 방식(보고와 지시가 아닌 투명성)도 바뀔 수밖에 없다.

3. 연결이 만드는 빅 데이터 세상

쇤버거가《빅 데이터가 만드는 세상》에서 지적한 것은 타당했다. 그는 "빅 데이터의 도움으로 우리는 더 이상 세상을 사건의 연속으로 보지 않게 될 것이다. 우리가 자연적 현상 혹은 사회적 현상이라고 설명하는 것들 말이다. 그 대신에 우리는 세상이 본질적으로 정보로 구성된 우주임을 보게 될 것이다"[1]라고 말한 바 있다.

요즘은 빅 데이터라는 단어가 모든 기업의 당면 과제가 되었다. 고객의 요구를 파악하는 방법, 생산성을 높이는 방법, 민심을 읽는 과학적인 방법은 다양하게 쓰이게 될 것이다. 그러나 어쩐지 코끼리 다리를 더듬는 답답함이 가시지 않을지도 모른다. 왜 갑자기 데이터로 이루어진 세상을 살게 된 것일까? 무엇이 문제인가?

우리는 휴대폰으로, PC로, 태블릿으로, 수많은 단말기로 항상 연결된 상태에 있다. 그러므로 우리가 접하는 모든 상품과 콘텐츠, 경험이

---

1. 빅토르 마이어 쇤버거·케네스 쿠키어,《빅 데이터 만드는 세상》, 21세기북스, 2013년 5월 16일 (원서 출판 2013년), 179쪽.

연결되어 있다. 수십억 인구가 하나같이 오가닉 미디어가 되어 매 순간을 기록하고 매개한 결과는 세상의 새로운 지도로 나타났다. 데이터로 이루어진 세상은 우리가 만드는 세상이다.

예전에는 있는 자원을 활용해 제품을 생산했고 개인의 창작 행위를 통해 콘텐츠를 생산했다. 그러나 사용자의 모든 행위가 기록으로 남고 모든 것이 결국 잠재적 '연결' 상태에 있게 되면서 세상의 자원은 바뀌게 되었다. 제한된 재료가 아니라 무수히 많은 데이터에서 의미를 찾아내면 낼수록(빅 데이터에서는 이것을 상관관계correlation를 기반으로 하는 분석이라고 말한다) 무한대로 확장되게 되었다. 미디어로서의 우리 활동이 세상의 중심이 되면서 우리가 생산하는 데이터가 자원이 되고 재화의 가치를 바꾸게 된 것이다.

우리가 만드는 모든 데이터는 과거의 기록이 아니라 인류의 현재 속에 공존한다. 앞으로 우리는 무수한 데이터 안에서 지속적으로 상관관계를 찾고 연결하면서 새로운 의미를 생산할 것이다. 이 과정이 계속되는 한 인류의 역사 또한 더 이상 선형적으로 존재할 수 없게 되었다. 이제 역사는 시간순으로 일어난 이벤트의 합이 아니라 네트워크 구조로 진화하게 될 것이다. 데이터 간의 무수한 '관계'만큼 세상을 인지하는 방법도, 시각도 진화할 것이다.

4. 교육의 위기와 연결의 가치

오가닉 미디어 현상이 인터넷 기반의 산업 영역에만 국한된다고 생각한다면 오산이다. 내게는 올해 고등학교 3학년이 된 조카가 있다. 영재학교를 다니는 이 똘똘한 학생은 뜻밖에도 고민에 빠져 있다. 공부는 1등인데 어떤 학과를 선택해야 할지, 본인이 무엇을 좋아하는지, 무엇이 앞으로 '잘나갈' 분야인지 모르기 때문이다. 무엇이 문제인가?

국어, 영어, 수학, 과학 등 교과목 중심의 교육은 세상을 단적이고 단절된 방식으로 인지하게 해왔다. 그 연장선에서 변호사, 의사, 공무원, 마케터 등의 직업 카탈로그가 가치 판단의 기준이 되었다. 세상은 이미 시끄럽게 변하고 있는데 세상을 인지하는 방법은 바뀌지 않았다. 그러나 앞으로 직업은 정해진 것이 아니라 만드는 것이 될 것이다.

마케터라고 해서 다 같은 마케터가 아니다. 마케터의 숫자만큼 다양한 마케터가 존재할 것이고, 그 이름도 우리들 각자가 부여할 것이다. 이제는 제품을 파는 사람이 아니라 제품과 고객을 연결하면서 가치를 창출하는 사람이 마케터다. 무엇과 무엇을 연결하여 어떤 가치를 어떻게 제공할 것이냐는 선택은 모두 다를 것이다. 이것은 이미 정해진 직업의 틀 안에서 찾을 수 없다. 이것은 바로 네트워크로 진화하는 세상, 항상 연결된 미디어인 우리 자신이 진화시키는 네트워크의 작동 원리다.

대학도 다르지 않다. 세상이 얼마나 빨리, 어떤 방향으로 변할지 모르지만 분명히 변화를 요구하고 있으니 위기감은 점점 더 심해질 수밖에 없다. 앞으로 대학이 살아남기 위해서는 일방향으로 지식을 전달하는 곳이 아니라 '연결'을 도와주는 곳이 되어야 한다. 세상에 존재하는 수많은 지식과 관점과 사람, 기회를 매개하는 곳이 바로 대학이어야 한다.

앞으로 학교는 학생들이 스스로 매개자 역할을 할 수 있도록, 유기체로 성장할 수 있도록 조력자의 역할을 하는 곳이 될 것이다. 지식은 네트워크화되고 있다. 그 안에서 이루어지는 연결이 새로운 지식을 생산하는 것, 바로 그것이 오가닉 미디어 시대다. 학생들의 참여가 없는 수업은 사라질 수밖에 없고, 연결이 만드는 창발의 경험을 제공하지 못하는 대학은 도태될 수밖에 없을 것이다.

이 외에도 무수히 많은 영역이 같은 맥락 속에 있다. 모든 것이 연결되는 세상, 내가 미디어가 되는 세상, 미디어가 네트워크로 진화하는 세상에서 오가닉 미디어 현상을 이해하지 못하면 세상의 모든 변화는 두려운 미래가 될 것이다.

우리에게 주어진
새로운 숙제

우리는 미디어를 통해 세상을 움직이는 주인이 되었지만 여기는 도착점이 아니라 시작점이다.

프랑스 유학 시절 리옹의 수도원에 머문 적이 있다. 수도사들이 묵언 수행을 하는 곳이었다. 처음에는 답답하기도 하고 우습기까지 했다. 함께 간 지인들과 식사를 하다 눈이라도 마주치면 키득키득 신음소리가 나올 지경이었다. 그렇게 하루 이틀이 지나면서 생각은 고요해지고 행동은 차분해졌다. 말을 하지 않는 것은 타인과의 연결이 끊어지는 경험이었다. 사람들과 한 공간에 있어도 그랬다. 그 대신 내 안으로의 여행이 시작되었다. 헝클어진 세상과 머릿속에 희뿌연 앙금이 가라앉고, 순간 머리가 르 코르뷔지에[2]의 빛처럼 반짝였다.

요즘은 전원을 끄는 것이 묵언이다. 아무리 침묵하려고 해도 내가 소지한 미디어들의 전원이 켜져 있으면 소용없는 일이다. 실시간 대화가 아니어도 소통은 계속된다. 지인들의 소식이 실시간으로 지금 내 메일함에 쌓이고 있고, 클릭 한 번에 수많은 미디어가 반응을 한다. 사실은 전원을 꺼둔다고 해도 소통이 단절되는 것은 아니다. 잠시 미루어질 뿐이다. 연결 상태에서 벗어나는 것은 이제 불가능하다.

오가닉 미디어와 나는 떼려야 뗄 수 없는 관계, 하나가 되었다. 나의 의지와 관계없이 나는 평생 미디어의 역할에서 벗어날 수 없게 되었고, 항상 매개 상태에 있어야 한다는 판결을 받았다(우리의 모든 행위는 항상 공유되며, 휴대폰을 잠시 끄는 데도 용기가 필요하다). 내가 콘텐츠를 만들고 사람을 연결하고 시장을 움직이지만 내 활동의 기록은 나의 것이 아니다. 내가 더 많은 흔적을 남기고 더 드러낼수록 더 안전하고 편리하고 즐거운 삶을 약속받는다고 한다. 여기서 나는 어떻게 나의 주인이 될 것인가?

우리에게서 시작된 문제는 결국 우리에게로 돌아왔다. 우리가 세상의 주인이자 오가닉 미디어 자체라는 사실을 인지하는 순간 새롭게 주어진 문제이며, 함께 풀어야 할 숙제다. 오가닉 미디어 시대에 대처하는 방법은 '체득'뿐이다. 그 과정에서 만나는 많은 인연이 그 답을 함께 찾아갈 것이다. 그 설레는 여행에서 나도 여러분을 만날 수 있기를 희망한다.

---

2. Le Corbusier. 프랑스의 유명 건축가. 리옹의 라 투레트(La Tourette) 수도원은 여러 면면이 분할된 공간과 빛의 만남이 신비로울 정도로 조화로움을 이룬다. 다양한 공간과 각도에서 만나는 빛은 그 자체로 예술이다.

◆이 책을 엮기 위해 오가닉미디어랩의 블로그를 통해 많은 독자들을 미리 만났다. 내가 누구에게 글을 쓰고 있는지 알게 해주었고, 생각을 전달하는 방법도, 놓치고 있는 부분도, 남은 과제도 알려 주었다. 독자들 한 분 한 분이 큰 스승이다. 글을 읽어주시고 가르침을 주신 모든 분들께 진심으로 감사의 말씀을 전한다.

Appendix Foreword in English

Dr. Derrick de Kerckhove

Former Director of the McLuhan Program

in Culture & Technology

WHAT IS ORGANIC MEDIA?

I consider myself a 'network architect'. Not because I have ever programmed anything, although I have actually conceived and implemented a variety of networking software for my students; but principally because I see a network as an architecture of connections. My limitation in imagining network as an architecture was that it was inert, purely a functional geometry. Agnès Yun's Organic Media changed that for me. I now understand why my friends architect Marcos Novak and network designer Matteo Ciastellardi called their publications on networked communication 'Liquid architectures'. Network architecture involves fluid mutability and unpredictable patterns of growth. This is what Organic Media is about.

This is the story of a media formed by relationships, and therefore lives and evolves continuously. We call this living, growing media 'organic media'. (Prologue, p.9)

In Agnès Yun's approach, organic media is biological, social and technological all at once. It is all networks fusing together, perceived as a single multiform, distributed, trans-configured environment in constant purposeful activity.

The whole book is an epistemological challenge destined to change your mind about media.

It took me three mental steps to fully understand the concept:

1. The words first brought up connotations of living, growing things; I got that.

2. Then, because I was semi-consciously still emphasizing the technological character and apparent externality of the electronic networks, my thoughts met a contradiction: the internet is not biological, is not attached to my body, hence it is not organic.

3. But after giving it more thought, I understood the concept differently. I could see the value of establishing a continuity between human intervention — decidedly organic — and electronic media. I finally saw and felt myself as a social and biological node meant to steer my networking in the fluid continuity and proliferations between social and virtual networks.

Thus, I have changed my understanding of myself by probing it with the notion of organic media. But the point, of course, is to understand the organic media per se.

This will take a book to unpack.

Of course, there is a biological metaphor at play. Yun says that media are alive in their proliferation between and across human and technological relationships. It is important from the outset to clearly distinguish the author's use of the 'living' metaphor from vitalism, a defunct theory that living things were animated by some unverifiable principle. Furthermore, this principle was deemed to be different and separate from the material manifestations of life. Yun's organicism doesn't involve an originating principle. It's a strictly human and rather logical affair. It favours, on the contrary, not the separation but the reunion of biological, social and technological realms. Organic media is still a metaphor but its purpose is to stimulate a new approach to media, not to make a scientific observation.

There is merit and value to apply the term to the technological realm as it is so intrinsically associated with human intervention. "We shape our tools, and then our tools shape us" (McLuhan). There is indeed a close association between our minds and our screens in front of which most of us spend more than half our waking hours. Society evolves in a hybrid condition on- and offline. It is a single environment totally interconnected, occupied by myriads of uniquely purposeful configurations, in constant growth, change and updating. That is what is organic about them.

What is the value of reviewing media as organic? It is a frame, a new filter, a special lens to seize and size up the whole scene of the net and the digital culture. Agnès Yun is a visionary: she grabs the whole picture and sees how connections and groups of interest form and reform in their rhizome fashion. Organic Media focuses observation and attention on the patterns and principles of connection and growth. By detailing how these formations occur, she elicits new keys to understanding what is really happening in the digital culture and how to benefit best from it.

So what do we get for looking through the organic glass? First a grounding insight:

> The contents of organic media are alive. In traditional media, which is based on mechanical methods of transfer, the 'transmission' of contents is the final step in the process. The role of media ends the instant the words are uttered, or the moment content is published, issued, or broadcast. But with organic media, the real work begins after the moment of transfer. Once posted, content acquires an infinite potential for connection and evolution as users begin to engage. Traditional media focuses on displaying and exposing its messages to the public, whereas organic media applies itself to extending the life of its contents and evolving further, by keeping users interested and getting them to connect to the network. (Prologue, p.14)

Over and above this invitation to shift our attention from cause to effect, there are several other things here that Marshall McLuhan would have related to. For example, the transmission issue, he called "transportation versus transformation", that is, a question of product delivery. He, no more than Agnès Yun, was comfortable with the product minded talk of the industries he consulted for. He would emphasize process. He would have recognized, not without satisfaction, an echo of T.S. Eliot ("In my end is my beginning" — Four Quartets, East Coker) in Yun's founding notion that the life of content really begins at the moment of publication. In organic media one must focus attention on whatever happens after the content is delivered. The difficulty in analyzing fluid interactions is parsing the various elements in flow. The author does that methodically. In so doing she provides the reader with a sort of 'grammar of networks'. Based on four parameters: connected, open, social and organic, networks respond also to a set of opposites: space/network, private/ public, connected/isolated etc:

> *Every internet service, regardless of type or purpose, consists of a user network, an information network, and a hybrid network connecting both. Put differently, the crux of an internet service structure is its 'network'. It's no exaggeration to say that the particular relationships formed by and between content and users defines the service itself.* (Part II, p.120)

Beside analysing in detail and clearly explaining the articulations and processes of this 'aftermath', the book is packed with insights that send the reader's mind reeling in all kinds of — networked — directions. A few examples:

> In the future, everyone will be at once author and reader. Amid a deluge of reading material, the filtering of what's truly 'worth reading' will be performed after the fact by the readers themselves. In this changing landscape, publishers may even come to focus their energies on saving readers time and helping them connect more efficiently with content. (Part I, p.44)

The first chapter of Organic Media is devoted to books. It serves as a key example of what has happened to the publishing industry as long as it continued considering itself as a producer and distributor of content taking media as transporting devices. The issue here is to explore the relationships between content, container and context, rendered more complex by the fact that content and container, and much of the context, share the same digital nature. Content ain't what it used to be.

CONTEXT HAS THE ANSWER.

The most important aspect of networks, in Yun's view is context. And of course, it is. However the unnamed but fully present partner in this division of labor is community. What is organic about the media starts with people, with intentions, projects and realizations. The happy outcome of these depends on the connected drives of persons. Take crowd-funding for an example: People put their money where their heart is. The investment is emotional as much as financial. Investors can follow the progress of their investment and begin to feel part of a growing community. They have a direct relationship with the product and can be sure that there will be no disconnect between market valuation and actual production. As an economic formula meant to provide human satisfaction, crowd-funding beats management of unknown stocks by unknown third parties.

I connect very well with "In the future, everyone will be at once author and reader". I created 'wreader', a neologism to express the condition of reading on a computer or a tablet screen. Especially from the tactile screens, there is a strong call for getting the fingers involved fiddling with the keyboard in whatever format. We are compelled to interact.

Trying to evaluate content, we tend to look at numbers. But quantified data is only an approximate indication of people's involvement with a product or a service. Data Analytics allow for qualified results. Yun provides an important precision about how to measure the impact of a text on the community of readers.

NETWORK REPLACES SPACE.

The theme is picked up and explicated in chapter 3, grounded on the insight that led Agnès Yun to distinguish envisioning space or network in the planning of mediation:

> *Seen from the network perspective, lumping supporters into groups, like 'men in their twenties' or 'women in their thirties', is not only extremely primitive but also guaranteed to result in catastrophic error. The space-centric approach of maximum aggregation and display is becoming less and less effective.* (Part III, p.161)

What is 'space-centric'? It is a question of mental geography. Networks replace geography with architecture, preferably liquid. If I am thinking about a network configuration such as Twitter, what do I see: a bunch of dots in an undefined obscure background (space-centric) or as active nodes in an undefined architecture of relationships (network-centric)?

> *Conversely, if you take the network view, your target is each individual customer. And these individuals cannot be aggregated into one place. In this instance, the various mediating activities each person engages in after seeing your message take precedence over how many people*

actually see it. In short, space prioritizes quantitative
reach but network prioritizes the phase that comes after.
This phase is when people and messages become linked,
through a host of actions including sharing, connecting,
recommending, reviewing, and 'liking'. (Part III, p.162)

Chapter 4 reflects upon mediation and how we are ourselves continuous instances of mediation. Everything we do online or off is published in one way or the other. Everything is mediated, hence the primary creation of content is only destined to be re-created and consumed. Content becomes a pretext for social engagement. How you manage that and what objectives should you fix yourself, Organic Media, proceeds to tell you. Yun distinguishes four stages of content mediation: creation, re-creation, replication and consumption. This is very useful to help evaluate the real or potential impact of a promotion campaign:

Creation and re-creation aren't enough to explain the
workings of a massive and dynamic network, because in
reality there aren't that many users who actively produce,
review, discuss, and parody content. You need to add a
type of mediation that can ensure quantitative diffusion.
Replication increases visibility and spread without
modifying the substance of the mediated content. In
other words, the content of replication is quantity. The
number of people who express interest or approval

influences my own choices. (Part IV, p.199)

The author continues:

> *There are two ways of enhancing visibility. The first is simply to signify my accord by 'liking' or retweeting content. All I need to do is click a button, but that causes the content in question to be reproduced on my activity feed and displayed to my friends. Rating a book has the same effect. A high star rating*
> *convinces buyers, while a feed entry announcing that 'so-and¬so gave this book a 5-star rating' gets the word out to one's social network. This is what differentiates replication from unauthorized reproduction. You're not copying content and passing it off as your own, but purveying content through the act of expressing your like or dislike of it.* (Part IV, p.199)

Chapter 5 turns to the person.

This chapter concerns the critical issues in today's media context of identity, privacy, transparency and visibility. The author suggests that these moving targets depend on four interdependent criteria: identification versus differentiation and public versus private. In so doing, she eventually borrows McLuhan's controversial model of the Tetrad, which goes something like so: every new medium extends a property of the human mind or body, discards or puts aside the previous medium, retrieves a much older medium, and, when pushed to extremes, flips into the opposite effect it was intended for in the first place. As I interpret Yun's use of the tetrad, networking, as the new medium in play, expands visibility, dumps privacy, retrieves tribal-like public roles and, pushed to excess, flips the over exposed subject into social disregard.

> *In an open network, as opposed to a closed space, I am not the sole author of my visibility. In addition to my own efforts, relevant nodes and links must be repeatedly produced and sustained by numerous users who share and distribute content. On social media's organic network, user mediation, rather than boundary distinction, creates a kind of visibility that is present anywhere and everywhere. In other words, the public sphere in organic media isn't predetermined but infinitely extendable through user activity and mediation.* (Part V, p.243)

AUDIENCE DEFINES WHO I AM.

This is a section heading which proposes yet another original insight, especially in terms of today's complex transformations of what we used to mean by identity:

I am not the agent of my own identity. Rather, I build an audience, and they, collectively, define my identity. According to this logic, even my audience is neither predetermined nor artificially assembled. The audience is the sum of each new person I connect with in my day-to-day communication. Through them I am defined, revised, and made to evolve. (Part V, p.249)

And, a few pages later, addressing the arrival of radical transparency, Yun reminds us about a feature of networking that most of us rarely consider or believe:

Visibility is now a new mode of being. The range of people who are watching you extends far wider than you think. You are visible not just to your own friends but to their friends, to friends of their friends, and to the entire network beyond. (Part V, p.253)

Marshall McLuhan would probably have enjoyed Organic Media because it renders evident how they extend the human nervous system in its complexity. There are a lot of insights that he would have recognised not necessarily as his own but as spontaneous explications of some of his then obscure pronouncements. To continue this preface and push it right into the book, I propose to expand the meditation on the following parallels:

For McLuhan, who, in this observation was influenced by Edgar Allan Poe, the artist evaluates and puts the effects of the experience before the causal values of the piece. Impressionism is a case in point: the painter emphasizes the viewer's experience over and above the exactitude of the object or subject presented. In fact, the single most important bias of McLuhan's method — and probably the best explanation for both his success in determining the consequences of human innovation and the irritation he provoked among his mostly Cartesian colleagues — was to emphasize effects over causal relationships. Agnès Yun does for the business community what the artist does for art, she

takes the cause — networks — for granted and concentrates on network effects. What does business want the effect, the impression or the response to be?

Another common feature in both thinkers is the need to change one's perception of spatial relationships. McLuhan's famous quip: "The electric bulb is 360 degree information" is matched by Yun's recommendation to replace considerations about the spatial perimeter of whatever business proposition with its networking potential. This approach is also congruent with her astute observation of the reversal between inside/ outside in networked environments.

In the new market formed by internet-based media,
the distinction between inside and outside dissolved.
What was mine was offered up to others through open

application programming interfaces (API); the traces and
activities of users everywhere were now my resources to
use. For businesses, their own services were inside, while
competing services were outside; for users there was no
such boundary. (Prologue, p.10)

Crowdsourcing is a form of reversal. It can go to extremes such as in the famous Canadian example of the amazing recovery of Goldcorp, a gold mine concession that was already in the proceeds of bankruptcy. Goldcorp is today one of the top producers of gold in North America. It recovered in extremis because the person in charge of managing the dissolution had the genial idea to open to the world the top secret archives of where the digging had already been done and everything that came up with such mapping. The idea was of course to source world experts or gold-mining buffs to propose their suggestions of where to dig, luring answers with appropriate incentives. I have mentioned above the revised approach to the association of carrier and content which is common to both authors. In Shannon-Weaver's benchmark 'sender — channel (noise) — receiver' model, what interested McLuhan, of course, was the noise. It is, again, not the exact delivery of the content (an engineering issue), but the effects of that content and especially of the carrier that interests both. Carrying this idea to its logical conclusion, McLuhan went as far as professing: "If the medium is the message, then the user is its content". And, sure enough, here is a new interpretation of the idea by Agnès Yun:

Where does social media get its power? The answer, obviously, is 'the user': we are the ones causing all of these phenomena. None of it would be possible without user activity. From the user's side, on the other hand, life without social media has become something of a challenge. Whether we like it or not, it's difficult to 'exist' without revealing ourselves on the internet. (Part V, p.223)

I need to point out again the common understanding of electronic media as extensions of the Central Nervous System, if only to remind the reader as to how far McLuhan pushed that analogy: "Rapidly, we approach the final phase of the extensions of man — the technological simulation of consciousness, when the creative process of knowing will be collectively and corporately extended to the whole of human society, much as we have already extended our senses and our nerves by the various media.(p.19)... For with the telegraph, man had initiated that outering or extension of his central nervous system that is now approaching an extension of consciousness with satellite broadcasting". (Understanding Media: The Extensions of Man, pp.19 and 222, 1964.)

There are so many spontaneous echoes of McLuhan in Yun that I cannot list them all. But I need to add that there is no evidence of plagiarism in any form. Yun cites McLuhan half a dozen times whenever she is directly inspired by his thought; elsewhere the insights are genuine and arise from a shared understanding of media rather than of direct influence. And there are some significant differences. For example, where Yun emphasizes the role of connections, McLuhan might have balked at the idea because his bias was explicitly auditory and not visual. He considered connections as the misguided application of a visual bias to understanding relationships. He would prefer the metaphor of the 'interval of resonance', to reveal the kind of vibrant space between things, people and meaning. It is the space of dance and creativity, the play between the wheel and the axle, without which there would be no motion at all. The big difference is that Agnès begins with the overall field of networks, a feature of media which wasn't evident to McLuhan in the era of television.

Let us remind ourselves that the word network was robbed from the vocabulary of TV networks to be co-opted for the characterization of relationships fostered by the computer and the internet long after McLuhan had published his last media studies. From my estimation, Organic Media is one of the most advanced, yet truly independent extensions of McLuhan's thinking.

What did I discover reading Agnès Yun's Organic Media? In fact I never stopped discovering. I thought I had given a long look at networks for decades. Certainly I wouldn't pretend I knew everything one needs to know about them, but at least enough not to expect big surprises. And the reason Agnès Yun's book is so surprising is not that she unearthed big new revelations about the internet or about people's use of it, it is that she looks at networks differently. The mere fact of focusing on media as organic allows her to adopt a more comprehensive and complex field of investigation. As Blaise Pascal said of his approach to common knowledge:

> *"Qu'on ne dise pas que je n'ai rien dit de nouveau: la disposition des matières est nouvelle; quand on joue à la paume, c'est une même balle dont joue l'un et l'autre, mais l'un la place mieux".* (Pensées, 022)
>
> *("Let no one say that I have said nothing new: the layout of the content is new; when you play ball, it is always the same ball players use, but one of the players places it better").*

Derrick de Kerckhove,
Wicklow, July 23 2015

Appendix Foreword in English

Dominique Delport

Global Managing Director, Havas Media Group

Agnès Yun's robust exposition of 'Organic Media' — contained within these pages — is almost certainly the most comprehensive of its kind.

An ambitious piece of work, it takes us on a journey from the dark ages, when humankind inscribed messages on rocks, through to today's world of interconnected, 'living and breathing' media — and networks such as Facebook with members now exceeding more than a billion, worldwide. Yun amply demonstrates how, along this path, we have ourselves become 'nodes' within the network in a 24/7 connected and global society.

Professor de Kerckhove, author of The Skin of Culture and Connected Intelligence, claims that Yun's illuminating and broad thinking has changed his own outlook on networks. "I see network as an architecture of connections. My limitation in imagining network as an architecture was that it was inert", he admits. "Agnès Yun's Organic Media changed that for me··· She elicits new keys to understand what is really happening in the digital culture and how to benefit best from it".

It is the link between the human and the electronic that gives technology today something of an 'organic' power. And, as more and more of our lives play out online, there is increasing difficulty in separating the human or the organic from the electronic or the technological.

This book, then, contains the life-story of media. Age-old assumptions about how the media world operates are no longer valid. Agnès Yun illustrates how media lives and evolves, continuously — hence the coining of the phrase, 'Organic Media'.

So you can imagine my delight when — having been expounding the merits of 'Organic Marketing' (my own phrase) to our teams at and our clients at Havas — I met Agnès and discovered that, in the process of writing this book, she has succeeded in explaining our shared passion: 'organic' media. And, as an academic, but one with vast business experience, not only does she point out how an organic approach is vital to marketers today, she gives evidence as to why this is so. This book is jam-packed with original insights, astute observations, and visionary thinking,

She takes inspiration from Marshall McLuhan — a man I am known to quote in presentations and meetings — but extends his thinking yet further, given that his most widely known work, Understanding Media: The Extensions of Man, was published back in 1964. Professor de Kerkhove, in his foreword to this book, has already pointed to the many parallels in their thinking. For instance, he quotes McLuhan: "We shape our tools, and then our tools shape us". This is more evident than ever before, now that we spend many of our waking hours in front of a screen — creating, re-creating, replicating and consuming. Indeed, these are the four stages of content mediation as set out in this book - which makes it essential reading for those seeking to evaluate the real or potential impact of a promotion campaign, as de Kerckhove so rightly says.

But this book is more than just an academic text. Yun links the theory to business. She provides evidence as to why, in today's media world, it is all about context. "Today, no service (application, device or content) is entirely isolated", she explains. "They are all part of the network; everything is a node connecting with everything else··· Only those who continually evolve through the process of connecting can survive".

This is the fundamental principle by which organic media operates and it is one that everybody involved in media need continually remind themselves of.

In traditional media, the 'transmission' of content is the final step in the process. Yet, as Yun demonstrates, when it comes to organic media, the real work begins after the moment of transfer. Once posted, content acquires an infinite potential for connection and evolution as users engage. She discovered this first-hand as she went about the business of publishing this book, little by little, on the Organic Media Lab. Yun admits that 'unrelenting' feedback was instrumental in her efforts to restructure and refine her work, and that "media without user participation is now an empty shell".

"Traditional media focuses on displaying and exposing its messages to the public, whereas organic media applies itself to extending the life of its content and evolving further, by keeping users interested and getting them to connect", she points out.

With insight and flair, Yun provides an exposé of how organic media operates. This is something many business leaders have yet to discover. It's not just content-producers who need to wake up and smell the (organic) coffee, since 'connectedness' has become the new standard, both on- and offline.

There have been winners and losers already, of course. This book outlines how individuals and businesses can stay ahead. As millennials age, and a new generation — even more connected to technology — emerges, business leaders need books such as this to shake them out of old ways of thinking.

For instance, as Professor de Kerkhove points out, Yun's prediction, that "In the future, everyone will be at once author and reader", links to his very own neologism, 'wreader', which he says he uses to express the very 21st century phenomenon of reading on, say, a tablet — a process which involves high levels of interactivity and increasing compulsion to 'share' — particularly amongst millennials and their younger brothers and sisters.

With these pages we hear how Apple created an entire value chain for music, and Amazon unleashed the Kindle, thereby conquering the North American publishing market. The secret weapon they shared, as Yun points out, was to put 'user experience' first — even whilst this represented a shocking subversion of the long rule of 'the linear value chain linking production, distribution and consumption'.

And, in this age of information overload, where people are creators of content — seeking services that save them time, context is more important than ever before. The context business is a 'connection' business, too, as Google demonstrates, in linking people with information, every second of every day.

Yun also points to the ever-growing need for data analysts. Exposing the secrets behind Amazon's power, she writes: "Amazon is like the ocean where all streams of data end up. Countless people browse, search, review, recommend, and purchase. The dizzying profusion of traces they leave behind gets processed and filtered into information that's relevant to me, and connected to my account". Amazon's service model is nothing less than 'connection', she finds.

And, in this world of what Professor de Kerkhove coins "liquid architecture", data analysis is indeed key to uncovering patterns, processes and potential outcomes. De Kerckhove is right to warn that "quantified data is only an approximate indication of people's involvement with a product or a service". Media professionals have been grappling with

rudimentary measurements of impact such as numbers of Facebook 'likes', just as the world around us keeps changing, and along with it our expectations when it comes to privacy, transparency, access and convenience.

Today, businesses of all shapes and sizes must ask themselves, 'Why do we care and why do we share?' All commercial models can in this way become 'organic media' if the business is willing to serve as mediator. Yun describes how Amazon has proved this over its 20-year evolution and how Facebook has proven itself capable of adapting to its users needs, too, just as Twitter has responded by combining forces with traditional TV to amplify the reach and the power of media both old and new.

In days gone by, of course, media wasn't regarded as a network. Senders and receivers were clearly divided and influence was measured by reach. So we are living in an historic time, in which the value chain in media is being completely rewritten. "In another 100 or 500 years, our descendents will mark and study this age as a momentous turning point, as we did the Industrial Revolution", predicts Yun.

I urge you to read this book, then, as it provides a convincing glimpse into a future where organic media is not a choice but a given.

The successful businesses of today and tomorrow will be messengers and mediators who help users connect more closely with one another, buy products more easily, and find what they need more quickly.

"We are all in pursuit of messages or media that won't take up our valuable time", writes Yun, as she invites us to join her on this 'thrilling' journey. That's no hyperbole. The opportunities inherent in this new 'organic' order are infinite.

Dominique Delport,
Global Managing Director, Havas Media Group, 2015.

오가닉 미디어

초판 1쇄 발행 | 2016년 8월 1일
초판 4쇄 발행 | 2022년 10월 5일

지은이 | 윤지영

펴낸이 | 윤지영
편집인 | 노상규, 한성근

펴낸곳 | (주)오가닉미디어랩
주소 | 경기도 성남시 분당구 운중로 243번길 11(판교동), 201호

편집 | 오가닉미디어랩(help@organicmedialab.com)
영업 | 070-4208-7212
팩스 | 050-5320-7212

출판등록번호 | 제2015-000180호

ⓒ윤지영 2016

ISBN 979-11-957168-4-5 03320